# 戦略的
# イノベーション・
# マネジメント

Strategic Innovation Management

田中克昌 [著]
Tanaka Katsumasa

中央経済社

## はしがき

　本書は，企業が次の時代に向けて生き抜くために，戦略的な視点から企業に求められるイノベーション・マネジメントについて提言することを目的としている。
　背景には，かつて収益源であったはずのユーザーが，自らイノベーションを創出し普及させ社会化することによって，市場支配に至ってしまうというパラダイムシフトがある。
　本書の発端となった事象は，日本の情報技術関連市場における競争関係の変質であった。日本の情報技術関連市場では，ユーザーによる情報化投資額が長期にわたり伸長している。日本の民間部門における情報化投資額は，2000年度以降，年平均成長率3.3%で成長し拡大し続けてきた。
　ところが，その情報技術の提供を本業とする日系の大手ITベンダの業績は伸び悩み，低下傾向にあるというギャップが生じている。
　本書では，ユーザーが情報技術を活用し，イノベーションの創出や普及に直接的に関わるという取り組みが，情報技術を巡るこのギャップを生み出す一因となったと考える。この傾向は，2006年にクラウドサービスが登場して以降，顕著になっている。
　情報技術は，かつて，企業における業務の効率化として活用されていたころから，企業の経営と一体化することにより経営に欠かせないものへと変質し，さらに，社会インフラ全体に浸透するに至っている。
　こうした情報技術の進展を受け，まず，情報技術産業において，ユーザーがITベンダから情報技術を享受する立場から，ITベンダを踏み越えて直接，自ら経営に情報技術を取り入れ，経営を高度化するにとどまらず，情報技術市場自体にも直接的に強い影響力をもたらす存在へと進展した。
　さらに，情報技術産業に限らず，流通業や製造業など，多様な業種において，クラウドサービスを始めとした情報技術を活用し，多様な当事者と共創

関係を築き，イノベーションとして社会化できる規模を確保することによって，ユーザーによる市場支配が可能になったと考えられる。

　そこで，本書では，情報技術の進展と，これを活用したユーザーによるイノベーションの創出と普及にもたらす影響に着目し，ユーザーによる市場支配というパラダイムシフトと，従来から市場で競争優位を確保してきた企業にもたらす影響について考察し，次の時代に求められる戦略的イノベーション・マネジメントについて提言する。

　2019年1月

田中 克昌

# 目　次

はしがき　i

## 第1章　ユーザーを取り巻く経営環境の変化 — 1

### 1　イノベーションの定義 — 1
### 2　情報技術の進展がもたらすユーザーの変質 — 4
　2.1　情報技術の活用方法の変質　4
　2.2　情報技術を活用し市場を変革するユーザー　8
### 3　ユーザーに規模をもたらすコミュニティ — 11
　3.1　ユーザー・コミュニティの類型と定義　11
　3.2　ユーザー・コミュニティの類型　15

## 第2章　イノベーションの創出 — 23

### 1　ユーザーによるイノベーション創出 — 23
　1.1　ユーザー・イノベーションに関する理論の抽出　23
　1.2　ユーザーによるイノベーション創出のプロセス　24
　1.3　ユーザー・イノベーション研究の課題　27
### 2　ユーザーによる価値の共創 — 29
　2.1　価値の共創に関する理論　29
　2.2　価値の共創における研究の課題　30
### 3　イノベーションを加速する共創プラットフォーム — 33
　3.1　プラットフォームを介した共創　33
　3.2　プラットフォームの持つネットワーク効果　34
　3.3　情報技術によるプラットフォームの進展　34
　3.4　共創プラットフォームに関する考察　36
### 4　イノベーションの類型化 — 38
　4.1　イノベーションを類型化するフレームワーク　38

        4.2　イノベーションの変革力マップ　39
        4.3　イノベーションの類型化に関する課題　44
    5　ユーザーの共創及び独立 ———————————————— 46
        5.1　ユーザーによる2つの独立　46
        5.2　リサーチ・クエスチョン　48

# 第3章　ユーザー・イノベーションの創出過程 ———— 51

1　イノベーション創出過程に対する視座の設定 ——————— 51
    1.1　リサーチ・クエスチョンをひもとくための2つの視座　51
    1.2　視座を考察するためのフレームワーク　52
    1.3　事例研究の対象となる先進ユーザー　53
2　イノベーション創出過程に関する事例研究 ——————————— 55
    2.1　企業ユーザーによるイノベーション創出過程　55
    2.2　個人ユーザーによるイノベーション創出過程　73
3　ユーザー・イノベーションの過程 ———————————————— 77

# 第4章　イノベーションの普及 ————————————— 85

1　イノベーション普及理論 ————————————————————— 85
    1.1　イノベーション普及に関する理論の抽出　85
    1.2　イノベータ理論の考察　86
    1.3　キャズム理論の考察　89
    1.4　イノベーション普及に関連する理論の考察　92
    1.5　イノベーションの横断的区分の考察　96
2　イノベーション普及曲線に関する考察 ————————————— 100

# 第5章　ユーザー主導によるイノベーション普及 ———— 105

1　イノベーション普及に対する視座の設定 ———————————— 105

  2 ユーザーがもたらすイノベーション普及過程の
    変質 ———————————————————— 107
    2.1 企業ユーザーによるイノベーション普及過程 107
    2.2 個人ユーザーによるイノベーション普及過程 114
  3 ユーザー主導型のイノベーション普及曲線 ——— 119

## 第6章　競争関係の変質とイノベーション —— 123

  1 ユーザーとの競争関係の変質 ———————— 123
    1.1 ユーザー・イノベーション創出に関する視座 123
    1.2 イノベーション普及の変質に関する視座 125
    1.3 ユーザーによる市場支配 126
  2 ユーザーの市場支配とイノベーション・
    マネジメント ———————————————— 127
  3 リサーチ・クエスチョンの精査 ——————— 129

## 第7章　イノベーション・マネジメントへの戦略的取り組み —— 131

  1 研究方法 —————————————————— 131
    1.1 事例研究の採用 131
    1.2 選定企業を取り巻く経営環境 132
    1.3 事例研究における調査手順 134
  2 既存企業に見るイノベーション・マネジメント —— 135
    2.1 A社の概要 135
    2.2 業績拡大期（2000年以前）の事業動向 136
    2.3 業績縮小期（2000年以降）の事業動向 146
  3 イノベーション・マネジメントの変質 ———— 175
    3.1 時系列で変質するイノベーション・マネジメント 175
    3.2 「両睨みのマネジメント」に関する考察 180

## 第8章 ユーザー支配時代の戦略的イノベーション・マネジメント ―― 183

1　既存企業における戦略的イノベーション・マネジメント ―― 183

 1.1　戦略的イノベーション・マネジメントのフレームワーク　183

 1.2　市場及び当事者とのつながりから見たマネジメント　185

 1.3　技術及び製品から見たマネジメント　189

2　既存企業とユーザーでは異なるイノベーションの過程 ―― 195

3　ユーザーに対抗する戦略的イノベーション・マネジメント ―― 200

 3.1　プロセス・イノベーション重視型の戦略的マネジメント　200

 3.2　プロダクト・イノベーション重視型の戦略的マネジメント　203

## 第9章 さらなるイノベーションの主体の転換に向けて ―― 211

1　戦略的イノベーション・マネジメントの解 ―― 211

2　イノベーションに関する学説への貢献 ―― 212

3　イノベーション・マネジメントの実践的課題 ―― 214

4　イノベーションの主体の転換とマネジメントの進展 ―― 217

あとがき　221

参考文献　223

索引　233

# 第1章
## ユーザーを取り巻く経営環境の変化

## 1　イノベーションの定義

　本書では，ユーザー・イノベーションについて考察するにあたり，イノベーションに関する先行研究の関連性を整理し類型化を行い，本書を貫くイノベーションの定義を行う。

　Schumpeter［1926］は，イノベーションについて，「新結合」という言葉を用いて，①新しい生産物または生産物の新しい品質の創出と実現，②新しい生産方法の導入，③新しい販売市場の創出，④新しい買い付け先の開拓，⑤産業の新しい組織の創出であるとした。

　これを受けて，井上［2014］とOECD and Eurostat［2005］は，Schumpeter［1926］の「新結合」を現代の経営用語に置き換え，類型化した。

　井上［2014］は，5つの類型「プロダクト・イノベーション，プロセス・イノベーション，マーケティング・イノベーション，サプライチェーン・イノベーション，組織イノベーション」とし，OECD and Eurostat［2005］は，4つの類型「プロダクト・イノベーション，プロセス・イノベーション，マーケティング・イノベーション，組織イノベーション」とした。

　また，Abernathy and Clark［1985］は，「イノベーションの変革力マップ（Trancilience Map）」において，イノベーションを技術的な革新性による進展（技術及び製品の軸）と，市場性の革新性による進展（市場及び当事

者とのつながりの軸）によってイノベーションの類型化を行った。

　井上［2014］やOECD and Eurostat［2014］のイノベーションの類型に重ね合わせると，プロダクト・イノベーション及びプロセス・イノベーションが「技術及び製品の軸」にあたり，マーケティング・イノベーション，サプライチェーン・イノベーション及び組織イノベーションは「市場及び当事者とのつながりの軸[1]」にあたると考えられる。

　さらに，Christensen［1997］は，Schumpeterの新結合にもとづくイノベーションの類型とは別に，これを横断する形で持続的イノベーション及び破壊的イノベーションを提示した。本書では，持続的イノベーション及び破壊的イノベーションをイノベーションの横断的区分として示す（**図表1-1**）。

　以上により，本書におけるイノベーションとは，「製品・サービスの創出及び変革と，これに関連する当事者間での変革が，市場からの支持を獲得し，ネットワーク効果をもたらす規模を確保することによって社会化されたものである」と定義する。

**図表1-1　新結合と現代の経営用語によるイノベーションの類型**

| | 新結合とは Schumpeter［1926］ | 井上［2014］ | OECD and Eurostat［2005］ | Abernathy and Clark［1985］ | Christensen［1997］ |
|---|---|---|---|---|---|
| ① | 新しい生産物または生産物の新しい品質の創出と実現 | プロダクト・イノベーション | プロダクト・イノベーション | イノベーションの変革力マップにおける「技術及び製品の軸」 | 持続的イノベーション / 破壊的イノベーション |
| ② | 新しい生産方法の導入 | プロセス・イノベーション | プロセス・イノベーション | | |
| ③ | 新しい販売市場の創出 | マーケティング・イノベーション | マーケティング・イノベーション | イノベーションの変革力マップにおける「市場及び当事者とのつながりの軸」 | |
| ④ | 新しい買い付け先の開拓 | サプライチェーン・イノベーション | 組織イノベーション | | |
| ⑤ | 産業の新しい組織の創出 | 組織イノベーション | | | |

出所：Schumpeter［1926］，井上［2014］，OECD and Eurostat［2005］，Abernathy and Clark［1985］，Christensen［1997］をもとに筆者作成

また，イノベーションの定義においては，能動的な主体者によって，市場に既に存在するか，新規であるかを問わず，製品・サービスの創出及び変革が行われることを前提とする。その上で，対象となる製品・サービスに関連する自組織や取引先，顧客等の当事者が製品・サービス自体の創出及び変革の実現に向けて，生産システムやマーケティング，サプライチェーン等の多様な領域において変革を行うこともイノベーションに含まれる。

　ただし，能動的な主体者が製品・サービスの創出及び変革を実現しただけでは，イノベーションとはみなさない。製品・サービスの創出及び変革が，市場から支持を獲得し，ネットワーク効果をもたらすために十分な規模を確保し，市場に普及させることが，イノベーションとなるために必要と考えるためである。

　そのため，ユーザー・イノベーションについても，ユーザーが自ら製品・サービスの変革を実現するにとどまらず，製品・サービスの変革と併せて集団性を確保しネットワーク外部性を確保することによって，イノベーションとして社会化することが必要であると考える。

　本書では，前述したイノベーションの定義にもとづき，ユーザー・イノベーションに関して主に2つの視点から考察する。

　1つ目は，ユーザーが，自らが志向する価値であるユーザー価値を実現するため，自ら製品・サービスを創出及び変革し，イノベーションとして社会化を果たすというイノベーションの創出の視点である。

　2つ目は，ユーザーが能動的にイノベーションの普及に対して影響力をもたらすというイノベーション普及の変質に関する視点である。

　この2つの視点によって，ユーザーが自らイノベーションを創出し，イノベーションの普及に対しても能動的に影響力をもたらすことができれば，ユーザーが競争関係に変質をもたらし，市場支配することが可能になると考えるためである。

## 2 情報技術の進展がもたらすユーザーの変質

### 2.1 情報技術の活用方法の変質

#### 2.1.1 人の代用としての情報技術

　1980年代から1990年代にかけて情報技術は，人手の代用として業務効率化や省力化に活用する意図で進化した。ユーザーによる情報技術の活用領域としては，フロントオフィス領域ではPC（Personal Computer），バックオフィス領域では業務システムを支えるPCサーバ，ネットワーク領域では，大容量光ネットワークやインターネットが浸透した時期である。この時代の情報技術関連市場において市場を支配していたのは，当時，複雑かつブラックボックス化されていた情報技術を研究・開発・販売していたITベンダであった。

　この当時のITベンダの収益源は，ブラックボックス化した機器の中枢に搭載され，小型化や高性能化が進展していた半導体やディスプレイデバイス，ハードディスクドライブなどの電子デバイス系製品にあった。電子デバイス系製品は，当時，発展途上であったため，当該市場における競争優位は，研究開発や，生産設備に対する投資スピードと投資額の大きさに依存していた。

　1990年代後半までは，日本企業が研究開発や積極的な設備投資によって電子デバイス関連市場で優位性を発揮していた。しかし，2000年代前半には，韓国企業が国をあげて巨額の生産設備投資を行うとともに，韓国政府が輸出関税に対して税制優遇策をとることによって，当該市場を支配するという地位を獲得した。

#### 2.1.2 経営と一体化した情報技術

　2000年前後の時期における情報技術は，人事給与や財務会計などの企業とって基幹となる業務領域への活用が進み，経営と情報技術の一体化が進展した。企業ユーザーにおける情報技術の活用領域は，フロントオフィス領域

では携帯電話やPDA（Portable Digital Assistance），バックオフィス領域ではITベンダのデータセンターを通じたサービスが始まったことからブレードサーバ，ネットワーク領域ではデジタル情報に対応したIP（Internet Protocol）ネットワークが普及した時期でもある。この時期において市場を支配していたのは，引き続き，システムインテグレーターとなったITベンダであった。

1990年代，ITベンダはハードウェアの付属品として無償で提供されることもあったソフトウェアに対し，情報技術業界をあげた活動を通じて，ソフトウェア開発の有償化に取り組み，ソフトウェアを収益源に加えることに成功した。

ソフトウェア開発の有償化により，電子デバイス系製品で必要とされた巨額の研究開発費や生産設備投資を行わなくとも，情報技術業界に参入することが可能になった。こうして，1990年代後半には，ITベンチャー企業の起業が集中的に発生した。しかし，2000年から2001年にかけてITベンチャー企業が乱立することによって，市場の需要とソフトウェアの供給に大きく乖離が生じたため，ITバブルの崩壊という事態につながった。

大手ITベンダは，2000年代前半において，情報技術関連の製品・サービスを統合し，ITシステムの企画提案，全体及び詳細設計，開発，構築，導入，ユーザーのトレーニング，保守，運用などを一貫して提供するシステムインテグレーション事業を中核とした。ITベンダは，官公庁・自治体や大手企業などの大口顧客との商談を継続的かつ大型化することによって，システムインテグレーション事業を収益源として，市場支配を継続することとなった。一方，ITベンチャー企業も，ITバブル崩壊を乗り越え，生き残ったグーグルなどのソフトウェア開発を中心とする企業が急激に成長を遂げた。

## 2.1.3 クラウドサービスと競争関係の変質

2005年から2010年にかけて情報技術に関する市場の支配者は引き続きITベンダであった。ITベンダは，システムインテグレーション事業を通じて，商談規模の拡大を図り続けた。たとえば，ITベンダは，災害時に向けた事業継続計画（BCP, Business Continuity Plan）を啓蒙することによって，企

業ユーザーのデータセンターの利用拡大や設備の二重化など企業ユーザーのIT投資額の拡大へと誘導する施策を展開した。

　しかし，情報技術市場における競争関係は，クラウドコンピューティング（Cloud Computing）の登場とともに大きく変質した。企業ユーザーは，クラウドコンピューティングの普及により自ら設備を持つことなく，企業規模の大小の差を超えて多様なサービスが安く，早く利用できるようになった。また，ユーザーの端末も携帯電話からクラウドサービスにつながるスマートフォンへと進化及び普及することで，PCと同等以上のモバイルコンピューティング環境を持つようになった。

　システムインテグレーション事業が中心であったITベンダからもクラウドサービス（Cloud Services）を販売するが，商談の大型化及び高額化を狙ってきた戦略の方向性に対して正反対に位置し，価格破壊を招くという利益相反の関係にあるため，ITベンダは戦略上，クラウドサービスに集中し切ることができなかった。

　結果として，クラウドサービス市場で市場を支配したのは，流通業が本業である企業ユーザーのAmazon. com, Inc.（以下，アマゾン）であった。アマゾンは，情報技術に対してユーザーの立場でありながら，EC（Electric Commerce）サービス事業のプラットフォームとして構築したコンピューティング・リソースの余剰分をクラウドサービスとして提供した。アマゾンは，それまでITベンダがなし得なかった世界最大級の世界共通クラウドサービスを提供する企業となり，法人向けクラウドサービス市場のグローバルリーダーとなった。

　2013年10月～12月時点の世界における法人向けクラウドサービス市場は，市場全体が前年比45%で急成長する中で，アマゾンが世界シェア28%を獲得し，シェア2位のIBM（7%）以下のITベンダに大差をつけた。これは，企業ユーザー（アマゾン）と既存のITベンダ（IBMやマイクロソフトなど）との立場の逆転を意味しており，ITベンダを踏み越えて市場を支配する立場になったことをあらわしている[2]。

　クラウドサービスにおいて実現したITベンダからユーザーへの市場支配者の移行という変質は，情報技術関連市場にとって大きな分岐点となった

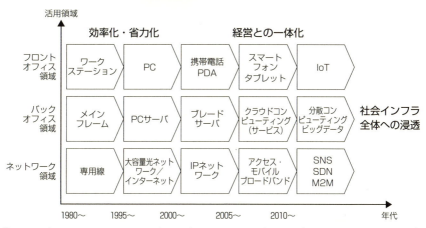

**図表1-2** 情報技術の進展

注：PDA（Personal Digital Assistant），IP（Internet Protocol），SNS（Social Networking Service），SDN（Software-Defined Networking），M2M（Machine to Machine），IoT（Internet of Things）
出所：先行研究をもとに筆者作成

（**図表1-2**）。

## 2.1.4　ユーザーが主導権を持つビッグデータ市場

　2010年以降に情報技術市場の中心となったビッグデータ（Big Data）は，市場に張り巡らしたネットワーク，センサーやカメラから生み出されるデータや，企業や団体の活動から生み出される大量の定型及び非定型の大量データを収集，処理，分析し，最適なアクションへとつなげる取り組みの総称である。ビッグデータ関連市場の特徴は，データの所有権を持つ主体者がデータの発生元である企業や団体の経営者や資産の所有者であるということであり，ITベンダではないことにある。ITベンダは，データを所有する企業や団体に対して単にビッグデータを解析するためのソフトウェア等を提供する企業という立場になってしまった。

　つまり，ビッグデータから生み出される付加価値とそこから生み出される収益は，本質的にデータの所有権を持つユーザーにもたらされる。よって，ビッグデータ関連市場においても，市場を支配する主体者はユーザーとなる。

## 2.1.5　社会インフラ全体に浸透する情報技術

　2015年以降，情報技術は，全てのモノがインターネットにつながるInternet of Things（以下，IoT）へと進化することで，社会インフラ全体に浸透し続けている。IoT関連市場においても，ユーザーが市場を支配すると考えられる。ユーザーにとってIoTとは，ユーザー自身の本業で取り扱う資産と情報技術を組み合わせ，本業の収益に追加する形で新たな収益の獲得を狙う活動である。

　たとえば，従前，ITベンダの顧客であり企業ユーザーであった重電メーカーは，産業機械や発電設備を顧客に納入する際，設備の設置領域にIoTとしてセンサーやネットワークを張り巡らせる。ここから生まれるビッグデータの所有権者は設備を購入した製造業者や発電所であり，データを活用するのは設備の設置者である重電メーカーである。ITベンダは，センサーとネットワーク，データ分析用アプリケーションの納入する立場にとどまり，データに直接関わることができない。

　重電メーカーは，あくまでも本業である産業機械や発電設備からの収益を中心に考えており，IoTに関連する領域は製品の納入に対する付随サービスの一部にすぎない。しかし，重電メーカーは，IoT関連市場において，遠隔予防保守や顧客の使用状況の確認のためにビッグデータを活用することで，社会インフラ全般へとサービスの対象領域を拡げ，市場における圧倒的な競争優位の獲得により収益の大幅な拡大を目指す。

　以上の通り，本書の背景となる情報技術関連市場では，1990年代，2000年代にはITベンダが市場を牽引していた。しかし，2010年代以降は，クラウドサービス，ビッグデータ，IoTという市場変化の中で，ユーザーが自らイノベーションを創出するとともに，市場を牽引する主体者として強い影響力を持つようになっていると考えられる。

## 2.2　情報技術を活用し市場を変革するユーザー

### 2.2.1　IT技術者を自ら抱えるユーザー

　ユーザーが情報技術を活用することによって，自らイノベーションを創出

し，市場を支配する主体者となるという傾向については，国によっても傾向が異なると考えられる。情報技術に対して技術力を持つ人材（以下，IT技術者）が所属する組織の傾向が，異なるためである。

　各国のITベンダと企業ユーザーにおいてIT技術者の所属に関する国別比較のデータによると，国別に見たIT技術者数の総数では，米国が圧倒的に多い。米国には，中国やインドの1.6～1.8倍，日本のほぼ3倍のIT技術者が存在する（図表1-3）。

　その米国においてIT技術者は7割強（71.5%）の割合で企業ユーザー側に存在する。この数は，日本に存在するIT技術者の総数をも上回る。日本の企業ユーザーに存在するIT技術者の割合は，4分の1程度（24.8%）である。中国，インドも日本と同様にIT技術者はITベンダ側に多く存在するが，日本よりも企業ユーザー側に占めるIT技術者の割合は多い傾向にある。ここから，企業ユーザーが情報技術関連市場の動向をリードする米国市場と，ITベンダがリードする日本市場という異なる構図が見える。

　日本の情報技術関連市場における特有の事情として，経営者が情報技術に関連する部門及び人材をコストセンターとみなす傾向がある。こうした経営

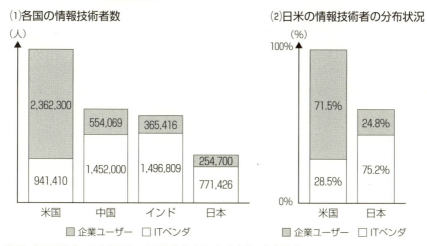

図表1-3　IT技術者の所属に関する国別比較

(1)各国の情報技術者数
(2)日米の情報技術者の分布状況

出所：経済産業省，厚生労働省，文部科学省（2015）をもとに筆者作成

者は，コストの効率化を図るため，IT関連組織を本社機能から切り離し情報技術関連子会社を設置してIT技術者を移管する対応や，情報技術に関連する多くの機能をITベンダにアウトソーシング（Outsourcing）するという対応を行う志向が強い。情報関連子会社の機能は，人事システムや会計システム等の構築及び運用などのバックオフィス領域の業務効率化が中心とされ，経営の中心となる領域とは切り離された領域に存在している。このように日本の多くの企業ユーザーは，経営と情報技術との間に距離があり，情報技術を活用したイノベーションの創出やイノベーションの普及に対する影響力を発揮し難い環境にあったと考えられる。

　米国では，企業ユーザーが主体的にIT技術者を雇用し，情報技術が経営と一体となることで，企業ユーザー内のIT技術者が常に最新の情報技術を取り入れる。一般的な情報システムについては標準品を採用し，コストを抑え，ビジネスプロセスを世界標準の情報システムのプロセスに合わせ効率化を図る。一方，企業ユーザー内のIT技術者は，経営者と一体となって収益拡大を志向し，情報技術を活用した新たな事業の創出と成長を実現するため，能動的にイノベーションを創出する。

　以上により，米国市場が日本市場等の他の市場と比較し，企業ユーザーからイノベーションが創出されやすい環境にあると考えられる。その点から，企業ユーザーがイノベーションをもたらし，競争関係を変質するという動向を確認することに適した市場であるとも考察できる。

　また，米国市場のIT技術者の所属先に関する動向は，将来の日本の姿であると推察できる。なぜなら，日本市場においても経営と情報技術の一体化が進展しており，社会インフラ全体へと情報技術が浸透している。こうした動向から，今後は日本でも企業ユーザー内のIT技術者が増加し，企業ユーザーが能動的にイノベーションを創出する段階へと移行すると考えられるためである。

### 2.2.2　ユーザーが市場影響力を発揮するための課題

　ユーザーが市場に対して影響力を発揮するための課題として規模の確保がある。個人や企業を問わず，ユーザー単独では，製品・サービスの利活用者

という立場にすぎず，イノベーションの社会化やその普及への影響力が限定的になるためである。そこで，ユーザーは，イノベーションを創出した後，これを社会化し，普及させ，その結果，ユーザー価値を実現するためには，規模を確保する必要性が生じると考えられる。

ユーザーは，規模の確保という課題を解決するため，ステークホルダー間で連携し，最適なエコシステムを形成することで，規模を確保する取り組みを進める。そのため，ユーザーは，直接，個々のユーザー間でコミュニケーションを取り合うが，直接的なコミュニケーションだけではエコシステムの形成に長い期間を要してしまい短期間での規模の確保は困難である。

これに対して情報技術は，ユーザーがイノベーションの社会化やその普及に影響力をもたらし得る規模を確保するために，大きな役割を果たしている。たとえば，ユーザーは，SNS（Social Networking Services）を活用することにより，短期間で大規模なエコシステムを形成し，仮想的なユーザー・コミュニティを形成することができるようになった。このように，規模の確保と情報技術の利活用との組み合わせは，ユーザーがイノベーションの普及に影響力を持ち，変質をもたらすための重要な要素となる。

## 3 ユーザーに規模をもたらすコミュニティ

### 3.1 ユーザー・コミュニティの類型と定義

#### 3.1.1 ユーザー・コミュニティの役割

von Hippel［2005］は，「イノベーションの民主化」を実現するユーザー・イノベーションについて，メーカーに不完全な代理人として行動してもらわなくとも，ユーザー自身が望むものを正確に作ることができるというメリットがあることを示した。また，個々のユーザーは他人が開発したものを互いに共有し合い，自由に使うことができるとした。なお，ユーザーとは，個人か企業であるかを問わないとした。

ただし，ユーザー・イノベーションに対して，ユーザーがメーカーのように製品・サービスの開発や販売を行うことができるというレベルにとどめて

いる。そのため，ユーザーが生み出した製品・サービスの変革が社会にもたらす影響力は限定的であり，あくまでも既存の製品・サービス領域においてユーザーが変革する活動を行った領域に集中した議論となっている。

つまり，個々のユーザーによる製品・サービスの変革であっても，これをユーザー・イノベーションであるとみなし，社会にもたらす影響力は限定的ではあるが，これが活発に行われるようになれば社会福祉が全般的に向上すると訴えることによって，ユーザー・イノベーションの社会的意義を説いた。

しかし，本書では，ユーザーが製品・サービスの変革を行っただけではイノベーションとはみなさない。製品・サービスの変革が，社会に対して影響力を発揮し，イノベーションとして社会化されることが，イノベーションとして成立する条件であるとする。そのため，ユーザー・イノベーションにおいても，社会に影響力をもたらす前提となる集団性の確保が重要な条件となると考える。

特に個人ユーザー主導で行った製品・サービスの変革は，単独では社会に対する影響力が乏しく，変革が行われたと認知されても，社会に影響をもたらすことは困難である。

しかし，個人ユーザーであっても，何らかの形でまとまった勢力を保有することができれば，製品・サービスの変革がイノベーションとしての社会化につながると考えられる。本書では，ユーザーによるイノベーションとしての社会化に向けて，ユーザーが規模を確保する手段として，ユーザー・コミュニティという集団性を確保する状態に注目する。

なお，「集団性」と類似する用語として「集合性」もあるが，「集団性」を選択する。集団性と集合性はともに「Collectivity」と表現できる一方，集団性は「Sociality」とも表現でき，集合性は「Assembly property」とも表現できる。そこで，ユーザーが，製品・サービスの変革をイノベーションとしての社会化に向かうための活動として表現するため，「Sociality（集団性，あるいは社会性）」である「集団性」を採用する。

以上により，本書では，情報技術の進展により，ユーザーが製品・サービスを変革するとともに，ユーザー自身が柔軟で大規模なユーザー・コミュニティを生成し，イノベーションとして社会化し，普及させるために，ユー

ザー・コミュニティが果たす役割や類型について考察する。

### 3.1.2 ユーザー・コミュニティの定義

本書では，企業ユーザーや個人ユーザーが新たな製品・サービスを変革し，これをイノベーションとして社会化するというユーザー・イノベーションを肯定する。そのため，ユーザーによる製品・サービスの変革が，単発的で社会に対して影響力の弱いレベルにとどまっていては，イノベーションとして社会化されず，イノベーションの創出や普及という段階に至らない。

そこで，本書では，ユーザー・イノベーションに対して，単発的な製品・サービスの変革というレベルではなく，イノベーションとして社会化されるレベルの影響力まで要求する。ユーザーが，社会に対する影響力を持つためには，ユーザーが何らかの形で集団性を持ち，一団となって同時期に社会に対して影響力を発揮する必要がある。よって，本書では，ユーザー・コミュニティを「ユーザーが一定の集団となり規模を確保することによって，社会に対して影響力を持った状態」と定義する。

von Hippel［2005］や小川［2013］も，ユーザー・イノベーションの実現において，ユーザー・コミュニティの重要性に着目している。ただし，彼らは，ユーザー・コミュニティを，あくまでも個々の製品・サービスの変革をイノベーションと読み替えた上で，コミュニティをイノベーションの創出に向けた協力関係としてのみとらえた（von Hippel［2005］，pp.26-27）（小川［2013］，pp.86-87）。そのため，コミュニティという用語は使用しているが，von Hippel［2005］や小川［2013］のコミュニティの概念には，社会に影響をもたらすほどの集団性が必要であることについては含意されていなかったと考えられる。

一方，本書におけるユーザー・コミュニティの役割は，個々のユーザーによる製品・サービスの変革をイノベーションとして社会化するにとどまらない。ユーザー・コミュニティの最も重要な役割とは，イノベーションとして社会化され，さらに，普及するまでの段階において，ユーザーが連携し集団化を実現し，ネットワーク外部性を発揮することによって，ユーザー・イノベーションを創出することである。

本書では，ユーザー・コミュニティに対して，コミュニティ内における構成員の互いの面識や直接的なコミュニケーションの有無や，正式な団体や組織体であることを問わない。本書におけるユーザー・コミュニティとは，ユーザーを中心に構成されるコミュニティの構成員が情報技術等を活用して同時期に情報連携し，集団的な意思表示あるいは意思決定を行うことでユーザー・イノベーションの創出やその普及に影響力をもたらす共同体であるとする。

　また，ユーザー・コミュニティの構成要素は，個人ユーザー，企業ユーザー群及び団体，その融合であり，社会に対する影響力を持つ共同体とする。

　特に情報技術の進展は，ユーザー・コミュニティの形成を促し，イノベーションの創出や普及を促進する役割を果たしている。ユーザー・コミュニティの形成における情報技術の役割とは，ユーザー同士をつなげエコシステムを形成するための情報連携を可能にすることであるとともに，互いに情報提供をし合う環境を提供することでもある。情報技術を活用したユーザー・コミュニティとして代表的な存在にはSNSがある。SNSはインターネットでの交流を目的とした情報プラットフォームであり，このSNS上でユーザー・コミュニティが形成され，実名や匿名の個人及び企業ユーザーが柔軟に結び付き合い，テキスト及び写真，あるいは動画などのマルチコンテンツのデータを介して情報連携や情報提供を繰り返す。

　たとえば，市場からの刺激を受け，SNS上の個々のユーザーの意思決定が一致したとき，仮想的なユーザー・コミュニティとしての集団的な意思決定が行われ，自らの製品・サービスの変革をイノベーションとして社会化し，それを普及させる強い影響力を発揮する。なお，SNS等で発生した仮想的なユーザー・コミュニティは，企業の研究・技術開発や，新製品開発におけるイノベーション・マネジメントからは外れているため，企業側からのマネジメントが困難な領域でもある。

## 3.2 ユーザー・コミュニティの類型

### 3.2.1 ユーザー・コミュニティの2つの類型

　本書では，イノベーションの普及に影響をもたらすレベルに達するユーザー・コミュニティの類型を2つに大別する。

　1つ目は，小規模ではあるが，多大なる影響力を持つことで，イノベーションの普及に対する推進力となるユーザー・コミュニティである。このケースのユーザー・コミュニティ内では，構成員同士に面識があり，明確なビジョンや活動目的を掲げ，共有した上で，密なコミュニケーションが取られ，構成員の特性に応じた役割付けなども行われている。たとえば，自治体の施策決定や施策実行の局面を支える地元住民（自治体にとってのユーザー的立場）で構成されるNPO（Non-Profit Organization）法人などが挙げられる。

　2つ目は，物理的な空間における対面コミュニケーションが困難な規模の大量のユーザーが，情報技術等を活用し大量の人々が緩やかにつながることで，イノベーションの普及に影響力をもたらすほどの集団性を獲得したユーザー・コミュニティである。ユーザー・コミュニティ内では，構成員間で互いに面識はなくとも，同時期に同じ評価や意思表示を行うことで，イノベーションの普及に対して，大きな影響をもたらす。たとえばSNSにより仮想的に形成された大規模なユーザー・コミュニティが製品・サービスに対するイノベーションの普及に影響を及ぼすケースが想定できる。

　なお，ユーザー・コミュニティの2つの類型は，どちらかのみで構成されるということではなく，複合的に発生する場合もある。たとえば，小規模かつ影響力の大きいユーザー・コミュニティの取り組みが，マスコミなどに取り上げられ，SNSなどで大量の人々が仮想的につながったユーザー・コミュニティ側もこの取り組みに賛同することで，イノベーションの普及が加速するというケースも想定される。

## 3.2.2 小規模かつ影響力の大きなユーザー・コミュニティ

(1) 強いリーダーシップが求められるコミュニティ

　小規模かつ影響力の大きいユーザー・コミュニティは，構成員に強いリーダーの存在，あるいはリーダーシップが要求される。強いリーダーシップのもと，ユーザー・コミュニティ内では，ビジョンや活動目的が共有され，企業組織のように構成員の統制がとられ，構成員間での密なコミュニケーションが取られている。また，ユーザー・コミュニティのリーダー，ビジョン，活動目的などに魅力を感じたステークホルダーが，ユーザー・コミュニティと公式，非公式を問わず柔軟にパートナーシップを結び，エコシステムが拡大する。このユーザー・コミュニティを中心としたエコシステムの拡がりが，結果として，ユーザー・コミュニティの影響力の拡大につながり，小規模にもかかわらず，社会に対して大きな影響力を持つ集団となる。

(2) 小規模かつ影響力の大きなユーザー・コミュニティの事例

　徳島県名西郡神山町（以下，神山町）のNPO法人グリーンバレー（以下，グリーンバレー）は，小規模かつ影響力の大きいユーザー・コミュニティを活用することで，まちづくりにイノベーションをもたらしただけではなく，徳島県や国レベルにも大きな影響をもたらした[3]。

　グリーンバレーの前身は，過疎化が進む神山町の活性化に向け，シリコンバレーに移住経験のある大南信也代表のもとで1992年に設立された神山町国際交流協会である。神山町をよく知る少数の住民がユーザー・コミュニティを形成し，芸術文化村構想やクリーンアップボランティアなどを通じて独自に活動を行うなかで，東京の美術系大学や芸術家などとのエコシステムを拡げた。一方で，神山町も過疎化を食い止めるべく，国と徳島県の補助を受け，町内全域に光ファイバーケーブルを敷設した。しかし，インフラ設備の強化だけでは，企業や町外の住民は反応を変えず，過疎化は進展した。

　そこで，神山町は，芸術文化村活動を通じて，「アーティスト・イン・レジデンス」という芸術家の移住支援活動をしていたグリーンバレーに，先進の通信ネットワーク環境を活用する企業ユーザーの誘致支援を依頼した。グ

リーンバレーは，大南代表のもと，「創造的過疎」というコンセプトを掲げ，徳島県のサテライトオフィス実証実験や集落再生プロジェクトなどの事業に参画し，東京などに本社を置く企業ユーザーに対して，神山町にサテライトオフィスを設置する誘致活動と設置後の企業支援活動を推進した。

グリーンバレーは，かつての芸術文化村活動とサテライトオフィス誘致活動を連携した。先に移住を決めた建築家や，東京芸術大学や武蔵野美術大学とのエコシステムを活用し，古民家をオフィス兼住居に改修し，魅力的な仕事環境と住居環境を両立するプロジェクトを進めた。

さらに，「ワーク・イン・レジデンス」という取り組みにより，単に神山町への移住者を募集するのではなく，神山町の住民や先に移住してきた住民とのコミュニケーションを通じて，神山町に必要と思われる業種・業態を絞り込み，その業種・業態に合う移住希望者を逆にスカウトするという新たな方法を採用した。この方法によりグリーンバレーは，移住者と神山町の住民のニーズを結び付けることができ，移住者が定住後に仕事面で抱えると考えられる需要開拓などの問題をあらかじめ解決し，移住者の定着率を上げることができた。また，神山町にサテライトオフィスを構えた企業ユーザーが，4K・8Kの映像技術を扱っており，神山町を会場に「4KまつりIn 神山町」を開催し，徳島県を4Kの先進地域とアピールすることで注目が集まるなど，自治体と企業ユーザーとの連携による相乗効果も高まった。

グリーンバレーと神山町，徳島県を巻き込んだ神山町のサテライトオフィス事業は，その取り組みの魅力に加え，テレビ局のニュースにも取り上げられるなどマスコミによるパブリシティを最大限に活用した。パブリシティによって，神山町への注目が拡大し，東京などからの移住希望企業や移住希望者だけでなく，全国規模で注目されることとなった。

日本政府の「まち・ひと・しごと創生本部」は，神山町のサテライトオフィス事業を地方創生におけるベストプラクティスとしてとらえている。内閣府は神山町への官僚の移住体験やテレビ会議を実施し，消費者庁は徳島県への移転を想定して神山町での移転試験を実施[4]する等，神山町は地方創生において他の自治体をリードし支援する立場へと進展した。

つまり，グリーンバレーという大南代表をリーダーとする神山町をよく知

る住民で形成された小規模のユーザー・コミュニティが，神山町や徳島県，先の移住者である建築家や芸術関連の集団や東京の美術大学，サテライトオフィスを構えた企業ユーザー，マスコミなどとのエコシステムを拡げることで，影響力を拡大し，結果として，日本の地方創生政策自体に影響を及ぼした。また，この事例では，光ファイバー網などの当時としては最新の技術を導入した点が革新的であったということではなく，古民家の改修による魅力的な職場環境や住居環境の提供と東京などの企業ユーザーのサテライトオフィスの取り組みを連携し，さらに「ワーク・イン・レジデンス」でニーズの高い業種を逆スカウトするという設備や仕組みの連携を神山町から全国へと影響力を拡げた点が革新的であった。

一方，小規模だが多大な影響力を持つユーザー・コミュニティが仕掛ける変革は，リーダーシップや先進の情報技術を活用した設備が整っていても，成功するとは限らない。神山町の事例についても，大南代表のリーダーシップは称えられるが，国際芸術村活動から始まり，約20年に及ぶ多様な取り組みの複合的な組み合わせが結果として成功に結びついている。むしろ，活動の拡がりが見えない場合，予算の都合などにより，小規模な取り組みの間に取り組み自体を終えなければならない。

以上により，小規模だが影響力の大きいユーザー・コミュニティは，イノベーション普及をもたらす影響力の拡大に対して，強力なリーダーによるリーダーシップの発揮や構成員間の密なコミュニケーションが求められる。一方，このタイプのユーザー・コミュニティは，政府や自治体の政策の活用及び連携や，マスコミの活用など多様で複合的な対応策が求められ，成果が出るまでに時間がかかる傾向にあるとも考えられる。

### 3.2.3　情報技術により緩やかにつながるユーザー・コミュニティ

(1)　大規模かつ不規則に形成されるコミュニティ

もう1つのユーザー・コミュニティの類型は，情報技術で大量の人々が緩やかにつながり，社会に対する影響力を持つというタイプのユーザー・コミュニティである。この類型では，ユーザー・コミュニティ内において，物

理的な空間では対面によるコミュニケーションが困難な規模の大量のユーザーが，情報技術を活用して仮想的かつ緩やかにつながる。ユーザー・コミュニティ内では，構成員間で互いに面識はなくとも，同時期に同じ評価や意思表示を行うことで，イノベーションの普及に対して，大きな影響をもたらす。この類型のユーザー・コミュニティは，不規則に生成され，拡張，縮小し，影響力の大きさに比して，実態が曖昧であるため，ユーザー・コミュニティ自身によるマネジメントも困難であると同時に，製品・サービスを提供する企業が，このタイプのユーザー・コミュニティをマネジメントすることも困難である。

(2) 情報技術により緩やかにつながるユーザー・コミュニティの事例

たとえば，サントリーホールディングス株式会社（以下，サントリー）の「南アルプスの天然水＆ヨーグリーナ（2015年4月14日販売開始）」が発売開始直後に需要が集中し品薄になったため，販売を中止した事例等があげられる[5]。

サントリーは，「南アルプスの天然水＆ヨーグリーナ」における品切れ理由について，SNSなどネット上で商品の話題が瞬間的に拡大し，知名度が上昇したため，需要予測できなかったとした。サントリーでは，約半月前に販売開始した「レモンジーナ（2015年3月31日販売開始）」でも同様の品切れ問題を起こしており，問題の再発を警戒していた[6]。

しかし，サントリーは購買行動を予測したマネジメントができず，SNSによって拡大し続けるユーザー・コミュニティの需要にも対処せざるをえない状況になった。結果として，対象製品の需要量が生産可能なキャパシティを大幅に上回り，販売の一時停止という事態を招いた。

また，サントリーと同様のケースは，トイレタリー商品でもプロクター・アンド・ギャンブル・ジャパン株式会社（以下，P&G）が衣類の香りづけ製品（レノアハピネスアロマジュエル）[7]や，玩具市場などでも発生しており，サントリーに限ったケースではなく，社会的に影響をもたらす事例として企業や業界を特定せず発生するとも考えられる。

つまり，ユーザーが普段からSNSなどの情報技術を活用して仮想的かつ緩

やかにつながるユーザー・コミュニティを形成し，集団的な意思決定を行っていると考えることができる。こうしたユーザー・コミュニティが，市場から刺激を受けることによって，クリティカル・マスの役割を包含しネットワーク外部性を獲得することで，市場に対して強い影響力を発揮する。その影響力は，ユーザー・コミュニティの外側にある市場の購買者の行動を誘発するほどの強さを持っているため，企業による需要予測や生産管理という従来のマネジメントでは対応が困難である。

以上により，企業はSNS等で緩やかにつながり巨大な影響力を持つユーザー・コミュニティを形成し，自らもSNSに入り込み，これを活用することで，この類型のユーザー・コミュニティとの連携を深め，ユーザー・コミュニティと共創を図る姿勢が必要となると考察できる。

その他のユーザー・コミュニティに関する共創の代表例としては，オープンソース・ソフトウェアがあげられる。オープンソース・ソフトウェアのユーザー・コミュニティでは，ユーザーは開発と消費の両方の役割を担う。

オープンソース・ソフトウェアに関するユーザー・コミュニティ内で，インターネット上でつながった数千あるいは数万に及ぶユーザーが共同開発者として活動することで，効率的かつ高速にソフトウェアのコードの改良やデバック作業が行われる。ユーザー・コミュニティが改良したソフトウェアは，すぐに公開され，さらに，ユーザー・コミュニティの他の構成員による改良が進められる。この開発方式はバザール方式と称される。ユーザー・コミュニティの構成員自身がバザール方式によって開発されるLinux等のソフトウェアのユーザーであり，顧客であるため，ユーザー価値を理解した上で，変革を実現したいという欲求を持っている。

このようにユーザー・コミュニティは，情報技術を活用し緩やかにつながり，社会に影響を与える上で，集団的な意思決定による購買及び消費行動するという役割にとどまらず，ユーザー価値の実現に向けて，お互いに連携し合い共同開発者として，イノベーションを創出するという役割も担うと考察できる。

本書では，本章で示したユーザー・コミュニティの2つの類型のうち，情報技術により大量かつ緩やかにつながるユーザー・コミュニティに着目する。

個々のユーザーが情報技術を活用し，仮想的かつ緩やかにつながるユーザー・コミュニティは，ユーザーによるユーザー価値の追求というベクトルが合えば成立するため，小規模かつ影響力の大きいユーザー・コミュニティのように強力なリーダーの登場とそのリーダーシップの発揮に期待しなくとも，個々のユーザーが市場を支配する主体者となる機会が高まると考えられるためである。

■注
1　Abernathy and Clark［1985］では，イノベーションの変革力マップの縦軸を「Markets / Customers linkage（市場及び顧客とのつながりの軸）」とした。一方，Vargo and Lusch［2004a, 2015］の先行研究においては，共創の対象を顧客（Customers）から対象を広げ，当事者（Actors）に変更した。そこで，本書では，縦軸を「Markets / Actors linkage（市場及び当事者とのつながりの軸）」とする。
2　市場シェアに関しては，Synergy Research Groupによるプレスリリース『Amazon, Salesforce and IBM Lead in Cloud Infrastructure Service Segments』（2014年3月25日発表）及び，『日本経済新聞』2014年4月1日朝刊7面の図表にもとづく数値である。なお，クラウドインフラストラクチャー・サービスの領域とは，クラウドサービスとしてITインフラ（サーバ，ストレージ等）を提供するIaaS（Infrastructure as a Service），ITインフラとミドルウェア領域を提供するPaaS（Platform as a Service）を対象とする。
3　地域づくりネットワーク和歌山県協議会における特定非営利活動法人グリーンバレー理事長　大南信也（2013）『創造的過疎～人をコンテンツにしたクリエイティブなまちづくり～』の講演録をもとに，大南氏の取り組みをまとめた。
4　徳島県の発表資料「消費者庁の徳島県庁における業務試験（7/4～29）について（7/14）」の記載を参考にした。
5　日経ビジネスOnline特集記事「ニュースを斬る」を参考に著者がまとめた。「レモンの次はヨーグルト，サントリーがまたも"秒速"品切れ（2015年4月20日発表）」より，関連部分を抜粋した。
6　日経ビジネスOnline特集記事「ニュースを斬る：サントリー社長も「お粗末」と評したレモンジーナの品切れ（2015年4月15日発売）」を参考に著者がまとめた。
7　P&Gが2012年2月に「レノアハピネス　アロマジュエル」発売後，重要が集中し，一時出荷停止した。その後，P&Gは供給体制を整え，2012年6月に販売を再開した。

# 第2章 イノベーションの創出

## 1 ユーザーによるイノベーション創出

### 1.1 ユーザー・イノベーションに関する理論の抽出

　本書の目的は，製品・サービスを提供してきた企業からユーザーへとイノベーションの主体が移行するまでのプロセスを解明することである。

　ユーザーがイノベーションの主体になるためには，ユーザーが自らイノベーションを創出するという状況が必要であると考えられる。そこで，ユーザー・イノベーションに関する先行研究をレビューする。

　ユーザー・イノベーションの先行研究については，ユーザーによるイノベーションの創出を「イノベーションの民主化」であるとしたvon Hippel [2005] の先行研究を取り上げる。また，小川 [2000] は，個人ユーザーだけでなく，企業ユーザーによるイノベーションにも目を向けた研究を行っており，本書においても，ユーザー・イノベーションの対象を企業ユーザー，個人ユーザー双方を取り上げる。

## 1.2 ユーザーによるイノベーション創出のプロセス

### 1.2.1 情報技術がユーザー・イノベーションを加速

ユーザーによるイノベーションの創出についてvon Hippel［2005］は，開発された製品について調査した結果，重要な機能の多くがユーザーによって発見され，ユーザー自ら試作及びフィールドテストを行っていたとした。

また，ユーザーによるイノベーションの創出を「イノベーションの民主化」であるとし，受け手であるユーザー自身のイノベーションを起こす能力と環境が向上している状態であると定義した。

また，ユーザー・イノベーションのメリットについて，メーカーに不完全な代理人として行動してもらわなくとも，ユーザー自身が望むものを正確に作ることができることにあると示した。また，個々のユーザーは他人が開発したものを互いに共有し合い，自由に使うことができるとした。なお，ユーザーとは，個人か企業かを問わない，ともしている。

von Hippel［2005］は，ユーザーによってイノベーションが行われる理由として「情報の粘着性（Sticky Information）」をあげている。企業はマーケティング・リサーチにおいて，常にニーズがユーザー側にあるという情報の非対称性にさらされているため，リサーチコストを最適化し，問題解決するためには，粘着性の高い情報を持ったユーザー側が有利であるとし，ユーザーがイノベーションを創出する理由にもなるとした。

ユーザー・イノベーションの動向について，情報技術の不断の進歩に伴って，ユーザーの貢献度合いが確実に高まるとし，情報技術がイノベーションに取り組むユーザーの増加を加速していると指摘した。これは，ユーザー単独では，社会への影響力は限定的であるものの，ユーザーが情報技術を活用することによって，製品・サービスの変革をイノベーションとして社会化するプロセスに貢献する影響力を強めてきているためであると考えられる。

### 1.2.2 リードユーザーがイノベーションを先導

さらに，von Hippel［2005］は，ユーザー・イノベーションの中心となる

存在はリードユーザーであるとした。その上で，リードユーザーとは，新たな，あるいは，拡張された製品・サービスに関して2つの条件を満たすものであると定義している。

1つ目の条件は，リードユーザーが市場動向に対して大多数のユーザーに先行していることである。リードユーザーがユーザー・イノベーションにつながる革新を先に経験し，他の多くのユーザーが後から同じ経験をするとした。2つ目の条件は，自らのニーズを充足させる解決策から高い効用を得る存在であることとした。

つまり，ユーザー・イノベーションは，リードユーザーによって，まず市場開拓され，その後，他の大多数のユーザーが追随するというプロセスで拡大するとしている。

その上で，リードユーザーとしての度合いが高いユーザーほどイノベーションを行う可能性が高く，リードユーザーによるイノベーションであるほど商業的魅力度が高いとした。商業的魅力度とは，イノベーションの魅力度と同義であり，イノベーションの斬新さと，将来におけるイノベーションに対する市場需要の予測値の総和であるとした。

von Hippel [2005] や小川 [2013] は，ユーザーがイノベーションを実現する手法の1つとしてリードユーザー法を論じ，メーカーより先に製品イノベーションを行っているのは，特定の特徴を持つユーザーと考え，ユーザーを探し出し，製品アイデアの創造に協力してもらう手法と定義した。また，リードユーザー法の背景として，ユーザーが自分のニーズに合った製品を求めていることをあげた。この場合のリードユーザー法とは，先進的ユーザーが，市場に自分のニーズに合った製品・サービスが存在しないことを見極め，仕方なく自分のために製品・サービスの新たな機能などを開発及び改良することを指している。

### 1.2.3　ユーザーはイノベーションを完成しないとする先行研究

von Hippel, et al. [2011] は「A New Innovation Paradigm」において，ユーザー・イノベーションが実現される際のプロセスとして3つのフェーズを提唱した。フェーズ1では，ユーザー自身が新たな製品を自ら開発する。

フェーズ2では，他のユーザーが評価や拒絶を行い，あるいは模倣や改善を行う。フェーズ3では，企業が市場のポテンシャルを明確化した上で参入し，普及させるとした[1]。なお，この場合のユーザーとは「Consumer」を指しており，本書の「個人ユーザー」にあたる。

フェーズ1及び2においてユーザー自身による製品・サービスの変革の実現性を認めながらも，フェーズ3では，ユーザーによる製品・サービスの変革をイノベーションとして社会化する段階の主役は企業であり，企業がユーザー・イノベーションを完成させるとした。また，フェーズ3にあたるユーザーによる製品・サービスの変革が規模を持ち，社会化する段階では，企業が市場における主役となり，ユーザー・イノベーションを完成させることになるとした（図表2-1）。

これに対して，企業は，改良するという方法に至ったユーザーを発見し，他のユーザーのニーズを検証した上で，企業がユーザーによる製品・サービスの開発及び改良の成果を吸収し，企業の成果として製品・サービスの開発や量産化などに反映するという形で活用する。

小川［2000］は，コンビニにおける店舗発注システムの革新を題材に，企

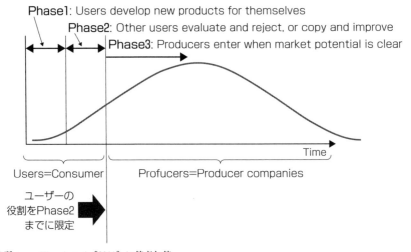

**図表2-1** von Hippel et al.［2011］によるユーザー・イノベーションのプロセス

出所：von Hippel et al.［2011］に筆者加筆

業ユーザーによるユーザー・イノベーションについて事例の検証を行った。小川は，企業ユーザーであるセブン-イレブンが製品を製造した企業である日本電気やデンソーと店舗発注システムの第1次から第4次システムにわたる共創について事例による考察を行っている。小川は，同システムを企業ユーザーである競合企業や海外のグループ会社が模倣した姿を描いた。

つまり，von Hippel et al. [2011] の「A New Innovation Paradigm」においては，ユーザー同士が評価や拒絶，模倣や改善を行うフェーズ2に当てはまると考えられる。

von Hippel [2005] は，イノベーション・コミュニティという用語を用いて，リードユーザーから始まったイノベーションが広く拡散し，ユーザー同士が自分たちの活動を組み合せ，レバレッジを効かせるために共同で開発，テスト，販売などを行うとした。イノベーション・コミュニティの行動の特徴として，本質的にかなり頑強であるとし，コミュニティ内のユーザーには製品・サービスが合致するが，フリーライダーには適合しないという形で，コミュニティ参加者にインセンティブが働くとしている。

なお，ユーザー・イノベーションの動向について，情報技術の不断の進歩に伴って，ユーザーの貢献度合いが確実に高まっているとし，情報技術がイノベーションに取り組むユーザーの増加を加速していると指摘している。これは，ユーザー単独では，社会への影響力は限定的であるものの，ユーザーが情報技術を活用することによって，製品・サービスの変革をイノベーションとして社会化するプロセスに貢献する影響力を強めていることを示唆していると考えられる。

本書では，イノベーション・コミュニティについては，ユーザーを中心とした集団性という点を強調するため，ユーザー・コミュニティという用語に統一する。

## 1.3　ユーザー・イノベーション研究の課題

ユーザー・イノベーションに関する先行研究の限界は，イノベーションに対するとらえ方が曖昧であることである。von Hippel [2005] は，ユーザー

が自らの価値を実現するために対処療法的に生み出した製品・サービスの改良等，社会に対する影響力が限定的と考えられる事例であっても，これをイノベーションとみなし，ユーザー・イノベーションとして取り上げている。そのため，ユーザーのニーズにもとづく製品・サービスの変革とイノベーションとの区分が曖昧になっている。この点について，個々のユーザーによるイノベーションに対して，社会にもたらす影響力は限定的ではあるが，これが活発に行われるようになれば，社会福祉が全般的に向上するとし，ユーザー・イノベーションの社会的意義を主張した。

つまり，ユーザー・イノベーションには，イノベーションとしての社会化は必ずしも必要ないという考え方である。

しかし，本書では，社会化を前提としていないリードユーザーによる製品・サービスの変革に対して，ユーザー・イノベーションという用語は使用しない。ユーザーが対処療法的なソリューションとして生み出し，開発，製造，販売した時点の製品・サービスをイノベーションとは認めず，市場に認知され，社会化された段階でイノベーションとして認知する。

先行研究のもう1つの限界として，ユーザーによる製品・サービスの変革が行われた後，イノベーションとして社会化するプロセスにおいて，ユーザーの存在や役割が欠如している点もあげられる。

von Hippel, et al. [2011] は，前述の「A New Innovation Paradigm」において提示したユーザーによるイノベーションの創出と普及の3つのプロセス（フェーズ）において，フェーズ1及びフェーズ2でユーザーがイノベーションの主体としたが，フェーズ3では，製造者（Producer Companies）のみが市場のポテンシャルの明確化とともに参入し，イノベーションを普及させるとした。

よって，ユーザーによる製品・サービスの変革を社会化できる存在は企業であるとし，ユーザーの役割や存在感はない。これは，von Hippel, et al. [2011] が，ユーザーの市場における影響力を低く評価し，ユーザーの活動ではイノベーションとして社会化できないとしているためであると考えられる。

しかし，情報技術の進展は，SNS連携等により大量のユーザーが緩やかに

連携するユーザー・コミュニティにより，個人ユーザーであっても製品・サービスの変革をイノベーションとして社会化に強い影響をもたらすことを可能にした。

また，企業ユーザーは市場において協業やパートナー連携を行うことによりユーザー・コミュニティとして同業種・異業種からなるエコシステムや共創プラットフォームを形成すると考えられる。そして，企業ユーザーは，ユーザー・コミュニティを通じてネットワーク外部性を獲得し，市場に強い影響力を発揮することによって，自らによる製品・サービスの変革をイノベーションとして社会化するというプロセスも想定できる。

よって，本書ではユーザーの対象として，個人ユーザーに限らず，企業ユーザーについても研究の対象とし考察を進める。

以上により，第Ⅱ部では，ユーザー・イノベーションを対処療法的な製品・サービスの変革と区分し，類型化した上で，ユーザー・イノベーションが創出され社会化し，普及するまでのプロセスについて考察を進める。その上で，ユーザーが市場においてイノベーションを創出するとともに，競争関係を変質し，市場を支配する主体者となり得ることを確認する。

## 2　ユーザーによる価値の共創

### 2.1　価値の共創に関する理論

ユーザーは，企業の製品・サービスを使いこなすことにより経験を得る。また，ユーザーは，ユーザー価値の実現に向け，この経験から生じた不満やニーズを抱え，解決を目指すことになる。ユーザーは，企業に要望を突きつけるとともに，ユーザー自ら製品・サービスの変革を目論むようになる。

ユーザーが，自ら製品・サービスの変革を実現する能力を得るためには，従前から製品・サービスを開発し販売してきた企業からノウハウを吸収することが有効な手段となる。そこで，ユーザーは企業と，ユーザー価値の実現に向けて共創することによって，製品・サービスの変革に必要なノウハウを吸収できる。

ただし，ユーザーが製品・サービスの変革を実現するだけでなく，これをイノベーションとするためには，コミュニティを形成して規模を確保し，ネットワーク外部性を獲得することによって，イノベーションとして社会化することが求められる。

本書では，ユーザー・イノベーションに関する研究を補完するため，当事者同士でのユーザー価値の共創に関する世界観を提示した先行研究として，Vargo and Lusch［2004a］によるグッズ・ドミナント・ロジック（Goods-Dominant Logic，以下，G-Dロジック）及びサービス・ドミナント・ロジック（Service-Dominant Logic，以下，S-Dロジック）を取り上げる。

特にS-Dロジックにおける当事者間での価値の共創に対する世界観を活用し，ユーザーが企業との共創を通じて，ノウハウを身に着け，やがて，企業から独立し，自らを中心としたユーザー・コミュニティを形成することにより，新たなイノベーションを生み出すというユーザーの取り組みについて考察する。

## 2.2 価値の共創における研究の課題

### 2.2.1 S-DロジックとG-Dロジックとの違い

Vargo and Lusch［2004a］は，市場をサービスという視点から捉え，企業と顧客等の当事者間での共創により新たなユーザー価値が創出されるS-Dロジックを提唱した。また，Vargo and Lusch［2004a］は，S-Dロジックに対して企業側から製品を中心とした視点であるG-Dロジックを提唱した。

なお，Vargo and Lusch［2008］は，S-Dロジック自体はMindset（考え方）であり，社会や経済的な交換の現象をより明確に示すためのレンズであるとしている[2]。

Vargo and Lusch［2004a］は，G-Dロジックに関連して，マーケティングは，グッズの交換に支配的な考え方を置いていた経済学から交換のモデルを受け継いでおり，その考え方は，有形資産と，組み込まれた価値，取引に焦点を当てていたとした[3]。

つまり，マーケティングのあり方自体が，従来，グッズ中心のG-Dロジッ

クの考え方に偏重してきたという立場である。こうしたマーケティングの前提に対して，有形資産や個々の取引が中心であり製品中心であるというG-Dロジックの世界観から，無形資産，交換プロセスや関係性が中心でありサービス中心であるというS-Dロジックの世界観へと移行していると位置づけた[4]。

Vargo and Lusch［2015］は，S-Dロジックの世界観にもとづき5つの原理（Axioms）と11個の基本前提（Foundational Premise，以下，FP）を提唱した。特に，5つの原理については，第1の原理とFP1，第2の原理とFP6，第3の原理とFP9，第4の原理とFP10，第5の原理とFP11は共通であるとしている。

### 2.2.2　S-Dロジックの5つの原理とその基本前提

本書では，5つの原理これに関わる基本前提が，企業とユーザーとのユーザー価値の共創に対して中心となる内容であるととらえ，先行研究より抽出し考察する。

Vargo and Lusch［2015］は，第1の原理及びFP1について，サービス（Service）がステークホルダー間における交換の基本的基盤になるとした[5]。Lusch and Vargo［2014］は，サービス（Service(s)）について，複数形の「Services」は無形資産を示すG-Dロジックの用語であるとした一方で，S-Dロジックでは，サービスについて，他の存在や存在それ自体におけるコンピテンス（知識やスキルなど）に適用されるものであると区分した上で，単数形の「Service」を用いるとした[6]。

第2の原理及びFP6について，ユーザー価値は常に受益者を含む複数の当事者（Actor）によって共創（Cocreate）されるとした[7]。これまで，Vargo and Lusch［2004a, 2008, 2015］は，FP6について3度の改変を行った。まず，Vargo and Lusch［2004a］では，FP6について，"The customer is always a coproducer."とした。

その後，Vargo and Lusch［2008］では，FP6を"The customer is always a cocreator of value"と改変した。この改変では，顧客とともに製造するというG-Dロジック的な表現であった「Coproducer」が，顧客とともに創造す

るというS-Dロジック的な表現である「Cocreator」へと改訂された。

さらにVargo and Lusch［2015］は，FP6について，"Value is cocreated by multiple actors, always including the beneficiary." と全面的に改訂した。この改訂では，「顧客（Customer）」という表現が初めて外され，「当事者（Actor）」という表現に変更した。この変更により，Vargo and Luschは，「共創（Cocreation）」の対象について，顧客と企業という枠組みから，全ての当事者へと広げたことが確認できる。

Vargo and Lusch［2015］は，第3の原理及びFP9について，全ての経済的・社会的当事者は，資源のインテグレーターであるとした[8]。ここでも，全ての当事者（Actor）が，コ・イノベーターとなる潜在的可能性を持つことが示されている。

FP6及びFP9において登場した「当事者（Actor）」の和訳表現について藤川［2010］は「行為者（Actor）」と表現した。しかし，本書においては，「当事者（Actor）」と表現する。理由は，S-Dロジックにおける「Actor」とは，何かの行動を起こすという「行為者（Doer）」ではなく，ユーザー価値の共創を相互に経験し影響をもたらし合う対象として「当事者（Actor）」という表現がふさわしいと考えるためである。

4つ目の原理及びFP10において，ユーザー価値は常に一意的かつ現象学的に受益者によって決められるとした[9]。本書も，ユーザーが自らのユーザー価値を実現するために，イノベーションを実現するとしており，同様の考え方である。

5つ目の原理及びFP11において，ユーザー価値の共創は，当事者間で生み出された機関や制度を通じて，連携されるとした[10]。当該原理とFPで述べられた連携について，Lusch and Vargo［2014］は，サービス・エコシステム（Service Ecosystems）という表現を用いている。

ただし，Vargo and Luschは，FP6等における共創の考え方ではイノベーションには触れていない。

以上より，Vargo and LuschのS-Dロジックに関する課題は，イノベーションについて言及していない上，S-Dロジックがあくまでも考え方（Mindset）にとどまっており，考え方の前提である関連用語の改変を繰り返しているが，

具体的な事例を通じて考察する必要があるということである。

そこで，本書では，イノベーションについて，S-Dロジックを活用するとともに，具体的な事例研究を通じて考察する。

## 3 イノベーションを加速する共創プラットフォーム

### 3.1 プラットフォームを介した共創

Lusch and Vargo［2014］は，S-Dロジックにおいて，プラットフォームに類似した概念として，サービス・エコシステム（Service Ecosystems）という表現を用いている。

Vargo, Wieland and Akaka［2015］は，共創の考え方自体においてはイノベーションに触れていないが，サービス・エコシステムにおける連携はイノベーションにあたるとしている。Vargo, Wieland and Akakaは，イノベーションとは，サービス・エコシステムにおいて，当事者（Actor）間で構築された機関（Institutions）を通じて，緩やかな結合（Loosely coupled）によって実施されるものとした。

なお，本書では，サービス・エコシステムについて，当事者による集団性の形成という点を強調するため，ユーザー・コミュニティの形成，あるいは，プラットフォームの活用と類似した考え方であるとする。

つまり，S-Dロジックにおいては，市場でサービスが交換されるという前提において，当事者が，連携し共創することにより，当事者にとって最適な価値が創出されるということを示している。

これは，当事者としてのユーザーが，コミュニティを形成し，プラットフォーム上において企業と共創することにより，最適なユーザー価値を創出できることを示唆していると考えられる。

## 3.2 プラットフォームの持つネットワーク効果

　Shapiro and Varian［1998］は，ネットワーク効果（Network Effect）について，1人のユーザーにとってのある製品の価値がその製品のユーザーの総数で決まることであるとした。市場においてネットワーク効果が働くと，ユーザーの数が増加するほど，企業の収益が乗数的に増加する。さらに，ユーザーは，規模の大きいネットワークにより多くの対価を支払うため，より一層拡大を続けることになる。

　その上で，Eisenmann, Parker and Van Alstyne［2006］は，ある当事者が2種類のユーザーを連携する製品・サービスを所有している状況について，ツーサイド・プラットフォーム（Two-sided Platform）と呼んだ。

　その上で，プラットフォームとネットワーク効果を結び付け，2つの類型のネットワーク効果を提示した。

　1つは，プラットフォームの片方のユーザーが増加すると，もう片方のユーザー・グループにとってプラットフォームの価値が向上または下落する現象である「サイド間ネットワーク効果（Cross-side Network Effects）」である。

　もう1つは，ユーザー数が増えると，そのユーザーが属するグループにとって，プラットフォームの価値が向上あるいは下落する現象を「サイド内ネットワーク効果（Same-side Network Effects）」であるとした。

　以上より，プラットフォームとネットワーク効果は大変密接な関係にあり，プラットフォームに賛同し参加するユーザーの数が増加するほど，社会に対する影響力が増大すると考えられる。

## 3.3　情報技術によるプラットフォームの進展

　国領［1999, 2011］は，情報技術の進展を踏まえ，プラットフォームについて，企業や個人の情報を結合させる仲介者の役割を担う存在であるとし，多様な主体が協働する際に，協働を促進するコミュニケーションの基盤とな

る道具と仕組みと定義した。

　Hajiu and Yoffie［2009］は，プラットフォームの種類を3種とした。

　1つ目は単一のプラットフォーム（Pure Platforms）であり，プラットフォームを形成する製品・サービスや技術を指す。

　2つ目は，純粋な市場仲介者（Market Intermediaries）であり，プラットフォームを利用する当事者間の検索コストや取引コストを削減する仲介者として存在する。

　3つ目は，マルチサイド・プラットフォーム（Multisided Platforms）であり，プラットフォーム自体を構成するとともに，仲介者として企業とユーザーとの間に介在し，複数の当事者を支援することで，間接的なネットワーク効果を生み出すとした。

　さらに，Van Alstyne et al.［2016］は，従来からのバリューチェーンの関係者とその活動から価値を生み出す事業をパイプライン型事業としたうえで，関係者のネットワークや外部との双方向でのつながりにもとづいて，エコシステム[11]全体の価値を最大化する取り組みをプラットフォーム型事業とした。

　プラットフォーム型事業では，情報技術を活用してネットワーク効果を獲得し，プラットフォームに大量のデータを集め，さらにデータを活用することで，より大きな価値を創出できるため，多くのステークホルダーを集め，価値を増大するという好循環を生み出すため，競争優位を得やすいとした。

　そのうえで，プラットフォームのエコシステムを構成する関係者として，「提供者（Providers）」「所有者（Owner）」「つくり手（Producers）」「買い手（Consumers）」の4種があるとした（**図表2-2**）。

　以上により，プラットフォームに関する先行研究は，プラットフォームがもたらすネットワーク効果について提唱しているものの，プラットフォームの役割については，仲介者という位置づけにとどめており，共創に関する考察が十分ではないという限界が見いだせる。

　また，エコシステムの関係者は，グッズ中心のG-Dロジックの視点による用語によって構成されており，共創の視点からプラットフォームを考察するために，サービス中心のS-Dロジックの視点から見直す必要性があるという

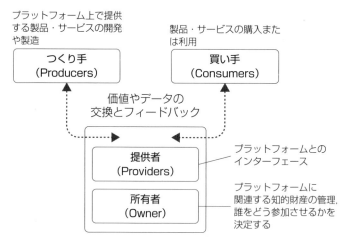

**図表2-2** Van Alstyne et al.［2016］による
プラットフォームのエコシステムを構成する関係者

出所：Van Alstyne et al.［2016］をもとに筆者作成

限界についても見いだせる。

## 3.4 共創プラットフォームに関する考察

　本書では，S-Dロジックの考え方にもとづき，共創プラットフォームとそのエコシステムの関係者について考察する。

　情報技術の進展とともに，プラットフォームも進展した。2000年代には大手企業の製品を中心に，製品主体のプラットフォームが形成された。

　2010年代に入ると，クラウドサービスの登場とともに，サービス主体のプラットフォームを形成した企業が競争優位を確立した。

　そのうえで，情報技術の活用を前提に，価値実現に向けた将来構想であるビジョンやコンセプトに共感を集め，新たなサービスの創出を志向し当事者間で築かれる共創関係と，共創を実現させるプラットフォームを合わせて，共創プラットフォームと定義する

　さらに，Van Alstyne et al.［2016］が提示したプラットフォームのエコシステムの関係者に関する先行研究に対して，S-Dロジックの視点を加え，

共創関係及び共創プラットフォームを構成するエコシステムの関係者について定義を行う。

まず，先行研究の「提供者（Providers）」についてS-Dロジックの視点から見直す。共創プラットフォームの中心となるのは，「ビジョンの担い手（Visionary Integrators）」である。ビジョンの担い手は，自らの志向する価値の実現を目指しビジョン及びコンセプト提示し，エコシステムの関係者を集約（Integration）し，共創関係を構築するとともに，共創プラットフォームを形成する。

先行研究では「つくり手（Producers）」はプラットフォームの外側に存在し，これを活用する役割であった。しかし，本書では，「サービスのつくり手（Service Creators）」は，ビジョンの担い手との共創関係にもとづき，プラットフォームにおいてコンテンツを創出し，サービスとして提供する役割を担う。

それまでの立場がユーザーであっても，ビジョン及びコンセプトに共感すると，まず「当事者（Actors）」として共創関係に加わり，共創を通じて，製品・サービスを変革するノウハウを身に着けることによって，「サービスのつくり手」へと移行する。

さらに，先行研究では登場しないが，共創プラットフォームに欠かせない役割がある。「ビジョンの担い手」は，自らプラットフォームを成立させる技術的要件を満たすことが望ましいが，他の当事者の力を借りることも有効である。

そこで，他の当事者が「技術のつくり手（Technology Creators）」として，共創プラットフォームの技術的要件を満たすために，必要となる技術を創出し，ビジョンの担い手に提供し，技術面から支える役割を担う。

先行研究では「所有者（Owner）」がプラットフォームを所有し，管理するとしていた。本書では，「ルールの管理者（Rule Creators）」が，主体的にプラットフォームにおけるルールを決定し，管理することにより，共創プラットフォームから，その外側に存在するユーザーに対してサービスが提供される（**図表2-3**）。

**図表2-3** 共創プラットフォームの構成

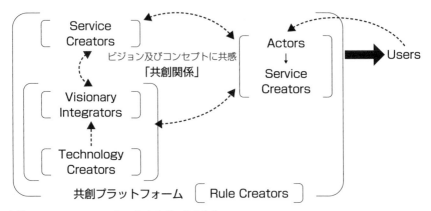

出所：Van Alstyne et al.［2016］を参考に筆者作成

## 4 イノベーションの類型化

### 4.1 イノベーションを類型化するフレームワーク

　von Hippelを中心としたユーザー・イノベーションの先行研究は，ユーザー本位で市場に対して影響力をもたらすことのできない製品・サービスの変革もイノベーションとして認識する傾向がある。また，von Hippel等はイノベーションを単一的にとらえており，ユーザー・イノベーションの視点ではイノベーションの類型化がなされていない。

　そこで，ユーザー・イノベーションをイノベーションの類型化の視点から補完し，ユーザーがイノベーションを実現するまでのプロセスに関して考察する。

　本書では，イノベーションの主体者が企業からユーザーへと移行し，イノベーションを創出する過程を明らかにするため，Abernathy and Clark［1985］の「イノベーションの変革力マップ」をフレームワークとして活用し，イノベーションのプロセスをマッピングする。イノベーションの変革力

マップは，市場性の革新（市場及び当事者とのつながりの軸）と，技術や生産面における革新（技術及び製品の軸）の2軸からなり，革新性と市場性の両面から，イノベーションのプロセスを考察できるためである。

　また，企業に求められるイノベーション・マネジメントについて考察するため，詳細な事例研究を行う。事例研究においては，「イノベーションの変革力マップ」をフレームワークとして活用し，事例研究の対象となる企業のイノベーションのプロセスについて考察する。

　さらに，ユーザー及び企業のイノベーションの過程に関して「イノベーションの変革力マップ」をフレームワークに示した内容を受けて，企業に求められるイノベーション・マネジメントについて考察する。

　したがって，本節では，以降の考察において重要な役割を果たすAbernathy and Clark［1985］のイノベーションの変革力マップに関する先行研究を中心にレビューする。

## 4.2　イノベーションの変革力マップ

### 4.2.1　市場性の視点を持つイノベーション・マップ

　Abernathy and Clark［1985］のイノベーションの変革力マップは，イノベーションに関して技術及び製品等の革新性からの視点に加えて，市場及び当事者とのつながりという市場性からの視点も兼ね備えている。本書は，イノベーションに対して革新性だけに着目するのではなく，市場に対する影響力をもたらし社会化された段階でイノベーションとして成立するととらえており，Abernathy and Clark［1985］の先行研究はイノベーションの市場性を提示していることから先行研究として取り上げた。Abernathy and Clark［1985］による先行研究を活用することにより，ユーザー・イノベーションに対する考察について，イノベーションの類型やプロセスの視点を補完する（**図表2-4**）。

**図表2-4　イノベーションの変革力マップ[12]**

| | | 技術／製品 | |
| --- | --- | --- | --- |
| | | 既存能力の維持，増強 | 既存能力の破壊，陳腐化 |
| 市場／当事者とのつながり | 既存のつながりの破壊，新たなつながりの創出 | 市場創出イノベーション<br>(Niche Creation Innovation) | 産業構造イノベーション<br>(Architectural Innovation) |
| | 既存のつながりの維持，増強 | 通常型イノベーション<br>(Regular Innovation) | 革命的イノベーション<br>(Revolutionary Innovation) |

出所：Abernathy and Clark［1985］を参考に筆者作成

## 4.2.2　通常型イノベーションとは

　Abernathy and Clark［1985］は，イノベーションの4つの類型において，まず，既存企業が製品・サービスの変革を継続的に行う領域のイノベーションの類型である「通常型イノベーション（Regular Innovation）」を提示した。

　また，ユーザーによるイノベーションの創出が期待される領域に該当するイノベーションの類型として，「市場創出イノベーション（Niche Creation Innovation）」，「革命的イノベーション（Revolutionary Innovation）」，「産業構造イノベーション（Architectural Innovation）」を提示[13]した。これら4つのイノベーション類型は，前述のイノベーションの変革力マップにおいて，「市場及当事者とのつながりの軸（Markets／Actors Linkage）」，「技術及び製品の軸（Technology／Production）」の2軸においてマッピングされる。

　「通常型イノベーション」について，Abernathy et al.［1983］は，製品と

工程に関する既成概念を洗練し拡張することによって，製品と市場との従来のつながりを強めるとした。イノベーションの変革力のマップにおける通常型イノベーションとは，市場及び当事者とのつながりの軸において，既存のつながりを維持及び増強すると位置づけられ，技術及び製品の軸において，既存能力を維持し増強すると位置づけられる。

秋池と岩尾［2013］は，Abernathy and Clarkの先行研究を受けて，通常型イノベーションとは，既存の技術及び製品，既存の市場及び当事者において起こるイノベーションであり，製品のコスト削減や性能向上に大きく寄与し，競争優位性を高め，他社に対する参入障壁になる場合もあるとした。そのため，通常型イノベーションは大規模な変革を伴わないが，競争優位の達成には重要である。

また，Christensen［1997］における持続的イノベーションと同義であるとも考えられる。

本書では，通常型イノベーションについて，既存の技術，既存の市場やその当事者に対して起こるイノベーションと定義する。また，通常型イノベーションは，大規模な変革を伴わないが，漸進的な技術の変化が生産性と生産能力の双方を向上させ，競争優位をもたらし，参入障壁となるとも定義する。

### 4.2.3 市場創出イノベーションとは

「市場創出イノベーション」について，Abernathy et al.［1983］は，新しい市場を獲得するために，既存のテクノロジーを再編成して従来の製品と市場のつながりを変えてしまうものであるとした。一方，新しい市場区分に対応するため形成された技術は，模倣されやすく，競争上の優位性を持続させる基盤を確立しえないと評価している。

市場創出イノベーションは，イノベーションの変革力のマップにおいて，市場及び当事者とのつながりの軸では，既存のつながりを破壊し新たなつながりを創出すると位置づけられ，技術及び製品の軸では，既存能力の維持及び増強を行うと位置づけられる。

秋池と岩尾［2013］は，Abernathy and Clarkの先行研究を受け，市場創出イノベーションについては技術及び製品に対しては保守的である一方で，

市場及び当事者に対しては，新規的なイノベーションであるとした。

本書では，市場創出イノベーションについて，技術に対しては保守的だが，市場や当事者に対しては新規的なイノベーションであると定義する。また，新たな市場を獲得するために，既存技術を再編成して，従来の製品と市場とのつながりを変えてしまうとも定義する。

### 4.2.4 革命的イノベーションとは

「革命的イノベーション」について，Abernathy et al.［1983］は，既存の市場に対して新しい技術の適用を行うとし，市場創出イノベーションと比較して競合優位性を獲得しやすいとした。

革命的イノベーションは，イノベーションの変革力マップにおいて，市場及び当事者とのつながりの軸では，既存のつながりを維持するとともに増強し，技術及び製品の軸においては，既存能力を破壊し，陳腐化を進めると位置づけられている。

一方，秋池と岩尾（2013）は，Abernathy and Clarkの先行研究に対して，すべての革命的イノベーションが競争に重大な影響を与えるわけではなく，ユニークで模倣が困難なイノベーションでも，それが市場ニーズに効果的に合致していなければ企業に大きな成功はもたらさないと指摘した。

本書では，ユーザーが自らのユーザー価値実現に向けて，製品・サービスを変革しても市場において社会化されなければ，イノベーションとは認知されないという立場をとる。そのため，革命的イノベーションに対しては，単なる製品・サービスの変革にとどまる水準か，市場において社会化されイノベーションとして認知すべき水準であるかを重視する。

本書では，革命的イノベーションについて，既存の市場やその当事者に対して，新たな技術によってイノベーションをもたらすものと定義する。

### 4.2.5 産業構造イノベーションとは

「産業構造イノベーション」について，Abernathy et al.［1983］は，画期的なイノベーションを表しており，全く新しいデザイン・コンセプトを創出し，新しいコンセプトに適した市場を生み出すとした。また，この時期の技

術革新は，その技術の発展過程の初期にみられ，製品や工程を性格づけするとともに，デザインを序列づけ，その後の進行方向を決めてしまうとした。

「産業構造イノベーション」は，イノベーションの変革力マップ上の市場及び当事者とのつながりの軸において，既存のつながりを破壊し新たなつながりを創出するとし，技術及び製品の軸においては，既存能力を破壊し陳腐化すると位置づけられる。

これに対して秋池と岩尾［2013］は，Abernathy and Clark［1985］の先行研究を補足し，新規の技術及び製品にもとづき，新規の市場や顧客にイノベーションをもたらすものであるとした。

また，その後の研究において，Henderson and Clark［1990］は，製品のアーキテクチャに注目し，製品の構成要素間の連結を変化させることは大変困難を伴うとした上で，Architectural Innovationについて，既存の構成要素における連結関係や方法を見直すものであるとした。

本書では，Henderson and Clark［1990］における製品レベルからの考察ではなく，企業活動や産業レベルから考察を進めるため，「Architectural Innovation」を企業活動や産業レベルからとらえたAbernathy et al.［1983］の先行研究を活用する。また，Architectural Innovationの日本語表記に関しては，新規の技術にもとづき，新規の市場や当事者に対してイノベーションをもたらし，産業の構成や構造を変革してしまうという意図から，「産業構造イノベーション」を採用する。

また，本書では，ユーザー・イノベーションの視点から，個々のユーザーによる製品・サービスの変革が，市場及び当事者とのつながりや，技術及び製品における既存の能力の陳腐化を同時に達成することは実現性の面で困難であると考える。

さらに，イノベーションの変革力マップ上では，既存企業が中心であった通常型イノベーションから，ユーザー・イノベーションによって産業構造イノベーションを直接立ち上げることは困難であるとも考える。

なぜなら，個々のユーザーの個別ニーズにもとづく変革では，既存の能力を陳腐化する革新的イノベーションのポテンシャルのある変革をもたらせたとしても，その変革と同時に市場及び当事者とのつながりまでも変革し，イ

ノベーションとして社会化させることは困難であると考えるためである。

　以上により，本書では，産業構造イノベーションについて，新規の技術にもとづき，新規の市場や当事者に対してイノベーションをもたらすとともに，産業構造を変化させ，新たな産業を作り出すと定義する。

　以上のイノベーションの4類型をまとめると以下の通りとなる。市場及び当事者とのつながりの軸，技術及び製品の軸とおいた場合，どちらも既存のつながりや能力を活かすイノベーションが通常型イノベーション，市場及び当事者とのつながりを破壊し新たなつながりを創出するイノベーションが市場創出イノベーション，技術及び製品の軸において既存能力を破壊し陳腐化するイノベーションが革命的イノベーションとなる。また，市場及び当事者とのつながりを破壊し新たなつながりを創出すると同時に，技術及び製品の軸において既存能力を破壊し陳腐化するイノベーションが産業構造イノベーションとなる。

## 4.3　イノベーションの類型化に関する課題

　Abernathy and Clark［1985］のイノベーションの変革力マップに関しては，以下の2点の限界があげられる。

　1つ目の限界は，製品・サービスの変革をイノベーションとして社会化するプロセス対して言及がないという限界である。

　市場において，特定の製品・サービスに対する新たな取り組みが，イノベーションであると認知されるためには，取引先やユーザーの範疇にとどまらず，広く市場に普及し，社会化されることが前提となるべきである。しかし，先行研究では，イノベーションを起こすための活動を中心に論じており，社会化に対する視点が曖昧なため，その活動の新規性（新たな技術，新たな組み合わせ等）のみを確認した上で，その製品・サービスの変革が社会化されたという確認を待たずして，イノベーションと認知してしまうケースも発生し得る。

　特にAbernathy等は，革新性を重視し，市場性を軽視する傾向にあった。本書では，イノベーションの変革力マップの活用においては，イノベーショ

ンの社会化という視点を前提に置き，その活動が市場全体に及ぼす影響力を重視する。

2つ目の限界は，イノベーションの変革力マップにおける縦軸の硬直性である。Abernathy and Clark［1985］は，縦軸を「Markets／Customer Linkage（市場及び顧客とのつながり）」と表現した。これをさらに「Conserve／entrench existing linkage（既存のつながりの維持，増強）」と，「Disrupt existing／create new linkage（既存のつながりの破壊，新たなつながりの創出）」の2方向に分解している。

秋池と岩尾［2013］は，Abernathy and Clark［1985］が変革力マップにおける市場及び当事者とのつながりの軸を過小評価しており，市場及び当事者の軸こそがイノベーションにおいて重要な要素であるため，「Niche Creation Innovation」の変革力はニッチに留まるものではないとした。

本書においても，ユーザー自身がユーザー価値実現のために，製品・サービスの変革を行う際，市場において変革の社会化を成し遂げ，イノベーションと認知させるためには，市場及び当事者とのつながりに対する変革である市場創出イノベーションが重要な役割を果たすと考える。

よって，本書は，イノベーションにおける市場性について重視するとともに，ニッチ市場を切り拓くだけでは，製品・サービスの変革がイノベーションたりえるとは言い切れないという立場を取る。

そこで，当該領域については，「市場創出イノベーション」と表現し，市場において支持を得てイノベーションとして社会化された状態となることを示す。

ユーザーによるイノベーションの創出を念頭においた場合，まず，ユーザーが既存企業と共創することによって製品・サービスを変革するノウハウを身につける。その後，実際に，ユーザーが，製品・サービスの変革を実現することによって，ユーザーにとって最適なニッチ市場を切り拓くことができると考えられる。さらに，ユーザーが他の当事者とともにユーザー・コミュニティを形成することによって，規模を確保し，ネットワーク外部性を獲得することによって，市場に対して広く影響力を発揮してイノベーションとして社会化すると考えることができる。

以上，2つの先行研究の限界を踏まえ，本書では，Vargo and Lusch (2004) のS-Dロジックによるユーザー価値の共創の概念を取り入れるとともに，Abernathy and Clark (1985) のイノベーションの変革力マップを活用し，イノベーションの主体者が既存企業からユーザーへと移行する過程について考察する。

## 5 ユーザーの共創及び独立

### 5.1 ユーザーによる2つの独立

本節では，先行研究レビューを受けて，ユーザーが，自らの価値の実現を志向する中で，製品・サービスの変革を担う主体が，従来，製品・サービスを提供していた企業から，その企業とユーザーとの共創となり，最終的にはユーザー自身へと移行するというプロセスについて考察する。

ユーザーは，共創を通じて，従来，製品・サービスを提供していた企業からノウハウを吸収し，自ら価値創造に参画するようになる。ユーザー自身が目標とする価値の実現に向けた試行錯誤を行うとともに，製品・サービスに関連する設備投資や体制・人員などのリソースへの投資などを推進する。

ユーザーが目標とする価値については，当然，ユーザー自身のほうが，より深く理解しているため，ユーザーによる製品・サービスに対する学習及び関連するリソースやインフラが一定のレベルを超えた段階において，既存企業を超える存在となる。

ユーザーは，ユーザー・イノベーションを実現させるまでに2つの主体からの独立を果たす（**図表2-5**）。

1つ目の独立は，取引先企業からの独立である。ユーザーが取引先企業との共創を通じてノウハウを吸収し，投資によりリソースやインフラも確保する。その上で，ユーザー自身が，製品・サービスの変革の主体となり，従来，製品・サービスを提供していた企業から独立を志向する。ユーザーの独立は，ユーザー価値の実現が目的であるため，ユーザーによる製品・サービスの変革が価格面や機能面等において，既存企業にとって，利益相反にあたる内容

**図表2-5** ユーザーによる取引先企業やユーザー群からの独立

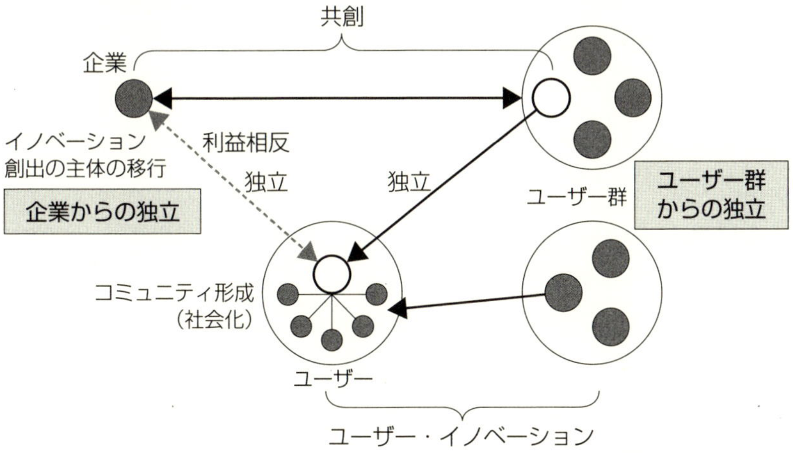

出所：筆者作成

が実現されることもある。ユーザーによる利益相反が実現した場合には，既存企業が追随できない状況も発生する。

2つ目の独立は，ユーザーによるユーザー群からの独立である。ユーザー群においては，従来，製品・サービスを提供していた企業の製品・サービスに満足しているユーザーも存在する。あるいは，ユーザーの中には，取引先企業との共創を行う中で，ニーズを突きつけるだけで，自らイノベーション創出の主体となることに興味のないユーザーも存在する。そのようなユーザーが存在する中で，一部のユーザーは，取引先企業との共創関係を築き，ユーザーとして実現すべき価値やイノベーションを理解し，取引先企業の対応力を見極めた上で，ユーザー自身で製品・サービスの変革を実現するため，イノベーション創出の主体者としてユーザー群から独立する。

独立を果たしたユーザーは，市場での影響力を持つため規模の確保を志向し，ネットワーク外部性を獲得するため，自らが中心となってユーザー・コミュニティを形成する。ユーザー・コミュニティは，独立したユーザーが他のユーザーと連係することにより集団性を持ち，規模を確保することでユーザー・イノベーションへと発展する。さらに，市場の主導権を失った既存企業も収益向上を目的に，コミュニティに参加するため，エコシステムは一層

の拡大を実現すると考えられる。

## 5.2 リサーチ・クエスチョン

　本章では，ユーザー・イノベーションに関する先行研究，ユーザー価値の共創に関する先行研究，イノベーションの類型に関する先行研究という3つの先行研究についてレビューを行った。これを受けて，リサーチ・クエスチョンを設定する。

　1つ目の先行研究レビューでは，von Hippelの先行研究を中心に，ユーザー・イノベーションに関するレビューを行った。

　先行研究レビューの結果，本書では，ユーザーが対処療法的なソリューションとして生み出し，開発，製造，販売した時点の製品・サービスをイノベーションとは認めず，市場に認知され，社会化された段階でイノベーションとして認知することとした。

　2つ目の先行研究レビューでは，Vargo and Luschによる先行研究を活用し，ユーザー価値の共創の領域について考察した。

　先行研究レビューの結果，S-Dロジックの世界観では，市場においてサービスが交換されるという前提において，当事者が，連携し共創することにより，当事者にとって最適な価値が創出されるとした。これは，当事者としてのユーザーが，取引先企業と共創することにより，最適なユーザー価値を創出できる可能性があることを示していると考える。

　3つ目の先行研究レビューでは，Abernathy and Clark［1985］のイノベーションの類型及びイノベーションの変革力マップに関する研究領域を中心にレビューを行った。

　先行研究レビューの結果，本書では，ユーザーが製品・サービスの変革をイノベーションとして社会化し，発展させるプロセスとして，既存企業が主導する通常型イノベーションから，ユーザー主導による市場創出イノベーションへと移行するプロセスに着目するとした。

　以上の3つの領域の先行研究レビューを受けて，本書のリサーチ・クエスチョンを以下のように設定する。

[R-1] ユーザーは，どのような過程によって，製品・サービスの変革を実現するノウハウを身につけ，イノベーションとして社会化するのか。

このリサーチ・クエスチョンに対して理論化を行うことによって，ユーザーによるイノベーションの創出が，ユーザーが自らの価値を実現するにとどまらず，市場支配をもたらすという競争関係の変質の1つの形態について考察することとする。

本書では，当該リサーチ・クエスチョンにもとづき，事例研究によって考察を進める。

■注

1　von Hippel et al.［2011］の原文は以下の通り。
Phase 1: Users develop new products for themselelves.
Phase 2: Other users evaluate & reject, or copy & improve.
Phase 3: Producers enter when market potential is clear.
UsersとはConsumer，ProducerとはProducer Compaiesを指す。日本語訳は，原文をもとに筆者が作成した。

2　Vargo and Lusch［2008］の原文は，以下の通り。
"S-D logic is that it is a mindset, a lens through which to look at social and economic exchange phenomena so they can potentially be seen more clearly." 日本語訳は，原文をもとに筆者が作成した。

3　Vargo and Lusch［2004a］の原文は，以下の通り。
"(M)arketing inherited a model of exchange from economics, which had a dominant logic based on the exchange of "goods," which usually are manufactured output. The dominant logic focused on tangible resources, embedded value, and transactions." 日本語訳は，原文にもとづき筆者が作成した。冒頭のMは原文では小文字。

4　Vargo and Lusch［2004a］の原文は，以下の通り。
"(M)arketing has moved from a goods-dominant view, in which tangible output & discrete transactions were central, to a service-dominant view, in which intangibility, exchange processes, & relationships are central." 日本語訳は，原文をもとに筆者が作成した。冒頭のMは原文では小文字。

5　Vargo and Lusch［2015］の原文は，以下の通り。
"Service is the fundamental basis of exchange" 日本語訳は，原文をもとに筆者が作成した。

6　Lusch and Vargo［2014］の原文は，以下の通り。
"(S)ervice" as the "application of competences (knowledge & skills) for the benefit of another entity or the entity itself" 日本語訳は，原文をもとに筆者が作成した。冒頭のSは，原文では小文字表記。

7　Vargo and Lusch［2015］の原文は，以下の通り。
"Value is cocreated by multiple actors, always including the beneficiary." 日本語訳は，原

文をもとに筆者が作成した。
8　Vargo and Lusch［2015］の原文は，以下の通り。
"All economic & social actors are resource integrators." 日本語訳は，原文をもとに筆者が作成した。
9　Vargo and Lusch［2015］の原文は，以下の通り。
"Value is always uniquely & phenomenologically determined by the beneficiary." 日本語訳は，原文をもとに筆者が作成した。
10　Vargo and Lusch［2015］の原文は，以下の通り。
"Value cocreation is coordinated through actor-generated institutions & institutional arrangements." 日本語訳は，原文をもとに筆者が作成した。
11　エコシステムの定義については，Iansiti and Levien［2004］をもとに，緩やかに結びついた多数の当事者によって構成され，それぞれが相互に依存することによって効率を高め，生存する状態であるとする。
12　Abernathy and Clark［1985］p.8のFig.1のタイトルは，「Transilience map」と表記されている。Transilienceとは，ラテン語において急変などの意味を指す。「変革力マップ」という表記については，Abernathy, Clark and Kantrow［1983］による。
13　Abernathy and Clark［1985］のイノベーションの4類型に対する日本語訳に関しては，秋池・岩尾［2013］，小沢・青木［2005］，小嶌［2015］を参考にした。

第3章

# ユーザー・イノベーションの創出過程

## 1 イノベーション創出過程に対する視座の設定

### 1.1 リサーチ・クエスチョンをひもとくための2つの視座

　本書においては，リサーチ・クエスチョンに対して視座を設定し，視座について複数の事前調査となる事例研究を行い，視座の有効性を確認したうえで，リサーチ・クエスチョンを精査する。

　本書の研究方法としては，事例研究を採用する。坂下（2004）によると事例研究は，あらかじめ理論的に分析枠組みをデザインすることで，背後にある母集団の中から，分析条件に見合う事例を選択的に抽出し，比較分析することで，背後母集団の因果関係に直接迫ろうとするものである。

　そこで本書では，分析枠組みを設定し，従来，製品・サービスを提供していた企業のイノベーション・マネジメントのあり方について事例研究を実施する。

　まず，第2章で提示した以下のリサーチ・クエスチョンについて考察するため，研究方法を設定する。

　［R-1］　ユーザーは，どのような過程によって，製品・サービスの変革

を実現するノウハウを身につけ，イノベーションとして社会化するのか。

　リサーチ・クエスチョンについて考察するため，以下の2点の視座を設定する。2つの視座に対し，事前調査となる事例研究を行う。研究対象としては，情報技術を積極的に活用する企業ユーザー及び個人ユーザーを取り上げる。事例研究は，複数の研究対象に対して，市場規模データ等の統計情報や定性情報等を活用し，視座の有効性について考察する。
(1) ユーザーがユーザー価値の実現に向けて，自らイノベーションの創出に乗り出す。
(2) ユーザーが，従来，製品・サービスを提供していた企業からの独立後，集団性を持つことによってネットワーク外部性を獲得し，これを共創プラットフォームとして，他のユーザーによるイノベーション創出を主導する。

## 1.2　視座を考察するためのフレームワーク

　事例研究を通じて考察するためのフレームワークは，Abernathy and Clark [1985] のイノベーションの変革力マップを活用する。イノベーションの変革力マップは，イノベーションに関して技術及び製品等の革新性の視点を持っていることに加えて，市場及び当事者とのつながりという市場性からの視点も兼ね備えているためである。

　さらに，イノベーションの変革力マップに，Vargo and Lusch [2004a, 2015] のS-Dロジックによるユーザー価値の共創の概念を取り入れる。Abernathy and Clark [1985] は，イノベーションの変革力マップの縦軸を「Markets／Customers linkage（市場及び顧客とのつながりの軸）」とした。一方，Vargo and Lusch [2004a, 2015] は，共創の対象を「顧客（Customers）」から広げ，「当事者（Actors）」に変更した。そこで，本書では，縦軸を「Markets／Actors linkage（市場及び当事者とのつながりの軸）」とする。

以上により，本章では，S-Dロジックによるユーザー価値の共創を反映したイノベーションの変革力マップのフレームワークを活用し，イノベーションの主体が，製品・サービスを提供していた企業からユーザーへと移行を果たす過程であるユーザー・イノベーションのプロセスについて考察する。

## 1.3 事例研究の対象となる先進ユーザー

事例研究の対象としては，企業ユーザーと個人ユーザーの両方を対象とし，従来，ITベンダから情報技術の製品・サービスを享受していたユーザーに着目する。

まず，企業ユーザーの事例研究の対象として，企業ユーザーがIT技術者を抱え，情報技術を活用して製品・サービスを変革する傾向が強い米国の企業ユーザーを取り上げる。その中でも，2006年に情報技術関連市場においてクラウドサービスが登場して以降，クラウドサービス市場では，企業ユーザーが直接，情報技術を活用し，ユーザーが所有するデータの活用等により新たな付加価値を創出している。本章では，企業ユーザーの情報技術の進展に伴う変質を体現する市場として，法人向けクラウドサービス市場に着目する。

1社目はアマゾンを取り上げ考察する。同社は，流通業を本業とし，インターネット上での流通業（ECサービス）を提供するための情報技術製品については，従来，ITベンダに対して企業ユーザーの立場であった。しかし，同社は情報技術への積極投資により，サーバやストレージ等の情報技術機器を自ら開発するとともに，自社のコンピュータリソースを外販することでクラウドサービスの提供者となった。アマゾンは，クラウドサービスの提供において，パートナー企業や顧客と巨大なコミュニティを形成することで，流通業にとどまらず，情報技術産業においてもイノベーションを創出し市場を主導し続けていることから事例研究の対象とする。

2社目はIllumina, Inc.（以下，イルミナ）を取り上げ考察する。同社は，米国市場においてDNA，RNA解析ソリューションを提供する企業である。情報技術に対しては，自社業務で活用するレベルの企業ユーザーである。し

かし，同社は，クラウドストレージサービスに対する顧客ニーズをつかみ，これを無償で提供することによって，顧客とのコミュニティを構築した。さらに，このコミュニティが遺伝子関連情報を解析するアプリケーションの共創プラットフォームに進展し，プラットフォーム上から，多様なパートナー企業や顧客と共創することによって，遺伝子解析領域でイノベーションの創出を主導していることから，事例研究の対象とする。

　3社目はGeneral Electric Company（ゼネラル・エレクトリック，以下，ＧＥ）を取り上げる。同社は航空機エンジンや発電タービン等を製造・販売・保守サービスを提供する製造業であり，情報技術に対しては自社業務で活用するレベルという企業ユーザーの立場であった。しかし，同社は「Industrial Internet（of Things）」というビジョンのもと，産業用機器向け共通ソフトウェア・プラットフォームである「Predix」を開発し，情報技術産業にも乗り出した。同社は，顧客に販売した機器をクラウド上で連携し，顧客を巻き込んで重工系産業と情報技術産業を統合した新たなサービスを共創し展開し続けていることから事例研究の対象とする。

　続いて，個人ユーザーに関する事例研究として電子書籍市場を取り上げる。電子書籍市場の中でも，ユーザーが自ら書籍コンテンツを創出する電子書籍市場におけるセルフパブリッシング市場を取り上げる。同市場は，従前，書籍の提供を受ける側であった個人ユーザーが，情報技術を活用し，自ら書籍コンテンツを生み出すだけではなく流通面においても従来の出版システムにも強い影響をもたらす存在となっていることから事例研究の対象とする。

　本章では，企業ユーザーと個人ユーザーの事例研究を通じて，ユーザー主導のイノベーションの進展プロセスが，適合することを示すことによって，第1の視座が企業及び個人ユーザーを問わず，成り立つことについて考察する。

## 2 イノベーション創出過程に関する事例研究

### 2.1 企業ユーザーによるイノベーション創出過程

#### 2.1.1 アマゾン（Amazon Web Services）の事例

(1) アマゾンの概要

アマゾンは，流通業が本業であり，1994年の設立以来，EC（Electronic Commerce）サービスによって多様な商品を提供する企業である。

同社の売上高は1,778億ドル（約20兆円，2017年），従業員57万人という規模を誇り，ECサービスでの取扱商品は，書籍，家電，食料品，玩具，衣料品等，多岐にわたる。さらに，同社はクラウドサービスであるAmazon Web Services（AWS）も販売している（**図表3-1**）。

(2) アマゾンによるユーザー・イノベーション

アマゾンのECサービスは，サーバやストレージ，ネットワーク機器等の情報技術製品から成るデータセンターから提供されている。当初，同社はデータセンター向けの情報技術製品をITベンダから購入していた。つまり，同社は，情報技術という側面では，ITベンダの通常型イノベーションを享受する立場にある企業ユーザーであった（**図表3-2の①**）。

**図表3-1** アマゾンの概要

| 社 名 | Amazon.com, Inc. |
|---|---|
| 創業年 | 1994年 |
| 本社所在地 | 米国　ワシントン州シアトル |
| 事業内容 | 流通業（ECサービス），クラウドサービス提供 |
| 従業員数 | 566,000人（フルタイム，パートタイム合計） |
| 売上高 | 1,778億ドル |

出所：2017年12月期のFORM 10-Kをもとに筆者作成

同社の顧客数はECサービスの事業拡大とともに急激に増加した。同社は，急増する顧客に対応するため，ITベンダに対して，データセンター向けの情報通信機器に対して柔軟性や拡張性等を要求し続けた。

　同社は，ITベンダに対して改善要求をするだけでなく，ITベンダとデータセンター向けの情報技術機器の機能強化に向けて共創し，ITベンダから情報技術のノウハウを吸収した。これと同時に，同社はデータセンター関連設備や情報技術の専門人材の確保等に多額の投資を行った（**図表3-2**の②）。

　AWSのVice president and Distinguished Engineer[1]のHamilton［2014］によると同社は，ITベンダとの共創の結果，市販の情報技術機器を使ったシステムでは，ECサービス向けデータセンターに必要な機能に絞った合理的な活用ができないと判断した。データセンター1棟あたり，サーバだけで5万台から8万台もの規模の情報技術機器が使用されるため，個々の機器のコストに対して最大限の原価低減を実現する設計が必要であったためである。

　そこで，Hamilton［2014］は，サーバ，ストレージ，ネットワーク機器等について同社専用の設計を同社が自ら行い，OEM先に指示する形式によって，フルカスタマイズ製品を入手するという手法を採用したとした。

　さらに，同社は，2006年3月から，投資を行ったデータセンターについて本業の流通業のECサービスとは別建ての事業として，ECサービスで活用していたコンピュータリソースを活用したクラウドサービスであるAWSの外販を始めた。

　AWSは，従来のITベンダのクラウドサービスと比較して圧倒的な価格優位性がある。たとえば，AWSは新規サービス利用者に対して，12か月間の無料利用枠を用意している。また，Amazon EC2の最低価格は，1時間あたり0.0065ドルと1円を切る価格提示を行っている[2]。

　こうした価格提示は，同社が流通業を本業としており，あくまでも本業からの収益を事業の柱と据えており，AWSのみの収益を重視していないためであると考えられる。AWSは，同社の本業である流通業のECサービスを支えるデータセンターで余剰になったコンピュータリソースを活用するための手段である。そのため，同社は，情報技術から収益を確保しなければならないITベンダにとって，利益相反となるようなクラウドサービスの提供が可

### 図表3-2 アマゾンにおけるイノベーションの過程

|  | 技術／製品 | |
|---|---|---|
|  | 既存能力の維持，増強 | 既存能力の破壊，陳腐化 |
| **市場/当事者とのつながり**　既存のつながりの破壊・新たなつながりの創出 | **市場創出イノベーション**<br>④パートナー企業及び顧客との巨大コミュニティ創出・拡大<br>③自らIT製品設計・入手クラウドサービス外販 | **産業構造イノベーション**<br>⑥巨大コミュニティを起点とした新たなクラウドサービスの創出 |
|  | ⑤ITベンダも巻き込みユーザー価値創出 | |
| 既存のつながりの維持・増強 | ②ITベンダへの要求及び共創によるノウハウ吸収と人材確保<br>①データセンタ向け情報技術製品購入（ユーザーの立場） |  |
|  | **通常型イノベーション** | **革命的イノベーション** |

出所：Abernathy and Clark［1985］及び企業情報をもとに筆者作成

能となると考えられる。

　同社がAWS専用に情報技術機器をカスタマイズし入手するようになった取り組みや，クラウドサービスをITベンダでは追随できないレベルの低価格帯で提供開始したという取り組みは，情報技術市場において，企業ユーザーである同社がITベンダからの独立を果たしたと考えることができる。

　ただし，AWSが登場した時点（2006年）において，ITベンダが提供するクラウドサービスと同等か，それよりも劣る機能を提供していたため，革命的イノベーションに移行したとは考え難い。

　よって，同社は，自ら情報技術に取り組むことによって，市場と新たなつながりを構築したという点から，市場創出イノベーションに移行したと考え

られる（**図表3-2**の③）。

　2010年代に入り，アマゾンのクラウドサービスは，サービスの提供範囲やユーザー・コミュニティの登録社数において，イノベーションとして社会化できる規模を確保した。

　アマゾンは，ECサービスの世界展開に合わせ，これを支えるデータセンターを世界各地に設置した。Hamilton［2014］によると，米国，日本，アイルランド，ドイツ，日本，中国，豪州等の11地域に28のデータセンターを保有し，サービスの提供範囲を広げている。

　Hamilton［2014］は，AWS向けの大型データセンターに対して電力を安定供給するため，自前の変電所を建設しているとした。ECサービスの提供範囲の拡大が，情報技術領域に加えて，電力領域における取り組みにおいても，ユーザーとして電力会社からの独立も果たしていることが確認できる。

　特にアマゾンは，2000年以降において，売上高を急速に拡大してきたが，2010年以降は，売上高の伸び率を超える形で研究開発費を急増させ，情報技術に研究開発費を投入することでクラウドサービスの領域での圧倒的な競争優位を確保した（**図表3-3**）。

　また，アマゾンは，AWSから情報技術の機能のみを提供するため，ユーザーは当事者として，アマゾンや他の当事者と共創せざるを得ない仕組みになっている。その結果，AWSを活用したアプリケーションサービスや，コンサルティングを提供するパートナーとして2013年までに約8,000社を集めることで，共創関係を築き，コミュニティを形成した[3]。パートナーのコミュニティは，現在も拡大を続けている。

　つまり，アマゾンは，本業である流通業の世界展開とともに世界の主要拠点にデータセンターを配置することで，ITベンダをはるかに上回る規模や範囲のクラウドサービスを提供する主体となり，企業ユーザーとしてクラウドサービス市場にユーザー・イノベーションをもたらしたと考えられる（**図表3-2**の④）。

　以上により，企業ユーザーとしてのアマゾンに対する事例研究を通じて，「ユーザーがユーザー価値の実現に向けて，自らイノベーションの創出に乗り出す」という視座と合致すると考えられる。

**図表3-3** アマゾンの研究開発費

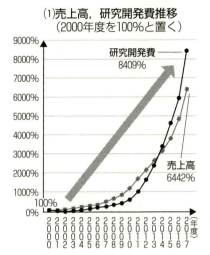

(1)売上高,研究開発費推移
（2000年度を100%と置く）

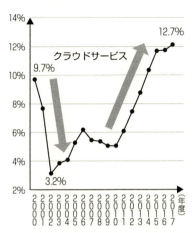

(2)売上高対研究開発費率

出所：アマゾンのForm 10-Kをもとに筆者作成。アマゾンの研究開発費の費目はTechnology and contentを使用

　さらに，アマゾンのクラウドサービスへの取り組みは，企業ユーザーとITベンダとの立場を逆転させた。2013年10月～12月時点での世界における法人向けクラウドサービス市場は，市場全体が前年比45％で急成長する中で，アマゾンが世界シェア28％を獲得し，シェア2位であるIBM（7％）以下のITベンダに大差をつけた[4]。これは，企業ユーザーであるアマゾンとITベンダ（IBMやマイクロソフトなど）との立場を逆転させ，情報技術産業自体の変革をもたらし，市場支配に至ったことを示している。
　つまり，アマゾンが市場創出イノベーションの位置付けにおいて，企業ユーザーとしてクラウドサービスを変革し，ITベンダを踏み越えて，イノベーションとして社会化できる立場になったと考察できる。

(3) ユーザー主導によるビジョンの展開

　アマゾンのユーザー・コミュニティは，巨大な規模を獲得し，市場において強い影響力を持った結果，大手ITベンダもコミュニティに取り込まれた。ITベンダを取り込んだユーザー・コミュニティは，急速に拡大を続け，ユー

ザー価値の実現に向けて新たなサービスを生み出すためのデータが集結した共創プラットフォームとなっている（**図表3-2の⑤**）。

　日本市場においても，2014年以降，アマゾンのコミュニティに参画するITベンダが増加している。日立製作所や日本電気等は，自ら提供するシステムインテグレーション・サービスとAWSを連携させ，新たなサービスを提供している[5]。これは，大手ITベンダがアマゾンのコミュニティに取り込まれた状況を示している。

　長崎［2017］によると同社の新規サービス及び主要機能の発表数は，2008年には24件であったが，コミュニティの拡大とともに増加し，2016年にはパートナーとの共同開発を含め1,017件と，千件を上回り，2018年には1,430件に拡大した。

　つまり，同社のクラウドサービスは，巨大なコミュニティにITベンダも取り込み規模を確保した上で，既存のITベンダの製品・サービスを破壊し陳腐化させることで市場を支配し，新たなサービスを展開し続けている。

　よって，同社は，クラウドサービスの提供を通じて情報技術関連市場を支配し，市場創出イノベーションから，産業構造イノベーションの段階へと移行したと考えられる（**図表3-2の⑥**）。

　以上により，アマゾンに対する事例研究を通じて，2つ目の視座である「ユーザーが，従来，製品・サービスを提供していた企業からの独立後，集団性を持つことによって，ネットワーク外部性を獲得し，これを共創プラットフォームとして，他のユーザーによるイノベーション創出を主導する」についても合致すると考察できる。

## 2.1.2　イルミナ（BaseSpace Informatics Platform）の事例

(1)　イルミナの概要

　イルミナ[6]は，1998年，米国において，DNA，RNA等の遺伝子解析用のシーケンサー（制御機器）を製造・販売する企業として創業した。同社は，主に大学や研究機関に対してシーケンサーや関連サービスを提供している。2016年時点において，同社は，米国本社を中心に，英国，ブラジル，日本

(東京・大阪),中国(北京,上海),シンガポール,豪州に拠点を構えている(**図表3-4**)。

2012年,同社は,クラウドサービスを活用したストレージ環境である「BaseSpace」を立ち上げた。同社が,顧客にこの環境を無償で提供することにより,同社製のシーケンサーで発生したデータを預かるとともに,パートナー企業とこの遺伝子データ解析するための多様なアプリケーションを提供している。

(2) イルミナによるユーザー・イノベーション

イルミナは,遺伝子解析用のシーケンサーのメーカーとして,生物学関連の研究者を中心に顧客を獲得していた。一方,同社にとって情報技術とは,自社業務で活用するというレベルであり,情報技術に対しては,ITベンダにとっての企業ユーザーという立場であった。つまり,情報技術という視点において同社は,既存企業による通常型イノベーションを享受する立場であったと考えられる(**図表3-5**の①)。

同社の主な顧客は大学や研究機関であり,主なユーザーは大学や研究機関に所属する研究者である。研究者は,DNAやRNAの遺伝子解析を通じて新事実の発見等に向けた研究を行っており,同社のシーケンサーを使用している。同社のシーケンサーによって解析を行うと,解析ごとに大量かつ複雑なデータが発生する。研究者からは同社に対して,研究活動に集中するため,

**図表3-4　イルミナの概要**

| 社　名 | Illumina, Inc. |
|---|---|
| 創業年 | 1998年 |
| 本社所在地 | 米国　カリフォルニア州 サンディエゴ |
| 事業内容 | DNA,RNA解析ソリューションの提供 |
| 従業員数 | 米国　4,600名,その他　米国外の拠点の社員 |
| 売上高 | 24億ドル |
| 米国外拠点 | 英国,ブラジル,日本(東京・大阪),中国(北京・上海),シンガポール,豪州 |

出所:2016年時点での企業情報をもとに筆者作成

同社のシーケンサーを使用し遺伝子を解析した後に発生するデータの管理及び運用をアウトソーシングしたいと同社に対して要望するようになった。同社はこれを機会ととらえ，研究者の要望に応えるべく，対処方法を検討した。つまり，同社はシーケンサーのユーザーとともに，解析後に発生するデータの最適な管理及び運用方法を巡って，共創したと考えられる（**図表3-5**の②）。

2012年12月，同社は，解析後の大量のデータを管理及び運用するための方法として，クラウドサービスを活用したストレージ環境「BaseSpace」を構築した。さらに，同社は，このクラウド・ストレージ環境をシーケンサーの顧客に無料で開放した（**図表3-5**の③）。

この際，同社は，顧客からの要望に応えるため，業務システムを提供するITベンダではなく，アマゾン・ウェブ・サービス（Amazon Web Services，以下，AWS）が提供するクラウドサービスを活用し，自らクラウド・ストレージ環境を構築した。同社のクラウド・ストレージ環境は，技術的には既存のクラウドサービスの活用に過ぎず，革命的イノベーションへの移行とは考え難い。

同社のクラウド・ストレージ環境は，シーケンサーの付加価値サービスとして，無料で提供されており，クラウドサービスを収益源とするITベンダとは利益相反関係にある。ITベンダには，同社のようにクラウド・ストレージ環境を無料で研究者等に開放することはできない。

よって，同社は，ユーザーとしてITベンダから独立した立場を獲得し，情報技術を活用した製品・サービスを提供する主体となったと考えることができる。

イルミナが，シーケンサーの顧客である研究者等にクラウド・ストレージ環境を無償提供した後，この環境は，研究者が遺伝子解析後のデータを預ける場として活用され，同社に対する研究者のロイヤルティが高まった。

研究者たちは，クラウド・ストレージ環境をデータの保管先として活用するだけでなく，ユーザー・コミュニティとして，遺伝子解析に関する情報交換や解析方法に関するニーズについて情報交換を行う場としても活用されている。

### 図表3-5　イルミナにおけるイノベーションの過程

|  | 技術／製品 | |
|---|---|---|
|  | 既存能力の維持，増強 | 既存能力の破壊，陳腐化 |
| 市場／当事者とのつながり：既存のつながりの破壊，新たなつながりの創出 | **市場創出イノベーション**<br>④顧客とのコミュニティ拡大とアプリケーションパートナー協業<br>③クラウドストレージ環境構築と顧客への無償提供 | **産業構造イノベーション**<br>⑥「統合バイオインフォマティクス・ソリューション」に進展 |
|  | ⑤共創プラットフォームに顧客データ集結 | |
| 市場／当事者とのつながり：既存のつながりの維持，増強 | ②顧客（研究者）から解析データマネジメントのアウトソーシング要求<br>①自社業務への情報技術活用（ユーザーの立場） | |
|  | **通常型イノベーション** | **革命的イノベーション** |

出所：Abernathy and Clark［1985］及び企業情報をもとに筆者作成

　結果として，より多くの研究者がクラウド・ストレージ環境に集結することになり，ユーザー・コミュニティは拡大を続けている。

　イルミナは，遺伝子解析後のデータを管理及び運用するというニーズに応えた後，ユーザー・コミュニティから発せられた大量の遺伝子データを解析するというニーズに応えるため，アプリケーションを開発し，提供するパートナー企業を募った。同社は，「BaseSpace」において，研究者やパートナー企業との共創関係を築いたことになる。

　その結果，同社のクラウド・ストレージ環境は，遺伝子解析用アプリケーションを開発するパートナー企業との共創プラットフォームとなった。研究者たちの情報が集まる同社のユーザー・コミュニティの情報を目当てにパー

トナー企業が集まり，ユーザー・コミュニティの研究者もアドバイス等を行うことで，遺伝子解析用のアプリケーションが多数開発され，市場に投入された。2017年時点で，同社がパートナー企業とともに，市場に公開している遺伝子解析アプリケーションは83種[7]に及ぶ。

つまり，同社のクラウド・ストレージ環境は，研究者たちのユーザー・コミュニティとなり市場に影響をもたらす規模を確保したと考えられる。また，同社は市場創出イノベーションの位置づけにおいて，ユーザー・コミュニティのニーズにも応え，パートナー企業と共創プラットフォーム上から，新たな解析アプリケーションを生み出し続けていることから，遺伝子解析ソリューションの領域で，これを変革し，イノベーションとして社会化できる立場になったと考えられる（図表3-5の④）。

以上により，企業ユーザーとしてのイルミナに対する事例研究を通じて，「ユーザーがユーザー価値の実現に向けて，自らイノベーションの創出に乗り出す」という視座との整合性について考察できた。

イルミナが構築し，顧客に無償提供したクラウド・ストレージ環境は，顧客が遺伝子解析後のデータを預けるとともに，顧客とのユーザー・コミュニティとなった。また，同社は，パートナー企業とともに，ユーザー・コミュニティに集結するデータを活用するためのアプリケーション・ソフトウェアを開発した。

同社にとって，クラウド・ストレージ環境は，顧客である研究者とのユーザー・コミュニティであると同時に，顧客が解析した大量のデータが集結し，同社がパートナー企業と開発したアプリケーション・ソフトウェアが集結する共創プラットフォームとなった（図表3-5の⑤）。

さらに，同社には，ユーザー・コミュニティから新たなニーズも届く。同社の顧客である研究者の中には，重要なデータを他の研究者と同じクラウド・ストレージ環境で保管し，研究情報が漏れることを嫌う研究者も存在した。

そこで，同社は，2014年1月，クラウドサービスの提供を通じて蓄積したデータ解析技術と，パートナーによって開発されたアプリケーションを融合したスタンドアローン製品を販売開始した[8]。これは，研究者が独立した環

境で研究し，遺伝子データを個別に保管し解析できるという，遺伝子解析技術領域と情報技術領域を融合した製品となった。

(3) 新たなビジョン実現に向けた事業拡大

2016年4月，イルミナは，統合バイオインフォマティクス・ソリューションとして「BaseSpace Informatics Suite」を提供開始した[9]（**図表3-6**）。

無償のクラウド・ストレージ環境であった「BaseSpace」[10]を起点として，2013年にはNextBio社を買収し，遺伝子データのある被験者を自動的に集めた解析できる「BaseSpace Cohort Analyzer」や，20,000を超える遺伝子研究のデータから瞬時に回答を取り出すことができる「BaseSpace Correlation Engine」へと事業領域を拡張した。また，2015年には，GenoLogics社を買収し，サンプル準備及び実験のワークフローを最適化する「BaseSpace Clarity LIMS」へと拡張した。これに遺伝子データを洞察し特徴点を見いだす「BaseSpace Variant Interpreter」が加わった。

従前，遺伝子解析領域では，それぞれの領域に強みを持つベンチャー企業の製品・サービスを個別に利用していた。これに対して，イルミナは「BaseSpace Informatics Suite」によって，研究によって発生したデータの管理，解析，共有，サンプルの解釈，レポート作成，さらに詳細なコホート

**図表3-6** イルミナの「BaseSpace Informatics Platform」

BaseSpace Informatics Suite

| Acquire | Analyze & Share | Interpret | Aggregate | Aggregate |
|---|---|---|---|---|
| BaseSpace Clarity LIMS | BaseSpace Sequence Hub | BaseSpace Variant Interpreter | BaseSpace Cohort Analyzer | BaseSpace Correlation Engine |
| サンプルを追跡，管理しウェットラボのワークフローを最適化 | ゲノムデータの解析，保管，共有 | バリアント（遺伝的多様体）の重要性を抽出し報告 | 臨床的および生物学的に重要なマーカーを理解 | データに基づく解決策を使い，遺伝子，バリアント，シグネチャーを理解 |
| GenoLogics買収 | 開始時のBaseSpaceの範囲 | | NextBio買収 | NextBio買収 |

── BaseSpace Informatics Platform ──

出所：企業情報をもとに筆者作成

解析まで提供できるようになった。

　同社は、「BaseSpace Informatics Suite」において、サンプルを投入してから解を導出するまでの一連のプロセスを、クラウドサービス上の包括的な統一プラットフォームである「BaseSpace Informatics Platform」から提供する。

　同社は、これを「Comprehensive Sample-to-Answer Solutions（サンプル投入から解の導出までの包括的なソリューション）」というコンセプトによって示している。

　この段階に至ると同社は、情報技術分野及び遺伝子解析分野の双方において、専業のITベンダが追随することができない高い専門性を持った企業ユーザーとなった。同社は、共創プラットフォームに集結したデータを活用し、遺伝子解析分野と情報技術の分野を融合し、関連領域を統合することによって「バイオインフォマティクス」領域を切り開き、産業構造を変えるに至ったと考えられる産業構造イノベーションへと移行したと考えられる（**図表3-5の⑥**）。

　以上により、イルミナに対する事例研究を通じて、2つ目の視座である「ユーザーが、従来、製品・サービスを提供していた企業からの独立後、集団性を持つことによって、ネットワーク外部性を獲得し、これを共創プラットフォームとして、他のユーザーによるイノベーション創出を主導する」についても合致すると考察できる。

### 2.1.3　GE（Predix）の事例

(1)　GEの概要

　GEは、1892年に設立された航空機のジェット・エンジンや発電用のタービン、医療機器、輸送用機器等の産業用機器の製造、販売と保守サービスの提供を収益の柱とする老舗企業である。注力事業ごとにGE内カンパニーが形成されており、GEエナジー・マネジメント、GEオイル＆ガス、GEパワー＆ウォーター、GEアビエーション、GEヘルスケア、GEトランスポーテーション・システム、GEキャピタル、GEデジタルが存在する（図

**図表3-7　GEの概要**

| 社　名 | General Electric Company |
|---|---|
| 創業年 | 設立1892年（創設1878年） |
| 本社所在地 | 米国　コネチカット州フェアフィールド |
| 従業員数 | 約307,000人 |
| 売上高 | 1,486億ドル |

出所：2016年時点の企業情報をもとに筆者作成

表3-7）。

　GEに関する事例研究では，2014年以降に注力している産業用機器向けクラウドサービスである共通ソフトウェア・プラットフォームの「Predix」に対する取り組みを中心に考察する。

(2)　GEによるユーザー・イノベーション

　これまでGEの事業は，産業用機器の製造・販売・保守サービスの提供が中心であった。情報技術に関しては，情報技術に特化した社内カンパニーも設置しておらず，自社業務で活用するレベルであり，企業ユーザーとしての立場であった。以前の同社は，情報技術に関して，産業機器の付属品という扱いであり，関連リソースも分散し，少数であったことから，既存のITベンダから通常型イノベーションを享受する立場であったと考えられる（**図表3-8の①**）。

　しかし，同社は，リーマンショックによって，注力領域と位置づけていた金融サービス事業が大きな影響を受け，全社の業績が悪化した。これを受けて同社は，注力領域から金融サービス事業を外し，製造業に回帰した。

　2011年，同社は再び注力領域となった製造業において提供している産業用機器製品やそのサービスからのさらなる収益創出及び拡大を狙い，「インダストリアル・インターネット（Industrial Internet）」というビジョンを提唱する。このビジョンでは，それまでの事業に加え，情報技術関連のソフトウェア事業に注力することを意味している。同社は「インダストリアル・インターネット」の方針に従い，ソフトウェアリソースを集結，増員した。この取り組みにより，GEはあらゆるモノがインターネットにつながるIoT領

域に先鞭をつけた（図表3-8の②）。

　こうした経営環境下において，2014年，同社の全産業用製品を対象とした共通ソフトウェア・プラットフォームである「Predix[11]」が構築された。「Predix」は，同社の顧客が導入した製品・サービスをソフトウェア・プラットフォームに連結し，そこから大量のデータを収集し解析することによって新たなサービスの創出につなげる。つまり，同社に関わる製品・サービスからの収益源の創出及び収益の最大化を目的とした取り組みである（図表3-8の③）。

　Iansiti and Lakhani［2014］によると同社は，「Predix」のコミュニティを通じ，発電用タービンの顧客である風力発電エネルギー企業のエーオン

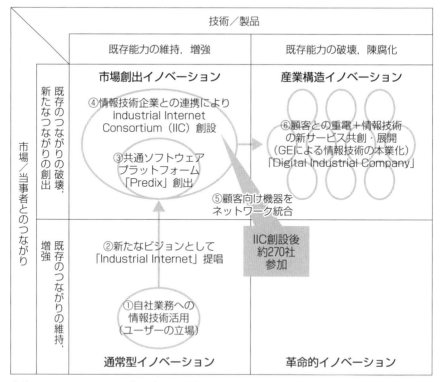

図表3-8　GEにおけるイノベーションの過程

出所：Abernathy and Clark［1985］及び企業情報をもとに筆者作成

(E. ON[12]) に対して，すべてのタービンをソフトウェアで結びつけることで発電用タービンの動的制御（dynamic control）とリアルタイム分析（real-time analytics）を行うサービスを提供した。このサービスによってエーオンは，需要予測にもとづく最適な発電サービスが実現できるようになった。その後，ＧＥは，発電用タービンにとどまらず，それ以外の風力発電の関連機器に搭載した大量のセンサーからデータを収集及び分析し，風力発電関連機器の効率的な稼働及び保守を実現するという新たなユーザー価値の創出を実現した。この際，ＧＥは，新たなユーザー価値の提供によって顧客が得た利益の一定割合を請求できるようあらかじめ契約し価値の対価を得ている[13]。

同社は，「Predix」の実現に向けて，リーマンショック以降，研究開発費を増額した。特に製造業領域における情報技術への積極的な研究開発投資により，IoT領域における市場支配を狙った（**図表3-9**）。

ただし，同社の共通ソフトウェア・プラットフォーム「Predix」の取り組み自体は，ITベンダにも実現可能な技術レベルである。また，2014年には，同社の産業用機器における競合であるシーメンスも遠隔保守のための共通遠隔サービスプラットフォームcommon Remote Service Platform（cRSP）を発表している。2001年には，株式会社小松製作所（以下，コマツ）が，

**図表3-9　ＧＥの研究開発費**

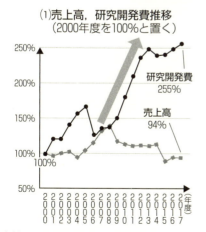

(1)売上高，研究開発費推移
（2000年度を100%と置く）

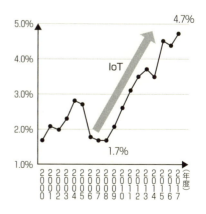

(2)売上高対研究開発費率

出所：ＧＥのForm 10-Kより筆者作成

KOMTRAX（コムトラックス）によって，販売後の建設用機械を遠隔監視する機械稼働管理システムを構築し，建機に標準装備している[14]ことからも，技術的な新規性はなく，同社が革命的イノベーションに移行したとは考え難い。

　よって，同社は，自ら情報技術に取り組むことによって，共通ソフトウェア・プラットフォーム「Predix」を創出し，市場及び当事者にみならず，顧客に販売後の製品・サービスと新たなつながりを構築したという点から，市場創出イノベーションに移行したと考えられる。

　なお，イルミナと同様，同社と顧客との関係性については，通常型イノベーションから市場創出イノベーションにおいて継続しており，むしろ，同社と顧客との関係性が変化することにより，より強固な関係になった。

　ＧＥは，共通ソフトウェア・プラットフォーム「Predix」の普及に向けて，競合との差別化を図り，強力なエコシステムを形成した。産業用機器の製造業であるＧＥを中心に，コンサルティング領域ではアクセンチュア，クラウドサービス領域ではアマゾン，通信ネットワーク領域ではシスコシステムズ及びAT&Tやベライゾン，電子コンポーネント領域ではインテル等，情報技術業界の各領域を代表する企業と，ドリームチームと呼ぶべきメンバーが勢揃いしたエコシステムであった。

　この強力なエコシステムの布陣は，市場に対しても強烈なアピールとなった。同社とそのドリームチームからの提案は，同社の産業用機器の顧客に強い納得感をもたらした。

　さらに，ＧＥと情報技術系のパートナーが創設企業となり，「Industrial Internet Consortium（IIC）」というコンソーシアムを構築した。IICには，主にIoTを新たな事業機会とすることを狙う製造業系の企業や，情報技術系の企業等が参加するとともに，ベンチャー企業や，非営利団体，大学等も参加し，2017年時点で30カ国，約270社が参加し，増加し続けている。

　なお，日本からも日立製作所，三菱電機，日本電気，富士通等の情報技術系の企業に加え，トヨタ自動車，富士フイルムホールディングス等の製造業系の企業が参加している[15]。

　ＧＥによる情報技術を代表する企業とのアライアンスや，IICによるエコ

システムの構築は，ＧＥの重電系の顧客に，従来，情報技術について企業ユーザーという水準であったＧＥが情報技術を本業の１つとしたと認知させるという新たな関係性の構築につながった。

結果として，ＧＥの顧客は「Predix」を活用した新たなビジネスモデルの構築に向けて，ＧＥとの共創関係を構築した。

同社によるエコシステムは，「Predix」を共創プラットフォームとして，同社の顧客やパートナー企業も巻き込み，共創関係を構築し，新たなユーザー価値を創出するとともに，これをイノベーションとして社会化する影響力も確保したと考えられる（**図表3-8**の④）。

つまり，同社が市場創出イノベーションの位置づけにおいて，企業ユーザーとして情報技術を活用した共通ソフトウェア・プラットフォームを創出し，同社が中心となった強力なエコシステムによって市場及び当事者に強い影響力を発揮することで，ＩＴベンダから独立し，イノベーションとして社会化できる立場になった。

以上により，企業ユーザーとしてのＧＥに対する事例研究を通じて，「ユーザーがユーザー価値の実現に向けて，自らイノベーションの創出に乗り出す」という視座との整合性について考察できた。

同社の顧客は，ＧＥの強力なエコシステムに魅かれ，Predixにつながり，同社と顧客に導入された製品・サービスはネットワークで統合される。同社と顧客の産業用機器がネットワークでつながると，同社には機器から発生するデータが大量に集まる。同社はこの大量のデータを解析して，新たな顧客向けサービスの創出を行うことになる（**図表3-8**の⑤）。

(3) 新たなビジョンの発信と展開

続いて，2015年10月，同社は，ＧＥソフトウェアセンター，グローバルIT部門，各事業でソフトウェア開発を担当者と，2014年に買収したWurldtech社の産業機器向けセキュリティ部門を統合し，新組織「GE Digital（ＧＥデジタル）」を立ち上げた[16]。

ＧＥデジタルの立ち上げにあたって，当時のＧＥの会長兼CEOであったジェフ・イメルト（Jeffrey Immelt）は，「ＧＥが世界を代表するデジタル・

インダストリー・カンパニーに変革している[17]」,「Predixなどのソフトウェア設計・実装・製品開発など,ＧＥの事業横断的な能力を活用することで,新たなデジタル・インダストリアル・ワールドのための戦略を策定する一方で,ＧＥの顧客に対して大変重要な成果を生み出し続ける。これがＧＥの優位性である[18]」と述べた。

つまり,同社は,ＧＥデジタルの発足により,情報技術を活用する企業ユーザーという立場を脱し,情報技術を本業そのものに取り込んだと考えられる。

同社は製造業や情報技術という枠を越え,「インダストリアル・インターネット」というビジョンを掲げ,これを体現する共通ソフトウェア・プラットフォームPredixを立ち上げた。

Predixの市場展開にあたっては,ドリームチームと称すべき情報技術を代表する企業とエコシステム構築し,顧客企業を誘い込み,ネットワーク統合した。さらに,ＧＥデジタルを立ち上げ,「デジタル・インダストリー(Digital Industry)」という新たな業種カテゴリーを創出するというビジョンを掲げると同時に,この市場におけるリーダーとなったと宣言した。

この取り組みは,市場及び当事者との新たなつながりを創出した取り組みであると同時に,既存のITベンダを踏み越え「デジタル・インダストリー」という新たな業種カテゴリーを創出し,ITベンダに対して既存能力の破壊や陳腐化につなげた。よって,同社は,市場創出イノベーションから産業構造イノベーションへと移行したと考えられる（**図表3-8**の⑥）。

以上により,ＧＥに対する事例研究を通じて,2つ目の視座である「ユーザーが,従来,製品・サービスを提供していた企業からの独立後,集団性を持つことによって,ネットワーク外部性を獲得し,これを共創プラットフォームとして,他のユーザーによるイノベーション創出を主導する」についても合致すると考察できる。

## 2.2 個人ユーザーによるイノベーション創出過程

### 2.2.1 電子書籍市場（セルフパブリッシング）の事例

(1) セルフパブリッシング市場の概要

　個人ユーザーに関する事例として電子書籍市場を取り上げ，その中でも電子書籍市場の中でも先行する米国の電子書籍市場において大きな割合を占めるセルフパブリッシング市場に着目して事例研究を進める。
　電子書籍市場では，情報技術の進展とともに個人ユーザーの取り組みにより，セルフパブリッシング市場という新たな市場が出現した。セルフパブリッシングとは，個人ユーザーが自ら著作者として書籍を執筆し，書店を介さずに，著作者である消費者自らのWebサイトや，セルフパブリッシングを支援する企業のWebサイトを通じて，直接，電子書籍データを販売する形態である。

(2) セルフパブリッシング市場におけるユーザー・イノベーション

　書籍関連の製品・サービスは，出版社から個人ユーザーに提供されていた。米国の電子書籍市場では，個人ユーザーが書籍コンテンツを自由に創造し，自由に流通させたいというニーズが存在していた。この時点では，書籍市場は，出版社による通常型イノベーションが支配しており，個人ユーザーは書籍を購入する立場であった（**図表3-10の①**）。
　一方，出版社やITベンダ等の企業は，1990年代から，書籍情報の電子化や，電子書籍端末の開発を進めていた。この方法では，ソニー株式会社（以下，ソニー）が最も早く市場参入し，1990年7月，「SonyデータディスクマンDD-1[19]」という電子書籍端末と端末専用の電子書籍コンテンツを販売開始した。当時は，出版社が既存の紙媒体の情報を電子書籍化し，書店や家電量販店で販売しており，個人ユーザーはコンテンツ製作に関わることができなかった。そのため，個人ユーザーは紙媒体を自費出版する等の手段により書籍コンテンツを作成していた。

しかし，2000年代後半，クラウドサービスを活用した電子書籍サービスが始まり，個人ユーザーが作成した書籍の電子データをインターネット上で流通させることが可能になった。この方法は，アマゾンが，米国において2007年11月，電子書籍端末のKindle 1と電子書籍ストアであるKindleストアを発表することで，本格的に立ち上がった[20]。出版社は，電子書籍サービスの一形態として，個人ユーザーが自ら書籍コンテンツを作成し流通できるセルフパブリッシングの仕組みを提供し，自らコンテンツを作成する個人ユーザーを支援した。一方，個人ユーザーは，出版社との共創を経て，情報技術に関するノウハウを吸収した（**図表3-10**の②）。

さらに，個人ユーザーは，セルフパブリッシングの仕組みを通じて，自ら

**図表3-10** セルフパブリッシングにおけるイノベーションの過程

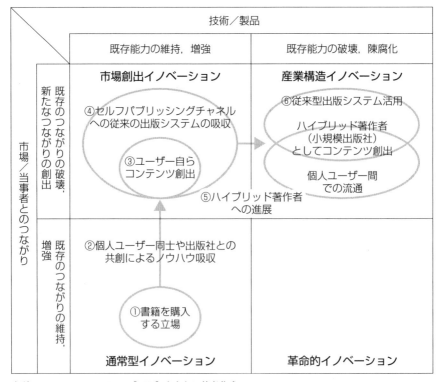

出所：Abernathy and Clark［1985］をもとに筆者作成

書籍コンテンツを作成し発表できるようになった。個人ユーザー自身が，セルフパブリッシングを支援するアプリケーション・ソフトウェアやウェブサービスを活用して作品を執筆，編集，校正し，出版社側の受付フォーマットに変換して送付することによって実現した（**図表3-10の③**）。

　セルフパブリッシングを行った個人ユーザーに対して，出版社は，カバーやレイアウトなどの装丁や，紙媒体と電子書籍の選択肢の提示，電子書籍のオーディオブック化や効果音の追加，映像化（映画化）やTVコンテンツ化への展開の支援を行う。また，コンテンツが固まった段階で，販売促進活動を支援し，価格設定や広報・広告活動などのプロモーション支援を行う。

　また，出版社は，販売後には，販売レポートや販売ログ解析や販売後のカスタマーサポートにより販売データの追跡や顧客の声を吸い上げることで，個人ユーザーが次回作の企画に活かすことができる検討材料を提供する。

　よって，個人ユーザーは，セルフパブリッシングによって，自ら書籍コンテンツに対して製品・サービスを変革できるようになり，出版社から独立することで，通常型イノベーションから市場創出イノベーションへと移行したと考えられる。

　個人ユーザーが，信頼するセルフパブリッシングのプラットフォームを通じて書籍コンテンツを創出し，製品・サービスの発信源となることで，出版社から個人ユーザーに主導権が移行し，書籍市場における製品・サービスの変革を実現した。また，個人ユーザーは，セルフパブリッシング市場において書籍のコンテンツ流通チャネルをコントロールするという形でも変革を成し遂げた。

　Nielsen［2016］によると，米国の電子書籍市場におけるセルフパブリッシング関連の市場シェアは，セルフパブリッシングと個人ユーザーが最小限のレベルで出版社の機能を備えた小規模出版社を合わせた領域において，2012年19％（うちセルフパブリッシングが5％）から，2015年には42％（うちセルフパブリッシングが12％）まで拡大した。このことから，個人ユーザーが，セルフパブリッシングのコミュニティを形成することによって規模を確保していたことが確認できる。

　また，販売後の追跡サービスは，ログ情報などの大量のデータ分析が前提

となっており，ビッグデータ分析の結果は個人ユーザー（著作者）との次回作の企画検討の共同作業に活用される。このビッグデータ活用は，個人ユーザーが自ら新たな価値を生み出すという取り組みを実現する重要な要素となる。

セルフパブリッシングは，著作者である個人ユーザーが読者である個人ユーザーとインターネットを通じて直接つながるチャネルを前提としていた。しかし，個人ユーザーが大量の読者を獲得したいというニーズと，電子書籍市場の拡大及び紙媒体の書籍市場の縮小という市場の変化が重なり，従来の出版システムである出版社，取次店，書店という流通チャネルがセルフパブリッシングのチャネルに加わった。セルフパブリッシングは，個人ユーザー間のつながりや出版社とのつながりによってコミュニティを形成し，規模を獲得したと考えられる（**図表3-10の④**）。

よって，企業ユーザーとしてのセルフパブリッシング市場に対する事例研究を通じて，「ユーザーがユーザー価値の実現に向けて，自らイノベーションの創出に乗り出す」という視座と合致すると考察できる。

個人ユーザーは著作者として，インターネットを通じて，販売促進役である出版社を活用しながら，全世界に発信できる。また，個人ユーザーは，編集者役としての出版社を活用し，出版社と二人三脚で出版を行うこともできる。米国では，目的に応じて，書籍コンテンツの流通チャネルを選択し，セルフパブリッシングと従来の出版社の活用を使い分ける著作者をハイブリッド著作者と称している。

つまり，セルフパブリッシングを行う個人ユーザーは，個人ユーザー間や出版社との共創関係を築くとともに，個人ユーザー間でコミュニティを形成し，規模を確保し，ネットワーク効果を得ることによって，ハイブリッド著作者に進展したと考えられる（**図表3-10の⑤**）。

個人ユーザーは，コミュニティ化することにより規模を持ち，セルフパブリッシングを通じて新たなコンテンツを創出するとともに，販売後のビッグデータ収集・分析などを通じて書籍コンテンツに新たなユーザー価値をもたらす。さらに，個人ユーザーはセルフパブリッシングのチャネルと従来の出版社システムを使い分け，コントロールするハイブリッド著作者に進展し，

製品・サービス変革の主体者として市場を支配する競争関係の変質の1つの形態となり，産業構造イノベーションの段階へと移行したと考えられる（**図表3-10**の⑥）。

以上により，セルフパブリッシング市場に対する事例研究を通じて，2つ目の視座である「ユーザーが，従来，製品・サービスを提供していた企業からの独立後，集団性を持つことによって，ネットワーク外部性を獲得し，これを共創プラットフォームとして，他のユーザーによるイノベーション創出を主導する」についても合致すると考察できる。

## 3　ユーザー・イノベーションの過程

本章における視座を考察するために行った事例研究では，Abernathy and Clark［1985］によるイノベーションの変革力マップをフレームワークとして活用し，ユーザー・イノベーションの過程について考察した。

まず，通常型イノベーションの段階では，企業ユーザー及び個人ユーザーともに，イノベーションを主導する主体者は事例研究の対象ユーザーではなく，ITベンダ等の情報技術を扱う企業であった。こうした企業は継続的に既存市場及び既存顧客と関係性を維持し増強に努め，既存能力を維持し増強しながら，自身の競合に対する競争優位性の確保と収益拡大を図っていた。一方，ユーザーは，ITベンダ等の企業側から製品・サービスを享受する立場にある（**図表3-11**の①）。

しかし，ユーザーは，ユーザー価値の実現を追求する中で，従来からの製品・サービスに満足できなくなり，これを提供してきた企業に対し改善を要求するが，要求された企業側の改善への取り組みに不満を持ったユーザーは，ユーザー価値の実現のため，自ら製品・サービスの変革を行うことを決意する。

ただし，ユーザー単独では，製品・サービスを変革するためのノウハウが不足するため，これを提供する企業に対して共創を持ちかけ，共創関係を築くことによって，変革の実行に乗り出す。

ユーザーは，共創を通じて，製品・サービスに関するノウハウを吸収する

とともに，ユーザー価値の実現に向けて必要と考えられる生産設備や人材等のリソースに対して自ら投資を実施し，自らのステークホルダーとの新たな関係性を創出する段階へと向かう（**図表3-11の②**）。

　一方，従来から製品・サービスを提供してきた企業は，ユーザーが求めるユーザー価値そのものを実現することは以下の2つの理由により困難である。

　1つは，既存企業がユーザー価値を完全に理解し，製品・サービスに反映することは困難であるという理由である。ユーザー価値は，ユーザーによって異なり，多様であるため，すべてのユーザー価値に合わせ込むことができない。

　2つ目は，仮に既存企業がユーザー価値をより深く理解したとしても，コスト面等で自らの収益源となっている既存事業と利益相反を起こしてしまう事態が発生した場合には，製品・サービスの変革を実行できない可能性があるという理由である。

　そこで，ユーザーは，共創によって吸収したノウハウや自ら行った生産設備や関連リソースの確保によって，ユーザー自身による製品・サービスの変革を実行する。結果として，ユーザー自身が，新たな製品・サービスを創出する主体となることができ，自らのステークホルダーとの新たな関係性を創出し，既存企業から独立してしまう。

　ただし，この時点では，ユーザーは，あくまでも既存企業と同等レベルの製品・サービスを作成できるようになったという段階であり，革命的イノベーションには分類できない上，イノベーションの社会化に至るための規模の確保はできていない状況である。

　よって，イノベーションの変革力マップ上での縦軸（市場及び当事者とのつながり軸）において変質をもたらし，ユーザーは通常型イノベーションから市場創出イノベーションへと移行する（**図表3-11の③**）。

　よって，リサーチ・クエスチョンに対して設定した視座である「(1)ユーザーがユーザー価値の実現に向けて，自らイノベーションの創出に乗り出すという視座」については，ユーザーが，自ら製品・サービスの変革を行い，通常型イノベーションから市場創出イノベーションへと移行するプロセスによって合致すると考察できる。

ユーザーは，自ら変革した製品・サービスの適用領域を広げることで，収益拡大や社会的な便益の向上につながる等と判断した場合，ユーザー価値の実現にとどまらず，その製品・サービス変革の適用範囲の拡大を志向する。
　ユーザーは，製品・サービスの適用範囲の拡大に向けて集団性を確保するため，他のユーザーの賛同を獲得し，ユーザー・コミュニティやパートナー企業によるエコシステムを形成する。ユーザーは，ユーザー・コミュニティの形成により，ネットワーク外部性を獲得し，製品・サービスの変革をイノベーションとして社会化することができる。
　また，ユーザーは，ユーザー・コミュニティを形成する際，情報技術を活用し，より多くのユーザーやパートナー企業と連携して，エコシステム内での情報共有や新たなサービスの共同開発をするため，共創プラットフォームを構築する（**図表3-11**の④）。
　共創プラットフォーム上では，ユーザーを中心としたエコシステム内に共通的に存在するユーザー価値とその実現に向けた方向性を共有し，互いの信頼関係あるいは利害関係にもとづき，連携し共創することによって，コミュニティとしてのユーザー価値の増大を図る。
　このようにして，ユーザーは，市場創出イノベーションにおいて，ユーザー・コミュニティを形成し，多数のステークホルダーとともに，共創プラットフォーム上で製品・サービスの変革をイノベーションとして社会化すると考察できる。
　共創プラットフォーム上には，ユーザー・コミュニティの拡大に伴って大量のデータが蓄積される。ユーザー・コミュニティは，この大量のデータの収集と解析を通じて，次の段階へと発展するユーザー価値を見いだし，新たな製品・サービスの変革へと進展する。この段階では既に規模が確保されているため，ネットワーク効果を発揮し，イノベーションが創出されれば普及しやすい環境にある（**図表3-11**の⑤）。
　さらに，情報技術を活用して，ユーザー同士が緩やかに連携しているユーザー・コミュニティでは，パートナー企業との資本関係なども薄いため，彼らと利益相反になっても，イノベーションが創出されやすい環境にある。
　つまり，この段階に至ると，ユーザー・イノベーションは，新たなユー

### 図表3-11　ユーザー・イノベーションの過程

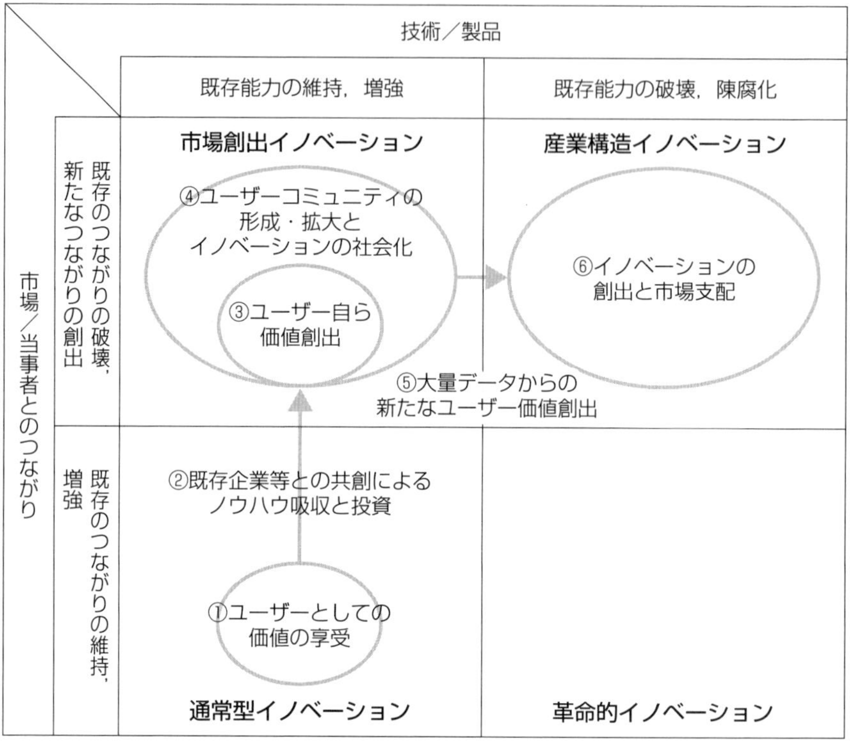

|  | 技術／製品 | |
|---|---|---|
|  | 既存能力の維持，増強 | 既存能力の破壊，陳腐化 |
| 市場／当事者とのつながり — 既存のつながりの破壊・新たなつながりの創出 | **市場創出イノベーション**<br>④ユーザーコミュニティの形成・拡大とイノベーションの社会化<br>③ユーザー自ら価値創出 | **産業構造イノベーション**<br>⑥イノベーションの創出と市場支配 |
|  | ⑤大量データからの新たなユーザー価値創出 | |
| 市場／当事者とのつながり — 既存のつながりの維持・増強 | ②既存企業等との共創によるノウハウ吸収と投資<br>①ユーザーとしての価値の享受<br>**通常型イノベーション** | **革命的イノベーション** |

出所：Abernathy and Clark［1985］を参考に筆者作成

ザー価値を追求すれば，既存のプロダクトやプロセスの能力を陳腐化する破壊するようなイノベーションであり，既存の産業構造を変革してしまうレベルのイノベーションも創出し続けることができる段階に入ると考えられる。

　こうして，ユーザー・イノベーションは，多様な市場の当事者を巻き込む形で，産業構造イノベーションへと移行するとともに，競争関係の変質をもたらすと考察できる（**図表3-11**の⑥）。

　よって，視座として設定した「(2)ユーザーが，従来，製品・サービスを提供していた企業からの独立後，集団性を持つことによって，ネットワーク外部性を獲得し，これを共創プラットフォームとして，他のユーザーによるイノベーション創出を主導するという視座」についても，ユーザーが共創プ

ラットフォームを築き，これを活用することによって，市場創出イノベーションから産業構造イノベーションへと移行する過程によって合致すると考察できる。

　以上により，本章においてリサーチ・クエスチョンを精査するために設定した2つの視座がどちらもユーザー・イノベーションの過程に関する事例研究の結果と合致すると考察できた。

　さらに，本章において設定したリサーチ・クエスチョンについても考察する。

　　［R-1］　ユーザーはどのような過程によって，製品・サービスの変革を
　　　　　　実現するノウハウを身につけ，イノベーションとして社会化を
　　　　　　実現するのか。

　本章の2つの視座及び事例研究に対する考察からは，リサーチ・クエスチョンであったユーザー・イノベーションの過程について，イノベーションの変革力マップを活用し，通常型イノベーションから，市場創出イノベーションを経て，産業構造イノベーションに至るという過程を導出した。

　また，ユーザー・イノベーションの過程の導出を通じて，ユーザーが既存企業との共創によって自ら製品・サービスを変革するノウハウを身につけると考察できた。さらに，ユーザーは，他のユーザー等と共創関係を築き，共創プラットフォームを構築して，規模を確保し，ネットワーク効果をもたらすことによって，イノベーションとして社会化するということについても考察できた。

　なお，イノベーションの変革力マップをフレームワークとした場合，説明がし切れない表現上の限界もある。ユーザー・コミュニティ等の規模を表すことや，バリュー・ネットワークに関する表現が難しい。そこで，本書ではフレームワーク上にイノベーションの過程を描く際，円の大きさや円の数によって補足する。加えて，フレームワークに対し，吹き出し等を追加することで，具体的な規模についても数値等を記載する。

　また，フレームワーク上では，別の市場において同様のフレームワークを活用した場合，それぞれの市場規模の大きさの差異を示し切れないという限

界もある。このような情報は，フレームワーク外に補足することで対応する。

■注
1 Hamiltonの役職は，2014年当時。
2 アマゾンのAmazon EC2のLinuxにおいて「t2.nano」を選択し，米国東部及び米国西部でサービス提供を受けた場合の価格。
https://aws.amazon.com/jp/ec2/pricing/（2016年1月25日アクセス）
3 AWSのプレスリリース（2013年11月12日）より，AWSパートナーネットワークのパートナー数を抜粋した。
4 Synergy Research Group の調査データに関するプレスリリース。「Amazon, Salesforce and IBM Lead in Cloud Infrastructure Service Segments（2014年3月25日付）」
https://www.srgresearch.com/articles/amazon-salesforce-and-ibm-lead-cloud-infrastructure-service-segments（2015年6月3日アクセス）および『日本経済新聞』2014年4月1日朝刊7面の図表のデータを参考にし，本文中にシェアデータを掲載した。
5 日立製作所，日本電気のAWSに関する発表（ホームページ掲載）を参考にした。
・日立製作所「アマゾン・ウェブ・サービスとの連携を本格開始し，クラウド事業を強化」（2013年6月3日発表）
http://www.hitachi.co.jp/New/cnews/month/2013/06/0603a.html（2016年1月26日アクセス）
・日本電気「NEC，アマゾン・ウェブ・サービスを利用したシステム構築サービスを提供開始」（2014年7月15日発表）
http://jpn.nec.com/press/201407/20140715_01.html（2016年1月26日アクセス）
6 米国イルミナ社のホームページ。http://www.illumina.com/（2015年10月3日アクセス）
7 イルミナのクラウドサービス「BaseSpace」向けアプリケーションの一覧は以下にて参照した。「Access a wide range of BaseSpace Apps for simplified data analysis」
http://www.illumina.com/informatics/research/sequencing-data-analysis-management/basespace/basespace-apps.html（2016年1月22日アクセス）
8 イルミナが発表したクラウドサービスについては，2011年12月の同社の記述による。http://blog.basespace.illumina.com/2011/12/（2015年6月3日アクセス）
また，イルミナが発表したクラウドアプライアンス製品については，2014年1月の同社の記述による。http://blog.basespace.illumina.com/2014/01/（2015年6月3日アクセス）
9 イルミナのBaseSpace Informatics Suiteに関するインフォメーションシートの情報をもとに作成した。
10 BaseSpace Informatics Suiteでは，「BaseSpace Sequence Hub」となっている。
11 ＧＥのPredixに関するホームページ。http://www.predix.com/（2015年10月5日アクセス）
12 E. ON社ホームページ。https://www.eon.com/en.html（2016年1月26日アクセス）
13 イアンシティとラカニー（2014）による原文は以下の通り。
It captures that value by charging a percentage of the customer's incremental revenue from improved performance.
14 小松製作所の以下情報を参考にした。「KOMTRAX」http://www.komatsu-kenki.co.jp/service/product/komtrax/（2017年1月24日アクセス）
15 スマートIoT推進フォーラム（2017年10月2日）におけるIICの西山悦郎氏の発表資料を参考に著者が執筆した。
16 ＧＥの以下プレスリリースを参考にした。ＧＥ「Creation of GE Digital」（2015年9月15

日発表）http://www.genewsroom.com/press-releases/creation-ge-digital-281706（2016年1月27日アクセス）
17 出所は注19と同じ。原文の表現は以下の通り。
"GE transforms itself to become the world's premier digital industrial company"
18 出所は注19と同じ。原文の表現は以下の通り。
"We are building the playbook for the new digital industrial world by harnessing our horizontal capabilities including Predix, software design, fulfillment and product management, while also executing critical outcomes for our customers. This is the strength of GE."
19 ソニーのDD-1製品情報を参考にした。https://www.sony.co.jp/Fun/design/history/product/1990/dd-1.html（2017年1月25日アクセス）
製品名称，販売時期に関しては，ITmediaによる「電子書籍端末ショーケース：DD-1―ソニー」を参考にした。http://ebook.itmedia.co.jp/ebook/articles/1207/19/news009.html（2017年1月25日アクセス）
20 アマゾンのプレスリリース情報を参考にした。http://phx.corporate-ir.net/phoenix.zhtml?c=176060&p=irol-ewsArticle&ID=1079388（2017年1月25日アクセス）

# 第4章

# イノベーションの普及

## 1 イノベーション普及理論

### 1.1 イノベーション普及に関する理論の抽出

　本書では，既存企業の視点から見たプロダクト・ライフサイクルの延長線上にあるイノベーションの普及ではなく，ユーザーがイノベーションの普及に対して能動的な影響をもたらしている状況に着目する。

　先行研究レビューの対象は，イノベーションの普及を社会システム全体の視点から，製品・サービスを提供する企業やユーザーの動向を総合的にとらえたRogers［1962, 2003］のイノベータ理論，ハイテク産業を中心に初期段階でのイノベーションの普及の困難性について分析を行ったMoore［1991］のキャズム理論を中心に取り上げる。

　さらに，イノベーションの普及をユーザーの視点からとらえるために，2つの視点から補完する。1つ目は，ユーザーが市場に影響をもたらす規模を確保しネットワーク外部性を獲得するための連携行動の視点からの補完である。当該視点については，弱い紐帯で結ばれたネットワークの情報入手性が高いことを示したGranovetter［1973］のネットワーク理論や，イノベーションの実現過程における資源動員の正当化について論じた武石・青島・軽

部［2012］の資源動員の創造的正当化理論について取り上げる。

2つ目は，ユーザーがイノベーションの普及にもたらす能動的な活動の視点から補完する。本書では，Ries［2013］のリーン・スタートアップ（Lean Startup）を取り上げる。

## 1.2 イノベータ理論の考察

### 1.2.1 イノベータ理論に関するレビュー

Rogers［1962, 2003］は，イノベータ理論を提唱し，イノベーション普及の過程において時間の経過の中で参加者が相互理解に到達するために，ある程度の時間をかけて，じっくりと普及するとした。また，Rogers［2003］は，イノベーションについて，個人あるいは他の採用単位によって新しいと知覚されたアイデア，習慣，あるいは対象物であるとし，個人が新しいと知覚するという個人の反応が重要であり，あるアイデアが個人にとって新しいものと映れば，イノベーションであるとした。イノベーションの新規性については，新知識である必要はなく，知識，説得，採用決定という観点から記述されるとした。

なお，本書では，イノベーションの知覚における「他の採用単位」については，企業ユーザー及び団体，あるいは社会システムであるとする。

Rogers［2003］は，イノベーション決定の種類を3点あげた。

1つ目は，イノベーション採用の選択が，個人によってなされる任意的なイノベーションの決定である。2つ目は，イノベーション採用の選択が社会システムの成員の間の合意によって形成される集合的なイノベーションの決定である。3つ目は，イノベーション採用の選択が強制力，地位，あるいは技術的な専門知識を持った社会システム内の少数の人たちによって行われるイノベーションの決定である。

つまり，Rogers［2003］は，イノベーションが個人や企業などの社会システムの成員，さらには権力者によって決定されるものであり，ステークホルダーが行う意思決定が，集合し連なることで，イノベーションの普及曲線が形成されるとしている。

しかし、個人レベルでは、ユーザーが新規性を認め、イノベーションの採用を決定しても、一般的にはその影響力が小さいことから、社会に対して有意な影響は与えることができず、イノベーション普及に多大な時間と、より多くのユーザーの採用による採用率の向上が必要になる。そのため、イノベーション普及に向けては、単なる個人の意思決定というだけではなく、連携され束ねられた集団的な意思決定が重視されなければならない。

　イノベーション決定の種類の1つ目である個人単位による採用が中心である場合、個人が社会の動向を伝聞し、製品・サービスの採用を判断するため、個人の採用がイノベーションの普及に影響を与えるには時間を要する上に、イノベーションの普及に対する社会的な影響力は限定的である。3つ目の少数の権力者や専門家によるイノベーションの決定では、社会の構成員のユーザー価値が多様化している現状に合わない。

　そこで、本書では、特に2つ目のイノベーションの決定要因である社会システムの成員の間の合意によって形成される集合的なイノベーション決定に注目する。集合的なイノベーション決定は、情報技術を活用して形成される仮想的なユーザー・コミュニティと重なる領域であり、将来にわたってイノベーション普及に対する影響力が最も強い領域であると考えられるためである。

　Rogers［2003］は、イノベーションの普及に関して、「イノベーションが、あるコミュニケーション・チャネルを通じて、時間の経過の中で社会システムの成員の間に伝達される過程」であるとした。また、普及がコミュニケーションの特殊な形式の1つであるとした上で、コミュニケーションとは、「それの参加者が相互理解に到達するために、互いに情報を創造し分かち合う過程」としている。

　つまり、Rogersはイノベーション普及の過程において、「時間の経過」の中で「参加者が相互理解に到達」するために、ある程度の時間をかけて、じっくりと普及するという前提が存在し、イノベーションを決定する過程において「時間は重要な次元である」としていた。

　その上で、Rogersは、イノベーションの普及について、社会システムを革新性の基準から、「イノベータ（Innovators）」、「初期採用者（Early adopters)」,「初期多数派 (Early majority)」,「後期多数派 (Late majority)」,「ラガード (Laggards)」に分類し，イノベーションを初期に採用する革新的な集団を「イノベータ」,「初期採用者」,「初期多数派」と分類した。

　また，革新的な集団が形成される中で，本格的な普及期を迎えるタイミングに「クリティカル・マス (Critical mass)」が存在するとした。なお，Rogersは，社会システムについて「共通の目的を達成するために共同で課題の解決に従事する，相互に関係のある成員の集合」と定義している。

　「クリティカル・マス」についてRogers [2003] は，「社会システムの十分な数の人々がイノベーションを採用した結果，それ以降の採用速度が自己維持的になる点で生じる」とした。また，Rogersは「普及曲線で普及率が10％から20％に至る部分が普及過程の核心」であり，「この点を越えると，いくら止めたくても，新しいアイデアの普及を止めるのはほとんど困難」としている。

## 1.2.2　情報技術の進展とイノベータ理論の限界

　情報技術が進展する以前において，これまでの企業は，Rogersのイノベータ理論が前提としていた社会システムにおける時間の経過とコミュニケーションによる緩やかな普及に合わせた時間の概念にもとづき，社会システムにおける革新的な集団を獲得することで，先行利得や規模の経済のメリットの獲得を狙う傾向にあったと考えられる。

　一方，ユーザーは，情報技術の進展以前，イノベーション普及において，革新的なユーザーの集団が成功及び失敗事例を見届けた後，市場において標準となる可能性の高い製品・サービスの変革を採用し，ネットワーク外部性を獲得するクリティカル・マスを形成するとされてきた。

　しかし，ユーザーが情報技術を活用し，大量かつ広範な情報収集と活用を行うことで，Rogersのイノベータ理論に対するイノベーション普及におけるユーザーの行動と時間の経過について，大きな変化が生じている。

　ユーザーは，本格的な普及が始まる前の時点において，ユーザー間の情報連携を行い，ユーザーが主導し事前の意思決定を行うことによって，ネット

ワーク外部性を獲得し，取引先企業の製品・サービスを評価し選択できるようになった。

さらに，情報技術の進展は，ユーザーが自ら製品・サービスの変革を行い，ユーザー・コミュニティを形成して規模を確保し，イノベーションとして社会化を実現することによって，イノベーションの普及に対して能動的な影響力をもたらすことも可能にした。

一方，Rogersの先行研究では，ユーザーの行動に対する視点について，従来の時間の緩やかな時間の経過やユーザー間のコミュニケーションというレベルにとどまっている。また，ユーザーの存在については，受動的な立場であり，普及される側であると設定されている。このユーザーに対する設定条件が，ユーザーの採用が前提であるはずのS字曲線がイノベーションの普及曲線と称される理由となっていると考察できる。

以上により，Rogersの先行研究に対しては，ユーザーが情報技術の進展を取り入れ，能動的な立場，すなわち，ユーザーが主導権を持って採用する側の立場となることで，イノベーションの普及に対して影響力をもたらすようになったことを踏まえ切れていないという限界が見いだせる。

つまり，「イノベーションの普及曲線」は，能動的なユーザーの採用が前提となる状況へと移行していると考えることができる。

## 1.3 キャズム理論の考察

### 1.3.1 キャズム理論に関するレビュー

Moore [1991, 1999, 2014] は，「キャズム（Chasm）理論」の前提となるイノベーションの類型について，人々の行動様式に変化をもたらす製品ととらえ，連続的なイノベーションと不連続的なイノベーションに区分されるとし，イノベーションについては，行動様式の変化によって，連続的あるいは不連続的に発生するものであるとした。

その上でMoore [2014] は，ハイテク産業及びB2B（Business to Business，以下，B2B）市場を対象に，「ハイテク・マーケティング・モデル（High-Tech Marketing Model）」を掲げ，その中核としてイノベーションの

普及曲線に類似した「テクノロジー・ライフサイクル曲線（Technology Adoption Life Cycle）」を提示した。Mooreのテクノロジー・ライフサイクル曲線とは，プロダクト・ライフサイクル曲線にRogers［1962］のイノベーションの普及曲線で使用されていた社会システムの構成（イノベータ，初期採用者，初期多数派，後期多数派，ラガード）に当てはめた曲線である。

　Moore［2014］は，テクノロジー・ライフサイクル曲線に対して，ハイテク産業及びB2B市場において隣り合う顧客グループ（初期採用者と初期多数派）の間に不連続な関係を生じさせ，深く大きな溝となるキャズムを迎えることがあるとした。Moore［2014］は，その状態におけるテクノロジー・ライフサイクル曲線を改めて「テクノロジー・ライフサイクルの改訂版（The Reised Technoogy Adoption Life Cycle）」と定義し，キャズム理論を提唱した。

### 1.3.2　キャズム理論の限界

　Moore［2014］のキャズム理論は，対象にあらかじめ制限が設けられている点に注意が必要である。対象市場は，ハイテク産業及びB2B市場に限定されており，その中でもキャズムは主にハイテク製品を扱うベンチャー企業が陥りやすい傾向にあるとしている。

　つまり，イノベーションの社会化という観点から考察すると，キャズム理論の対象となる製品・サービスは，イノベーションではなく，小規模企業等の個別企業による技術あるいは製品・サービスの変革に過ぎない取り組みであると考えられる。

　一方，Moore［2014］は，ハイテク産業及びB2B市場であっても，主にサービスをインターネット経由で提供する一部の企業が，従前の市場において行われていた製品・サービスを市場浸透させるプロセスに依存せず，キャズムを経ることなく，サービスを急速に普及することがあるとした。

　Moore［2014］が，キャズムを経ることなく急速に普及したと例示した情報技術関連の先進企業（グーグル，フェイスブック，ユーチューブ，スカイプなど）は，「利用者の支持を得る」ことによって競合に打ち勝ち，キャズムを越えるプロセスを経ずに一気に普及したとしている。

キャズムが有効となる対象を限定せざるを得ない背景には，Moore［2014］がキャズムを提唱した時点では存在しなかった市場環境の変化がある。Moore［2014］がキャズムを超えて急速に普及した理由としてあげた「利用者の支持を得て」という状況をもたらした市場の変化とは，情報技術の進展であり，これを活用したユーザーによる情報連携，仮想的なユーザー・コミュニティの形成である。本来，市場に影響をもたらし得ない個々のユーザーの支持が，情報技術の活用によって緩やかなつながりを急速に拡大することが可能になり，イノベーションとして社会化する威力を持つことができた。こうした規模を伴ったユーザーの支持が，ハイテク産業であっても，Mooreのキャズム理論に反し，キャズムを一気に乗り超えてしまうという変質を生み出すという限界を見いだせる。

　また，キャズム理論が抱える問題点には，Mooreがキャズム理論を導き出した対象が主にスタートアップ段階を中心としたベンチャー企業であり，ベンチャー企業の成長に向けた示唆としてイノベーションの普及曲線に類似したテクノロジー・ライフサイクルと称するS字曲線を使用したことであった。対象となったベンチャー企業は，製品・サービスの変革を成し遂げただけという状況であり，イノベーションとして社会化する状況には至っていないため，イノベーションと称することができる時点まで到達できていなかったと考えられる。

　つまり，市場に影響をもたらすことができない製品・サービスの変革が，Mooreによってイノベーションの一種と仮定され，イノベーションの普及に類似した曲線として表現されたと考えられる。テクノロジー・ライフ曲線自体が，特定製品のプロダクト・ライフサイクルにRogers［1962］のイノベーションの普及曲線に登場する社会システムの構成が埋め込んだ形状に由来している。Moore［1991］は，その曲線上において，イノベーションの社会化に至らず脱落した製品・サービスの変革を「キャズムに陥った製品・サービスであった」と言い換えているにすぎない。また，キャズムとは，イノベーションの社会化に失敗した製品・サービスの変革の一類型であり，イノベーションの一類型ではないと言い換えることもできる。

　以上により，Mooreのキャズム理論はイノベーションとして社会化できな

かった状態を提起しているにすぎず，イノベーションの一類型として分類するための先行研究と考えることはできない。そのため，Rogersのイノベータ理論のようにイノベーションとしての普及曲線の一類型として一般化することは困難であるという限界が見いだせる。

## 1.4 イノベーション普及に関連する理論の考察

### 1.4.1 関連理論のレビュー

(1) ユーザーの情報連携と集団行動に関する先行研究

イノベータ理論やキャズム理論等のイノベーションの普及に関する先行研究に対して，ユーザー視点から補完するため，2つの視点からイノベーションの普及に関連する先行研究レビューを行う。

まず1つ目の視点においては，ユーザーの情報連携と集団行動に関する視点に関する補完と，これに関連する先行研究レビューを行う。

Granovetter［1973］は，ネットワーク理論において，ネットワークの隙間を埋めることによって，他のネットワークとの関係を結び新たな情報や資源を獲得する効果に関しては，弱い紐帯で結ばれたネットワークの情報入手性が高いことを指摘した。また，イノベーションの普及に対して，中心的（central）なつながりのみに注目するのではなく，周辺的（marginal）なつながりにこそ注目すべきであるとした。たとえば，初期のイノベータは周辺的な人々であるとも指摘した。

Granovetter［1973］の指摘は，情報技術の進展に伴い，ユーザーがインターネットを介して緩やかにつながり，仮想的かつ大規模なユーザー・コミュニティを形成する理由となると考えられる。ユーザーが，情報技術を活用し，周辺領域に存在する多数のユーザーの情報入手性が高くなる。周辺のユーザーに幅広く情報が行き渡り，同じ情報にもとづき結集することで，ユーザーが集団性を持ちユーザー・コミュニティを形成する。ユーザーは，コミュニティ内において整合されたビジョンやコンセプトにもとづき，統一された行動を展開するため，集団性を確保し，ネットワーク外部性を発揮す

る存在となり，イノベーションとしての社会化やイノベーションの普及に影響をもたらす存在となると考えられる。

　また，武石・青島・軽部［2012］は，資源動員の創造的正当化において，イノベーションのプロセスについて，新規のアイデアを経済効果に結び付けるための資源動員が社会集団の中で正当性を獲得する過程であるとした。

　個々のユーザーによる製品・サービスの変革では，ユーザーごとに使用できる資源量が小規模かつ無関連であり，補完し合うことに意味を見いだしにくい。一方，ユーザーは，ユーザー間の弱い紐帯の中で情報連携し形成された仮想的で大規模なユーザー・コミュニティを介することができれば，社会イベント等のタイミングに合わせて，事前かつ集団的な意思決定にもとづき，資源動員を創造的に正当化し，一斉に資源を動員できると考えられる。

　さらに，Downes and Nunes［2013］は，インターネットを活用した新興企業が従来，RogersやMooreによるイノベーションの普及のスピードをはるかに上回るスピードで普及を果たすことをビッグバン型破壊（Big-Bang Disruption）と称した。

　ビッグバン型破壊では，Rogersの示した5つのセグメントに従わず，「試験利用者（Trial Users）」と「市場の大多数」の2区分となり，試験利用者によって完成の域に高められた製品が市場の大多数に向けて雪崩を打つように一気に広がる。

　この理論は，情報技術を活用したユーザーによるイノベーションの普及が一気に進展するプロセスの考察において有効であると考える。

(2) ユーザーの共創の誘発に関する先行研究

　もう1つの視点は，Ries［2013］のリーン・スタートアップや小川［2013］のクラウドソーシング等のユーザー同士の共創を誘発する先行研究である。

　Ries［2013］のリーン・スタートアップは，企業が製品・サービスの変革の初期段階でユーザーとの共創を模索し，初期採用者から初期多数派に成長するユーザー・コミュニティを計画的に作り込むことによって，企業とユーザー間あるいはユーザー同士において共創を誘発する。

　Ries［2013］は，リーン・スタートアップを構築―計測―学習（Build-

Measure-Learn）のフィードバックループとしてモデル化するとともに，早い段階での戦略的仮説の方向転換を示す「ピボット（Pivot）」の必要性を示すことで，イノベーションの普及におけるスタートアップに要する時間とコストを削減と最適化を実現するためのプロセスに変質をもたらした。

　また，小川［2013］は，リーン・スタートアップと同様に顧客を事前に作り込む方法として，クラウドソーシング（Crowdsourcing）があるとした。クラウドソーシングとは，「不特定多数の消費者に対し，欲しいと望む製品案やそれに対する評価をインターネットを通じて募集し，消費者からの反応をもとに製品化を検討する仕組み」である。クラウドソーシングによって企業が，不特定多数の個人ユーザーと情報交換し，集団的顧客予約（Collective Customer Commitment）を獲得することで，個人ユーザーから事前注文数に対する購入の意思を確実に示してもらうことができる。また，クラウドソーシングには，顧客との事前の情報交換の結果，一定の価格を実現する必要な事前注文数が獲得できない場合には，製品化を中止することもできるというメリットもある。

　リーン・スタートアップやクラウドソーシングはともに，製品・サービスの変革の初段階において，ユーザー等からアイデアやニーズを吸収するという共通点がある。ただし，リーン・スタートアップは，製品・サービスの変革を志向する企業やユーザーが，開発過程において特定のユーザーやランダムサンプリングしたユーザーを共同開発者として活動する。

　von Hippel［2005］や小川［2013］は，企業が先進的なユーザー等と共同開発を行うという点でリーン・スタートアップと類似する概念であるリードユーザー法を提唱した。小川［2013］によるとリードユーザー法とは，先進的ユーザーが，市場に自分のニーズに合った製品・サービスが存在しないことを見極め，仕方なく自分のために製品・サービスの新たな機能などを開発及び改良することである。

　小川［2013］は，クラウドソーシングについて，情報技術を活用し，多種かつ大量のユーザーに対して製品・サービスの変革を広くアピールし出資を募る手法であると定義した。開発過程は，出資者であるユーザー等に公開される。

つまり，リーン・スタートアップやリードユーザー法，クラウドソーシングは，ユーザーを活用して製品・サービスの変革を志向するという共通点はあるが，開発の過程において，リーン・スタートアップやリードユーザー法はクローズドな手法であり，後者はオープンな手法であるという特徴がある。そのため，それぞれの手法については，目的に応じた使い分けや組み合わせを検討する必要があると考えられる。

また，これらの理論は，イノベータ理論やキャズム理論が想定するクリティカル・マスやキャズムを経るという過程に至る前に，企業がイノベーションの普及の初期段階において普及を加速し支配するために顧客をあらかじめ作り込み，確保することによって，従前の理論が想定するリスクを初期段階で回避することを狙っていると考察できる。

### 1.4.2 イノベーション普及に関連する理論の限界

Granovetter［1973］は，ネットワーク理論とイノベーションの普及を絡め，イノベータが社会において，中心的な位置づけであるか，あるいは，周辺的な位置づけであるのかについて考察した。Granovetter［1973］は，Rogersのイノベータ理論に対して，イノベータの特性のみに着目しており，イノベーションの普及曲線に対して，社会システムの各構成までブレークダウンするレベルまで掘り下げて言及してはおらず，対象が限定的であるという限界がある。

また，武石・青島・軽部［2012］の先行研究では，企業の視点からイノベーションの普及に対し，社会から支持を獲得し資源が投入されることで，イノベーションとして社会化されるきっかけとなる過程を示した。しかし，製品・サービスの変革に対して資源投入が正当化されるタイミングにのみに議論が集中しており，イノベーションの普及曲線自体には言及していないという限界がある。

Downes and Nunes［2013］の先行研究については，インターネットを活用した新興企業を対象としてあげているが，本書では，情報技術を活用したユーザーによるイノベーションの普及が一気に進展するプロセスの考察に対して，活用することとする。

また，Ries［2013］のリーン・スタートアップや小川［2013］のクラウドソーシング等の先行研究は，企業がリーン・スタートアップやクラウドソーシングなどの情報技術を活用したユーザーとの情報連携及び事前意思決定活動を促す共創活動については言及している。しかし，これらの取り組みがイノベーションの普及曲線自体に及ぼす影響については言及していないという限界がある。

以上により，本項において取り上げた先行研究は，イノベーションの普及曲線において普及が加速する初期段階の要素について言及しているもののイノベーションの普及全体について言及を行っていないという限界が見いだせる。

本書では，製品・サービスを提供してきた企業の視点に加えて，ユーザーの視点からもとらえ，ユーザーによるイノベーションの普及に対する影響力に関する考察の中で，これらの先行研究を活用することとする。

## 1.5 イノベーションの横断的区分の考察

### 1.5.1 イノベーションの横断的区分の理論に関するレビュー

本書ではイノベーションの横断的な区分に注目し，イノベーションの普及について考察する。なお，本書ではイノベーションをSchumpeter［1926］による「新結合」の5つの類型をまたぎ，イノベーションを横断的に区分することを「イノベーションの横断的区分」と称する。

横断的なイノベーションの区分についてChristensen［1997］は，「イノベーション」のジレンマとしてイノベーションの状況にもとづいて，2つの区分を提示した。Christensen and Raynor［2003］は，その2つの区分について「持続的イノベーション（Sustaining innovation）」，「破壊的イノベーション（Disruptive innovation）」とした。

持続的イノベーションの状況とは，企業が既存顧客に高価格で販売でき，企業は良質な製品を作ることに集中すれば市場競争に勝つことができるという状況であるとした。

一方，破壊的イノベーションの状況とは，新規顧客や既存の企業にとって

魅力のない顧客群に安くてシンプルな製品が受け入れられる状況であるとした。

Moore［1991］も、イノベーションの区分として、人々の行動様式に変化をもたらす製品と捉え、「連続的なイノベーション（Continuous Innovations）」と「不連続的なイノベーション（Discontinuous Innovations）」に区分されるとした。

また、Foster［1986］は、技術変革における担当者の変更について成果と努力の視点から2重のS字曲線によって表した。この曲線は、1つの技術が他の技術に取って代わり、技術の不連続が生じることをあらわしている。

つまり、破壊的イノベーション、または不連続的なイノベーションと同義のイノベーションを示している。

イノベーションの普及曲線に横断的な影響をもたらすイノベーションの類型に関する先行研究については、新規参入企業を中心に市場の競争構造を一変させることができる破壊的イノベーションや、既存企業が既存顧客の要求に従い製品・サービスを磨き続けることで競争優位性を確保する持続的イノベーションに集約できると考えられる。

### 1.5.2 ユーザー視点からの考察

Christensenの先行研究であるイノベーションの横断的区分（破壊的イノベーション及び持続的イノベーション）について、ユーザーの視点から考察する。

まず、持続的イノベーションの特徴とは、従来製品よりも優れた性能で、要求の厳しいハイエンド顧客を狙うものであるとした。持続的イノベーションが発生する状況とは、製品・サービスを提供する企業から既存顧客に製品・サービスを高く売ることができ、企業はより良い製品・サービスを提供することによって競い合うことができる状況である。また、持続的イノベーションの市場においては、既存企業が新規参入を目指す企業に対して優位な状況でもあるとした。

一方、Christensen and Raynor［2003］は、破壊的イノベーションの特徴について、技術やアーキテクチャの面では従来のものより単純で、既成の部

品を使い，現在手に入る製品ほどには優れていない製品やサービスという場合もあるとした。しかし，破壊的イノベーションを持ち込む企業がこの製品・サービスを売り出すことによって，その製品・サービスが関連する市場の持続的イノベーションの軌跡を破壊し，それまでの市場を定義し直す事態に陥らせるものであるとしている。

また，市場において，破壊的イノベーションが発生する状況とは，新規顧客や魅力のない顧客群に安く売れる，シンプルで便利な製品を商品化することが課題となる状況であり，新規参入者が優位性を確保できる状況であるとしている。特に大手企業は，持続的イノベーションを支えるために設計され，精緻化された資源配分プロセスがあるため，構造上，破壊的イノベーションに対応できない。そのため，破壊的イノベーションは，既存市場において競争優位性を獲得してきた大手企業を無力にしてしまう効果があるとした。

破壊的イノベーションの重要な要素として，Christensen and Raynor [2003] は以下の3点を挙げた。第1の要素については，どの市場にも顧客が利用または吸収できる改良のペースがあるとした。第2の要素については，それぞれの市場において，イノベーションを起こす企業が新製品や改良製品の発売を通じて供給する改良のペースが，顧客が受け入れる最良のペースとは全く異なる軌跡をたどるとした。第3の要素については，持続的イノベーションと破壊的イノベーションを区分することであるとした。

以上により，従来からの顧客に寄り添う形で，取引先企業が製品・サービスに変革を起こすという連続的で持続的なイノベーションが存在する一方で，新規参入者が既存市場において大企業等を無力化する不連続で破壊的なイノベーションの双方が存在するとしたと考えられる。

### 1.5.3 イノベーションの横断的区分の理論に関する限界

イノベーションの横断的な区分に関する先行研究は，製品・サービスを提供する企業の視点のみから語られている。よって，先行研究レビューからは，イノベーションの普及に対して，イノベーションを採用する側であるユーザーからの視点やユーザーの反応という観点から捉えることができていないという限界が見いだせる。

この限界を踏まえ，イノベーションの横断的な区分である持続的イノベーションと破壊的イノベーションに対して，ユーザー視点及びユーザーの反応の視点から考察を加える（**図表4-1**）。

　持続的イノベーションにおいて，ユーザーは，既に企業との取引関係があり，一定以上の財力や知識を持ったユーザーのみ製品・サービスを入手がで

**図表4-1　ユーザーの視点から見たイノベーション**

| イノベーションの区分 | ユーザーの視点 | | ユーザーの反応 |
|---|---|---|---|
| 持続的イノベーション (Sustaining innovation) | ・既存製品・サービスの機能や価格に対して常に不満を持っており，自らの意見や不満を取引先企業にぶつける<br>・開発に対する専門性の高さを認め，取引先企業に開発を任せている<br>・既存製品・サービスの機能が追加されることに対して対価を支払う<br>・一定の段階から，製品・サービスの機能が高すぎると感じている<br>・一定以上の財力や知識を持ったユーザーのみ製品・サービスを入手可能 | ➡ | ・ユーザーは，製品・サービスへの不満から，取引先企業との共創を模索するようになる<br>・ユーザーが自ら投資し，製品・サービスに関するノウハウを取引先企業から吸収する<br>・ユーザーは取引先企業にとって利益相反となる製品・サービスの変革を実現することによって，取引先企業からの独立を果たし，ユーザー・イノベーションを行う可能性がある |
| 破壊的イノベーション (Disruptive innovation) | ・既存市場に対する拒否及び拒絶，あるいは価格面の問題等から既存の製品・サービスの入手を断念していたユーザー層が採用を決める<br>・入手困難な製品・サービスを入手できたこと自体に満足を感じる<br>・最低限の便益に対して満足を感じる<br>・安価に入手できることに満足を感じる<br>・シンプルな機能に対し，手軽に使いこなせることに満足を感じる | ➡ | ・ユーザーが持つ入手困難な製品・サービスを入手したいという欲求は，ユーザー自身がユーザー・イノベーションを創出する欲求へと進展する可能性がある |

出所：Christensen [1997]，Christensen and Raynor [2003]，Christensen et al. [2004] をもとに筆者作成

き，使いこなすことができるという立場にある。ユーザーは，既存製品・サービスの機能・価格に対して常に不満を持っており，自らの意見や不満を取引先企業にぶつけると考えられる。一方，ユーザーは，取引先企業に対して開発領域における専門性の高さを認めており，企業に開発を任せ，既存製品・サービスの機能が追加されることに対価を支払うという関係にある。ただし，一定の段階から，製品・サービスの機能が高すぎると感じている。

よって，ユーザーは，まず，製品・サービスへの不満から，取引先企業との共創を模索するようになる。続いて，ユーザーが自ら投資し，製品・サービスに関するノウハウを企業から吸収するようになる。さらに，ユーザーは，取引先企業にとって利益相反となる製品・サービスの変革を実現することによって，既存企業からの独立を果たし，ユーザー・イノベーションを実現すると考えられる。

一方，破壊的イノベーションにおいて，ユーザーは，既存市場に対する拒否及び拒絶，あるいは価格面の問題等から既存の製品・サービスの入手を断念していたユーザー層が採用を決める。ユーザーは，入手困難な製品・サービスを入手できたこと自体に満足を感じ，最低限の便益に対しても満足を感じている。ユーザーは，安価に入手でき，シンプルな機能や，手軽に使いこなせることに満足を得ていると考えられる。

以上により，情報技術の進展は，ユーザーが自ら製品・サービスを変革し，普及させることを容易にする環境変化をもたらしたため，ユーザーの欲求は，持続的イノベーションに対する慢性的な不満や，入手困難な製品・サービスを入手に関する欲求から，自らイノベーションを実現したいという欲求に移行すると考察できる。

## 2　イノベーション普及曲線に関する考察

本節では，イノベーションの普及に関する先行研究を踏まえ，ユーザー主導によるイノベーションの普及曲線に関して考察する。

RogersもMooreも既存企業の視点であるため，いったん，普及を開始した製品・サービスはマス・マーケットを獲得することで普及が進み，やがて

普及を終えるというプロダクト・ライフサイクルに類似したイノベーションの普及曲線としてS字曲線に単純化され，模式化されている。

　しかし，情報技術の進展は，ユーザーがユーザー・イノベーションを実現することを容易にした。ユーザーは，Rogersが提起したイノベータ理論において，製品・サービスを提供する企業がイノベーションを普及することに対する受動者であった。ところが，ユーザーは，自ら製品・サービスの変革を行い，ユーザー・コミュニティを形成し規模を確保することによって，イノベーションとして社会化する能動者としてイノベーションに主体的かつ直接的に影響力をもたらすことができるようになった。

　つまり，企業が受動的なユーザーにイノベーションを普及させるという視点から，能動的なユーザーがイノベーションを採用する側に移行し，さらには自らイノベーションを創出し普及させる側へと移行することができるようになったと考えられる。

　よって，イノベーションの普及曲線は，製品・サービスを提供する企業が普及させることを想定したプロダクト・ライフサイクルに類似したS字曲線にはならず，採用する側のユーザーの都合に合わせる形で，不規則なS字曲線が繰り返される。

　そのため，キャズム理論の示す初期採用者後のクラックに限らず，企業側が意図していないタイミングでユーザー側の都合により普及が停滞するケースも発生することが想定される。

　従来の持続的イノベーションは，既存市場において優位性を保持してきた企業が既存顧客のニーズに従って，従来の製品・サービスの延長線上での革新を継続すると考えられてきた。

　一方，ユーザー主導型の持続的イノベーションにおいては，製品・サービスを提供する企業の戦略的意図に反して，ユーザーが情報技術を活用し，集団的な情報連携や意思決定を行うことにより，ユーザーの都合でイノベーションの普及曲線に停滞や加速をもたらすと考えられる。

　ユーザー主導型の破壊的イノベーションでは，ユーザーが，持続的イノベーションに対する慢性的な不満や，入手困難な製品・サービスを入手したいという欲求から，自ら製品・サービスの変革を実行するようになると考え

られる。しかし，従来，ユーザーが自ら製品・サービスの変革を実現しても，規模を確保し，社会化できなければ，製品・サービスの変革にとどまることになる。

　情報技術の進展は，これを活用することによって大量かつ緩やかにつながったユーザーが，ユーザー・コミュニティの形成により規模を確保し，ネットワーク外部性を獲得することによって，イノベーションとして社会化することが容易にできるようになった。つまり，ユーザーが破壊的イノベーションを能動的に創出する主体者に成り得る市場環境となったと考えられる。

　破壊的イノベーションが対象とするユーザーは，持続的イノベーションが対象としてこなかった非顧客層である。破壊的イノベーションの登場によって，多くの新規ユーザーが市場に到達できるようになる。持続的イノベーションとは異なる軌跡によって，破壊的イノベーションは発生し，市場に強い影響を与えるため，双方のイノベーションの関連性は，Foster［1986］が示した2重のS字曲線のような断続的に新たなS字曲線が発生することが想定される。

　ただし，Foster［1986］は2重のS字曲線を成果と努力の軸で描き，1つの技術が他の技術に取って代わり，技術の不連続が生じることをあらわしているが，イノベーションの普及の推移とは一致しないため，技術の不連続という考え方について，軸を採用率（縦軸）と時間（横軸）に置き換えて応用する。縦軸については，ユーザー視点からイノベーションの普及を考察するため，製品・サービスを提供する企業がユーザーに普及させるという視点ではなく，ユーザーが採用を判断するという視点から，採用率とする（**図表4-2**）。

　なお，イノベーションの普及については，イノベーションが市場に浸透するすべての段階であるとする。また，イノベーションの社会化とは，製品・サービスの変革を行った主体がユーザーからの支持を得ることによって規模を確保し，ネットワーク外部性を発揮することができる状況であるとする。イノベーションに関する市場支配については，イノベーションの普及の各段階における市場支配度（市場シェア）の高さであるとする。その上で，ユーザー主導型のイノベーションの普及曲線は，持続的イノベーションの普及曲

第4章 イノベーションの普及　103

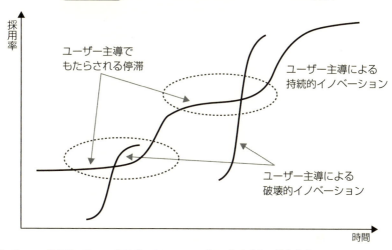

図表4-2　ユーザー主導によるイノベーション普及

出所：Rogers［2003］，Foster［1986］，Christensen［1997］をもとに筆者作成

線と，破壊的イノベーションの普及曲線が組み合わさり，不規則に繰り返され，普及が進展すると考える。

　よって，破壊的イノベーションは，持続的イノベーションとは異なる普及曲線上において，潜在的ユーザーから新たな支持を受けることにより，イノベーション普及曲線が立ち上がる。破壊的イノベーションは，潜在的ユーザーに認知され，普及が広がることにより，持続的ノベーションを突き抜ける形で一気に普及する。この新たなユーザー層が自らのユーザー価値をより広い範囲で実現することを目的に，破壊的イノベーションの適用範囲を摸索し拡げると考察することができる。

　イノベーションの普及に関する先行研究レビューとユーザー主導型のイノベーションの普及曲線に関する考察を受けて，本書のリサーチ・クエスチョンを以下のように設定する。

　　［R-2］　ユーザーは，イノベーションの普及に影響力をもたらす主体となるために，どのようにして集団性を持ち，ネットワーク外部性を獲得するのか。

［R-3］ ユーザーは，イノベーションの普及に影響力をもたらす主体となるために，どのようにしてユーザー自身がイノベーションに直接的に関与するようになるのか。

このリサーチ・クエスチョンに対して，事例研究によってユーザー主導によるイノベーション普及への影響力の発揮により，ユーザーが自らの価値を実現するにとどまらず，市場支配をもたらすという競争関係の変質の1つの形態について考察することとする。

# 第5章 ユーザー主導によるイノベーション普及

## 1 イノベーション普及に対する視座の設定

　本書においては，リサーチ・クエスチョンに対して視座を設定し，視座について複数の事前調査となる事例研究を行い，視座の有効性を確認した上で，リサーチ・クエスチョンを精査する。その上で，従来，製品・サービスを提供していた企業のイノベーション・マネジメントのあり方について考察するため詳細な事例研究を行う。

　まず，第4章で提示した以下のリサーチ・クエスチョンについて考察するため，研究方法を設定する。

[R-2] ユーザーは，イノベーションの普及に影響力をもたらす主体となるために，どのようにして集団性を持ち，ネットワーク外部性を獲得するのか。

[R-3] ユーザーは，イノベーションの普及に影響力をもたらす主体となるために，どのようにしてユーザー自身がイノベーションに直接的に関与するようになるのか。

　リサーチ・クエスチョンを解明するため，以下の視座を設定する。視座の設定にあたっては，ユーザー主導型のイノベーションの普及曲線に着目する。

ユーザーがイノベーションの普及に強い影響力をもたらすためには，ユーザーが集団性を持ち市場を主導するという強さが必要であると考える。

また，ユーザーが市場を主導することで，イノベーションの普及自体に変質をもたらさなければ，製品・サービスを提供する企業が主導していたイノベーションの普及曲線をユーザー主導へと移行させることができない。よって，視座には，ユーザーがイノベーションの普及曲線に直接的な変質をもたらすという要素も組み入れる。

以上により，以下の視座を設定する。

(1) ユーザーが市場を主導することによってイノベーションの普及に変質をもたらす。

本書の研究方法としては，視座に対し，事前調査となる事例研究を行う。研究対象としては，情報技術を積極的に活用する企業ユーザー及び個人ユーザーを取り上げる。事例研究は，複数の研究対象に対して，市場規模データ等の統計情報や定性情報等を活用して考察し，視座の有効性について考察する。

本書の第1章において提示したとおり，既に日本の情報技術関連市場では，ユーザーがITベンダから情報技術を享受する立場から，ITベンダを踏み越えて直接，自ら経営に情報技術を取り入れ，経営を高度化するにとどまらず，情報技術関連市場自体にも直接的に強い影響力をもたらすようになっていると考えられる。

そこで，事例研究の対象としては，ユーザーが従来ITベンダから情報技術の製品・サービスを享受していたが，自ら製品・サービスの変革に関与することで市場に対して強い影響力をもたらしている市場に着目する。

まず，企業ユーザーに関連する市場では，日本の法人向けクラウドサービス市場を事例研究の対象とする。当該市場は，企業ユーザーが，従来ITベンダから情報技術の製品・サービスを享受していた市場である。当該市場では，本格的に立ち上がる以前に，あたかも事前かつ集団的な意思決定がなされたようなブランド評価と選択が行われていた。その後，ユーザーが市場の刺激を受けることによって，事前の評価と選択に従い，一気にクラウドサービスの採用が加速した。事例研究では，特に2009年以降，日本において法人

向けクラウドサービス市場が一斉に立ち上がった時期に着目する。

続いて，個人ユーザーに関連する市場では，米国の電子書籍市場を取り上げる。日本においても電子書籍市場は進展しているが，米国の電子書籍市場は，さらに，ユーザーがイノベーションの創出面，普及面において，既存企業をしのぐ立場に進化している。そこで，事例研究では米国における電子書籍市場を取り上げる。

電子書籍市場は，出版社や電機メーカーが中心となって電子書籍端末を製造・販売する形態から，クラウドサービスを活用した形態に進展した。これにより，ユーザーが書籍のコンテンツ作成に直接関係することができるようになり，出版社等とユーザーとの関係の変質が加速しているという市場である。

事例研究では，特に2013年以降，米国の電子書籍市場にユーザーが大きな変化をもたらした時期に着目する。電子書籍市場は，出版社等が中心となって電子書籍端末を製造・販売する形態から，クラウドサービスを活用した形態に進展することによって，ユーザーが書籍のコンテンツ作成に直接関係することができるようになり，出版社等とユーザーとの関係の変質が加速している市場である。特に2013年以降，米国の電子書籍市場にユーザーが大きな変化をもたらした時期に着目する。

## 2 ユーザーがもたらすイノベーション普及過程の変質

### 2.1 企業ユーザーによるイノベーション普及過程

#### 2.1.1 法人向けクラウドサービス市場の概要

視座に対する事例研究として，まず，企業ユーザーを対象とする法人向けクラウドサービス市場を取り上げ，ユーザーによるイノベーションの普及への主導的な影響力をもたらした事例に関して考察を進める。

クラウドコンピューティングは，大量のユーザーの獲得を前提として，データセンターなどに大量のサーバやストレージ，ネットワークなどの物理的な配置を集中し，規模の経済を働かせることで，情報技術のサービス提供

において大幅なコスト低減と提供期間短縮を実現した技術である。

2006年3月,アマゾンがAWSの提供を開始した。クラウドコンピューティングの概念が発表される前に,情報技術のリソースをネットワーク経由で提供するサービスが開始されたため,当初,アマゾンは当該サービスにクラウドというキーワードを使用していなかった[1]。

2006年8月,当時,グーグルのCEOであったSchmidt [2006] が,Search Engine Strategies Conferenceにおいて,クラウドコンピューティング(Cloud computing)というキーワードを初めて紹介し,以降,クラウドという用語が汎用的に使用されることとなった[2]。

日本市場においては,2009年に法人向けクラウドサービス市場が立ち上がった。この時点では,日本電気や富士通,日立製作所などの日系ITベンダが市場参入という面では先行し,米国では既にサービスを開始していたが日本市場には参入していなかったアマゾン,マイクロソフトなどの外資系ITベンダが日系ITベンダに続いて,日本市場におけるクラウドサービスを開始した(**図表5-1**)。

日本の法人向けクラウドサービス市場においては,ユーザーが情報技術を活用し,仮想的で大規模なユーザー・コミュニティを形成し規模を確保する

**図表5-1** 2009年の法人向けクラウドサービス動向(国内)

| | 企業名 | 発表内容 |
|---|---|---|
| 2009年4月 | 日本電気 | サービス事業の強化について<br>サービス要員1万人体制を確立,クラウド指向の新サービスを提供開始 |
| | 富士通 | 顧客の新しいビジネスを創出する富士通のクラウドサービス<br>セキュアで信頼性の高いクラウド環境を提供 |
| 2009年6月 | 日立製作所 | 日立クラウドソリューション「Harmonious Cloud」を体系化<br>CPUやメモリなどのプラットフォームリソースを占有できる高信頼なビジネスPaaSソリューションを提供 |
| 2009年12月 | アマゾン | Amazon Data Services Japan㈱を設立 |
| 2010年1月 | マイクロソフト | Windows Azureの商用サービスを開始(2月より課金開始) |

出所:各社の発表資料をもとに筆者作成

ことによって，イノベーションの普及に影響をもたらした事例が確認できる。そこで，日本において法人向けクラウドサービス市場が立ち上がり，本格普及へと移行した2009年以降の市場動向を事例研究の対象として考察する。ただし，日本市場において，法人向けクラウドサービス市場が本格的に立ち上がった時期は，2011年以降である。

### 2.1.2 企業ユーザー主導によるイノベーション普及の変質

2010年9月以降に日経BP社と日経BPコンサルティング社が実施したクラウドベンダー・イメージ調査にもとづく日経コンピュータ誌のクラウドランキングによって，企業ユーザーの行動について考察できる（**図表5-2**）。

当該調査は，2010年9月以降，半年ごとに発表が行われており，企業のITシステムを利用するエンドユーザーを対象に，法人向けクラウドサービスについて外資系ITベンダと日系ITベンダを同一条件で評価しランク付けが行われた。評価項目は，認知度，信頼性，技術力，実績，提案力，マーケティング力の6項目から成り，各項目について多段階評価した値を平均値が

**図表5-2** 法人向けクラウドサービスに対する企業ユーザーのブランド評価

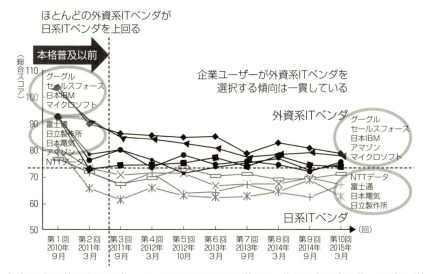

出所：日経BP社 日経コンピュータ クラウドランキング第1回～第10回（2010年9月～2015年3月）にもとづき筆者作成

50,標準偏差が10となるように標準化し,評価数値を算出した。

2010年9月の第1回クラウドランキングでは,総合スコアにおいて,ほとんどの外資系ITベンダが日系ITベンダを上回る結果となった。

この結果により,企業ユーザーは,2010年9月以前の当該アンケートが実施された段階で,法人向けクラウドサービス市場において,外資系ITベンダを評価し,選択するという意思決定を行ったことがわかる。この意思決定の傾向は,以降のクラウドランキングでも一貫している[3]。

一方,日本における法人向けクラウド市場は,2009年に日本電気や富士通などがサービスを開始したが,2011年までは日本国内において,総額80億円前後で停滞していた。2009年から2010年にかけては約1割,市場が縮小している(図表5-3)。

法人向けクラウドサービス市場動向と前述のクラウドランキング調査の結果を重ね合わせると,企業ユーザーは,法人向けクラウドサービスが本格的に普及前である2010年9月以前の段階において,既に外資系ITベンダを評価し選択するという事前の意思決定を行っていたことが確認できる。

これは,企業ユーザーが,法人向けクラウドサービス市場が本格的に立ち上がる以前から,米国の動向等について情報収集や情報連携を行い,仮想的

**図表5-3** 法人向けクラウドサービス市場でのイノベーション普及動向

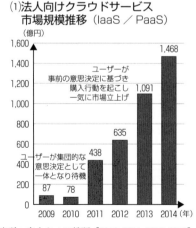
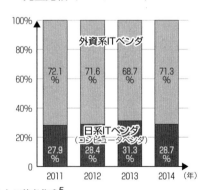

出所:富士キメラ総研[2010, 2011, 2012, 2013]をもとに筆者作成[5]

なユーザー・コミュニティを形成することで，事前の集団的意思決定を行っていたためであると推測される。その中で，企業ユーザーは，事前の情報連携及び意思決定の結果として，2009年から2010年にかけて，法人向けクラウドサービスに関連する製品・サービスを購入しないという慎重な購買態度をあらわしていたと考えられる。

　その後，2011年の東日本大震災後において企業ユーザーが，一気に法人向けクラウドサービスを採用に動いた。東日本大震災では，東北地方の企業を中心に，地震や津波による企業ユーザーが自身で保有していたサーバやストレージの破壊や，電力供給不足の懸念から行われた輪番停電によるITシステムへの電力供給停止等の被害を被った。そのため，企業ユーザーは，東日本大震災によって直接的な被害を受けていなくても，ITシステムを直接保有し運用することへの不安が高まり，堅牢で災害時においても運用が継続されるデータセンターから提供されるクラウドサービスが事業継続計画（Business Continuity Plan，以下，BCP）対策に有効であるという共通認識を持つに至ったと考えられる。

　東日本大震災が企業ユーザーに対する刺激となり，2011年及び2012年から企業ユーザーが一斉に事前の意思決定に従い，法人向けクラウドサービスの購入行動に向かった要因となった。法人向けクラウドサービス市場規模は，2011年，2012年に一気に市場が拡大したことが確認できる。また，同時期におけるITベンダの法人向けクラウドサービス事業の売上高を比較すると，市場規模が急拡大した2011年，2012年ともに，外資系ITベンダと日系ITベンダの売上高比率は，およそ7対3の割合で圧倒的に外資系ITベンダが上回ったことが確認できる（**図表5-3**）。

　外資系ITベンダと日系ITベンダとの法人向けクラウドサービス事業における売上高の差異は，企業ユーザーが2009年9月以前の時点が行った法人向けクラウドサービス市場に見るブランド評価の結果であるユーザー・コミュニティが外資系ITベンダを評価し選択したという事前の意思決定と一致している。

　よって，日本市場において企業ユーザーが市場の立ち上げ時である2009年から2010年にかけて情報連携により仮想的なユーザー・コミュニティを形成

し，あらかじめ外資系ITベンダを評価し，外資系ITベンダを選択することを事前に意思決定していたことが確認できた。企業ユーザーによる事前の意思決定は，日系ITベンダの戦略的意図を無視することとなった。併せて，2011年から2012年にかけて企業ユーザーが，東日本大震災という市場からの刺激を受けたことを契機として，外資系ITベンダから購入するという事前の意思決定通りに購入行動を行ったことも確認できた。

このことは，企業ユーザーが，ユーザー・コミュニティによる事前の意思決定等を通じて，イノベーションの普及を停滞及び加速させるという企業ユーザー主導によりイノベーションの普及に変質をもたらしていることを示していると考えられる。

### 2.1.3 能動的にイノベーションを創出する企業ユーザー

外資系ITベンダの代表例であるアマゾンは，流通業が本業であり，情報技術に対しては従来，企業ユーザーであった。アマゾンによるユーザー・イノベーション創出のプロセスについては，第3章2節において考察した。

アマゾンは，法人向けクラウドサービス市場において，国内外で8,000社もの大規模なユーザー・コミュニティを形成し，拡大を続けている。そのユーザー・コミュニティが巨大で市場に対する影響力が強いため，従来のITベンダも巻き込まれ，ユーザー・コミュニティの一部になっている。アマゾンは，企業ユーザーとしてアマゾン自身だけでなく，AWSの企業ユーザーから成るユーザー・コミュニティを通じてイノベーションの普及を主導している。

アマゾンのAWSを活用するユーザーは，ユーザー自身が主導してAWSユーザー会「JAWS-UG（AWS User Group Japan）」を形成し，日本において39都道府県55支部という大規模な活動に発展している[6]。AWSが共創プラットフォームとなり，AWSのパートナー企業と企業ユーザーが共同でリーン・スタートアップを行うことで，そこから次々に新たなクラウドサービスを生み出され，企業ユーザー自らが普及を牽引するというプロセスが繰り返されながら拡大している。さらに，AWSのパートナー企業と企業ユーザーは，AWSの127社の企業ユーザーの事例から成る「AWS事例大全集」を作

成し,クラウドサービスの普及を牽引している[7]。

　以上により,企業ユーザーは,日本の法人向けクラウドサービス市場において,日系ITベンダが先行して一斉にクラウドサービス事業に参入したにもかかわらず,集団的な意思決定として一体となり待機を選択したことがわかる。また,企業ユーザーは,法人向けクラウドサービスの本格普及よりも前のタイミングであったにもかかわらず,外資系ITベンダを評価し選択することを意思決定していた。つまり,企業ユーザーが,法人向けクラウドサービス市場のイノベーションの普及を主導していたと考察できる(**図表5-4**)。

　また,企業ユーザーは,企業ユーザー及びそのユーザーで形成されたユーザー・コミュニティを通じ,リーン・スタートアップ等によって主体的にイノベーション創出にも関わった。結果として,企業ユーザーが外資系ITベンダを中心とする法人向けクラウドサービスに関するイノベーションの普及に直接的な影響をもたらし主導したと考察できる。

　よって,日系ITベンダと外資系ITベンダの法人向けクラウドサービス市

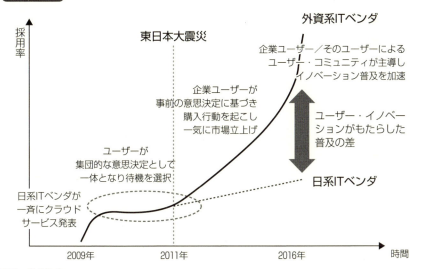

**図表5-4** 法人向けクラウドサービス市場におけるイノベーションの普及の変質

出所:筆者作成

場における業績及びイノベーションの普及に対する差は，ユーザー・イノベーションがもたらした差であると考えることができる。

以上の日本の法人向けクラウドサービス市場における事例研究により，企業ユーザーが，ユーザー・コミュニティによる事前の意思決定等，イノベーションの普及を停滞及び加速させるという企業ユーザー主導による持続的イノベーションの変質をもたらしていることが考察できた。

また，企業ユーザーが，ユーザー・コミュニティを共創プラットフォームとして活用し，リーン・スタートアップ等によって主体的にイノベーション創出にも関わり，普及も牽引するという企業ユーザー主導による破壊的イノベーションの創出をもたらしたことについても考察できた。

## 2.2 個人ユーザーによるイノベーション普及過程

### 2.2.1 電子書籍市場の概要

個人ユーザーに関する事例として電子書籍市場を取り上げる。第3章第2節で取り上げた米国の電子書籍市場におけるセルフパブリッシングの動向にもとづき，個人ユーザーがイノベーションの普及にもたらす影響について考察する。

米国の電子書籍市場は，大手出版5社（Penguin Random House, Macmillan Publishers Ltd（以下，Macmillan），HarperCollins Publishers LLC.（以下，HarperCollins），Hachette Book Group（以下，Hachette），Simon & Schuster Inc.（以下，Simon & Schuster）と，アマゾン，グーグル，Apple Inc.（以下，アップル）等のITベンダ，Barnes & Noble, Inc.（以下，Barnes & Noble）等の書籍小売業によって構成されている。米国の電子書籍市場は2007年から2009年にかけて，アマゾンがKindle，アップルがiBooks，Barnes & NobleがNook Books等の電子書籍ストア及び電子書籍端末を市場に投入することによって，本格的な普及が始まった。

### 2.2.2 個人ユーザー主導によるイノベーション普及の変質

2010年以降，電子書籍市場は一気に拡大し，米国の書籍市場の書籍発行部

数全体に占める電子書籍発行部数の割合は，2013年に28％にまで達し，数年内には電子書籍が紙書籍の発行部数を超えるという見解も生まれていた（**図5-5**）。

しかし，2014年，米国の書籍市場に大きな変化があらわれた。急激に拡大していた電子書籍の発行部数がマイナス成長に転じた。電子書籍の発行部数の減少は止まらず，2015年の電子書籍の発行部数は2013年比で約16％減少し，米国の書籍市場の書籍発行部数全体に占める電子書籍発行部数の割合は24％にまで減少した。一方，紙書籍の発行部数は，2012年から2015年にかけて増加を続けている（図表5-5）。

この市場変化は，著しい成長を続けていた米国の電子書籍市場が，紙書籍の発行部数に達する以前に衰退に転じたことを示しているのか，という疑問が生じる。

Rogers［2003］は，クリティカル・マスに関して，イノベーションの普及曲線が10％〜20％の採用率に達すると普及が一気に加速するとしており，米国の書籍市場における電子書籍の発行部数割合から見ても，既存の出版社側から見た場合には，既にクリティカル・マスの段階に達していたという見方ができる。同時に，電子書籍サービス市場におけるイノベーション普及の

**図表5-5** 米国 書籍市場における書籍の発行部数の推移

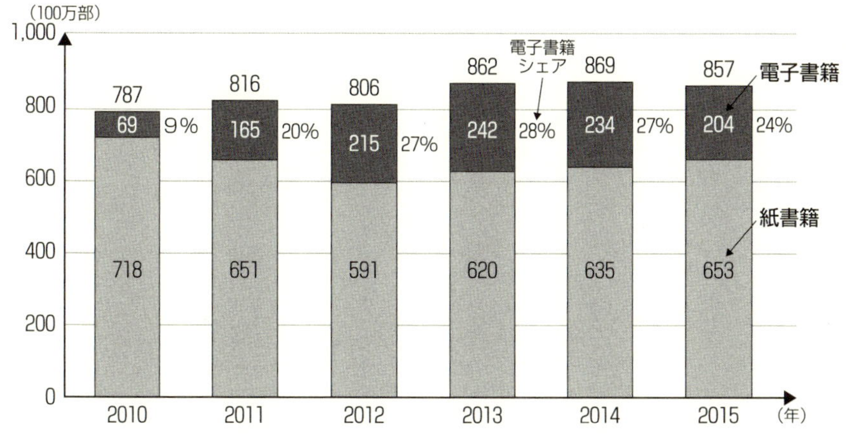

| 年 | 紙書籍 | 電子書籍 | 合計 | 電子書籍シェア |
|---|---|---|---|---|
| 2010 | 718 | 69 | 787 | 9％ |
| 2011 | 651 | 165 | 816 | 20％ |
| 2012 | 591 | 215 | 806 | 27％ |
| 2013 | 620 | 242 | 862 | 28％ |
| 2014 | 635 | 234 | 869 | 27％ |
| 2015 | 653 | 204 | 857 | 24％ |

（100万部）

出所：Nielsen［2016］をもとに筆者作成

フェーズは既にキャズムを越えて初期多数派の段階に入っていたとみなすこともできる。

しかし，米国の電子書籍市場が初期多数派の時期に入っていたと考えられるにもかかわらず，イノベーション普及が停滞した。その原因は，電子書籍を積極的に採用することを決め，購入を決めた個人ユーザー（3割弱）が存在する一方で，市場動向や電子書籍サービスの特徴を理解した上で，電子書籍サービスを採用しないと決めた個人ユーザー（7割強）が存在し，電子書籍サービスの不採用行動を実行したためであると考えられる。

つまり，個人ユーザーが主導することによって，大手出版社等の主導によるイノベーションの普及に対し，個人ユーザー（ユーザー・コミュニティ）側が採用を控えるという意思決定を行い，成長市場と見られていた電子書籍の普及を停滞させた状況をあらわしている。その結果として，個人ユーザーは，大手出版社主導によるイノベーションの普及に停滞をもたらし，大手出版5社を紙書籍へと回帰させることにつながったと考察できる。

以上により，個人ユーザーによる意思決定が，大手出版社主導の持続的イノベーションの普及に対して優先することで，初期多数派に入り成長市場とみなされていた市場のイノベーション普及であっても停滞を発生させるという変質をもたらしたことが考察できた。この変質は，個人ユーザー（ユーザー・コミュニティ）が，ユーザー価値を実現するため，自らの都合によって製品・サービスの採用と不採用を繰り返すことで，イノベーションの普及曲線が，停滞と普及を繰り返しながら不規則なS字曲線を繰り返す形状になるということを示唆している。

### 2.2.3 能動的にイノベーションを創出する個人ユーザー

米国の電子書籍市場では，大手出版5社の市場シェアと，セルフパブリッシングに関連するプレーヤーの市場シェアを比較することにより，イノベーションの主体の変質について確認できる。

米国の書籍市場における大手出版5社の電子書籍シェアは，2012年の46％以降，下落し続け，2015年には34％まで下落している。この状況に対して，大手出版5社は，2012年から2015年にかけて紙書籍に回帰し，紙書籍の出版

第5章　ユーザー主導によるイノベーション普及　　117

部数を拡大してきたと考えられる。こうした大手出版5社の動向が，2012年以降，電子書籍の出版部数が減り続ける一方で，紙書籍が増加し続けている状況に大きく影響していると考えられる。

　大手出版5社が紙書籍に回帰せざるをえなくなった理由として，個人ユーザーを中心としたセルフパブリッシング関連の市場シェアが急拡大したことがあげられる。米国の電子書籍市場におけるセルフパブリッシング関連の市場シェアは，セルフパブリッシングと個人ユーザーが最小限のレベルで出版社の機能を備えた小規模出版社を合わせた領域において，2012年19％（うちセルフパブリッシングが5％）であったが，2015年には42％（うちセルフパブリッシングが12％）まで拡大し，大手出版5社の電子書籍市場シェア（2015年34％）を8％も上回った（**図表5-6**）。

　つまり，米国の電子書籍市場において，イノベーションの主体者は，セルフパブリッシングにより自ら電子書籍コンテンツを創出し流通させる個人ユーザーへと移行し続けていることが確認できる。また，個人ユーザーが，イノベーションに能動的に関与し，電子書籍市場におけるイノベーションの普及に対して直接的な影響力をもたらしていると考えられる。

　セルフパブリッシングや個人ユーザーから派生した小規模出版社が，電子

**図表5-6**　米国 電子書籍の市場シェア推移

(1)大手出版5社の電子書籍シェア

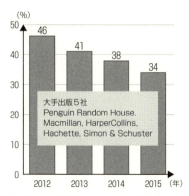

(2)セルフパブリッシング及び小規模出版社の電子書籍シェア

出所：Nielsen［2016］をもとに筆者作成

書籍市場におけるイノベーションの主体者となることで，イノベーションの普及曲線は，2つの影響を受けていると考察できる（**図表5-7**）。

1つ目は，電子書籍市場の持続的イノベーションへの影響である。個人ユーザーは，ユーザー価値を実現するため，自らの都合によって製品・サービスの採用と不採用を繰り返すことで，イノベーションの普及曲線は停滞と普及を繰り返すという影響を受けると考えられる。

2つ目は，個人ユーザーがセルフパブリッシングにより電子書籍コンテンツを創出し流通させる活動が，大手出版社の事業に変質をもたらす破壊的イノベーションになるという影響である。個人ユーザーは，セルフパブリッシングより電子書籍を創出するとともに，電子書籍のイノベーションの普及を主導する力を持っている。結果として，米国電子書籍市場においては，個人ユーザーによるセルフパブリッシングが，大手出版社を中心としてきた出版業界にとって破壊的イノベーションとして位置づけられる。この位置づけから個人ユーザーは，大手出版社による出版物を見極め，電子書籍の購入を実行するという役割も担っているとも考えられる。

つまり，停滞した米国電子書籍市場のイノベーション普及のS字曲線を再び成長へと向かわせる推進力は，イノベーションの創出と普及の2役を担う

**図表5-7** 書籍市場におけるユーザー主導によるイノベーション普及の変質

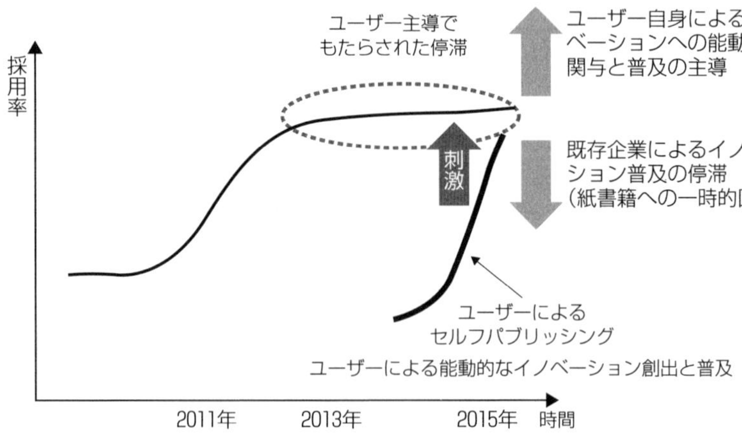

出所：筆者作成

個人ユーザーにあると考察される。

　以上の米国電子書籍市場における事例研究により，個人ユーザーが，ユーザー価値を実現するため，自らの都合によって持続的イノベーションの普及を停滞及び加速させるという影響力をもたらしていることが確認できた。また，個人ユーザーが，セルフパブリッシングにより自ら電子書籍コンテンツを創出し流通させることで，イノベーションの主体者として電子書籍の普及を牽引する役割を担うという個人ユーザー主導による破壊的イノベーションの創出についても考察できた。

## 3　ユーザー主導型のイノベーション普及曲線

　本章において設定したリサーチ・クエスチョンを精査するため，以下の視座を設定し，事例研究を行うことで，考察を進めた。
　(1)　ユーザーが市場を主導することによってイノベーションの普及に変質をもたらす。
　まず，企業ユーザーについては，日本における法人向けクラウド市場の事例研究を行った。
　日本の法人向けクラウドサービス市場における事例研究により，企業ユーザーが，ユーザー・コミュニティによる事前の意思決定等，イノベーションの普及を停滞及び加速させるという企業ユーザー主導によるイノベーションの普及の変質をもたらしていた。
　また，企業ユーザーが，ユーザー・コミュニティを共創プラットフォームの場として，リーン・スタートアップ等によって主体的にイノベーション創出にもかかわり，普及も牽引するという企業ユーザー主導による破壊的イノベーションの創出をもたらしていた。
　続いて，個人ユーザーについては，米国における電子書籍市場の事例研究を行った。
　米国電子書籍市場における事例研究により，個人ユーザーが，ユーザー価値を実現するため，自らの都合によってイノベーションの普及を停滞及び加速させるという影響力をもたらしていた。

また，個人ユーザーが，セルフパブリッシングにより自ら電子書籍コンテンツを創出し流通させることで，イノベーションの主体者として電子書籍の普及を牽引する役割を担うという個人ユーザー主導によるイノベーションの創出をもたらした。

　よって，本章における事例研究を考察し，ユーザーが市場を主導することでイノベーションの普及に変質をもたらすという視座が，企業ユーザー及び個人ユーザーのどちらに対しても当てはまるということについて考察できた。

　本章では，さらに，以下のリサーチ・クエスチョンについても考察する。

［R-2］　ユーザーは，イノベーションの普及に影響力をもたらす主体となるために，どのようにして集団性を持ち，ネットワーク外部性を獲得するのか。

［R-3］　ユーザーは，イノベーションの普及に影響力をもたらす主体となるために，どのようにしてユーザー自身がイノベーションに直接的に関与するようになるのか。

　まず，リサーチ・クエスチョン［R-2］については，事例研究より，ユーザーが集団的な事前の意思決定を行い，市場の刺激等を受けることにより，ユーザーの都合でイノベーションの普及に能動的な影響力をもたらすと考えられる。

　ユーザー主導のイノベーションの普及曲線は，ユーザー都合で停滞，加速を繰り返しながら進展する。ユーザー主導によるイノベーション普及曲線とは，ユーザーが自己都合により（持続的）イノベーションの普及を停滞及び加速させる状況である。

　また，リサーチ・クエスチョン［R-3］については，イノベーションの普及曲線の停滞を打ち破る原動力となるのもユーザー自身であり，ユーザーが自ら（破壊的）イノベーションを創出することで，イノベーションの普及を牽引すると考えられる。よって，ユーザー主導によるイノベーションとは，ユーザーが自らイノベーションを創出し，普及を牽引する状況を指すとも言

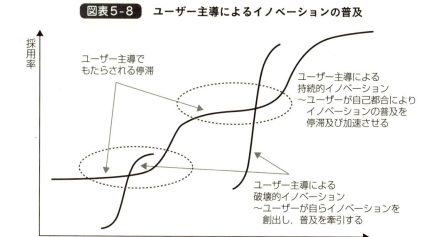

**図表5-8** ユーザー主導によるイノベーションの普及

出所：筆者作成

及できる（**図表5-8**）。

　本書では，既に第2章及び第3章においてユーザーによるイノベーションの創出に関して，先行研究レビューと事例研究を行い，ユーザーがユーザー・イノベーションを創出するとともに集団性を持ち，イノベーションを主導することについて考察した。

　よって，第4章及び第5章における事例研究についても踏まえると，ユーザーが，個人や企業であることに依存せず，情報技術の進展とその活用により，イノベーションの創出面においても，イノベーションの普及面においても，既存企業を巻き込む形で競争関係を変質し，市場を支配し得ると考察できた。

　本書では，事例研究の結果を受けて，リサーチ・クエスチョンを精査するとともに，さらに詳細な事例研究によって考察する。詳細な事例研究では，ユーザーがイノベーションを創出するとともに，市場における競争関係を変質し，市場を支配する主体者となるという状況において，既存企業に求められるイノベーション・マネジメントについて考察する。

■注

1 アマゾンのプレスリリースを参考に著者が記述した（2006年3月14日付）。
http://phx.corporate-ir.net/phoenix.zhtml?c=176060&p=irol-newsArticle&ID=830816（2017年1月7日アクセス）

2 Schmidt（2006）が，Search Engine Strategies Conferenceにおいて行った発表内容は，以下の通りである。
"What's interesting [now] is that there is an emergent new model, and you all are here because you are part of that new model. I don't think people have really understood how big this opportunity really is. It starts with the premise that the data services and architecture should be on servers. <u>We call it cloud computing</u> – they should be in a "cloud" somewhere."（下線は筆者が追加）

3 国内の法人向けクラウドサービス市場におけるブランド調査については，日経コンピュータ「第1回クラウドランキング」（2010年9月29日），「第2回クラウドランキング」（2011年3月3日），「第3回クラウドランキング」（2011年9月29日），「第4回クラウドランキング」（2012年3月1日），「第5回クラウドランキング」（2012年10月11日），「第6回クラウドランキング」（2013年3月7日），「第7回クラウドランキング」（2013年10月8日），「第8回クラウドランキング」（2014年2月25日），「第9回クラウドランキング」（2014年10月14日），「第10回クラウドランキング」（2015年3月2日）。以上，日経BP社の調査を参考にした。2010年3月の第1回調査から，半年ごとに調査が行われているが，外資系ITベンダが日系ITベンダを上回るという傾向は一貫して継続した。

4 当該データにおける外資系ITベンダとは，アマゾン，グーグル，セールスフォース，マイクロソフトを対象とする。また，日系ITベンダ（コンピュータベンダ）とは，富士通，日本電気，日立製作所を指す。

5 グラフ中のIaaS, PaaSについて詳説する。
IaaSとは，Infrastructure as a Serviceの略であり，ITベンダからサーバやストレージ環境などのIT機器の機能をネットワーク経由で顧客に提供するサービスを指す。
PaaSとは，Platform as a Serviceの略であり，IaaSで提供されるサービスに加えて，ミドルウェア環境をネットワーク経由で顧客に提供するサービスを指す。
本グラフにおいては，国内の法人向けクラウドサービス市場における市場規模及び購入先ベンダの統計データについて，法人向けクラウドサービス市場を代表するデータとして，IaaS・PaaS市場の各データの合計値を使用した。

6 JAWS-UG（AWS User Group-Japan）の支部数についてはホームページ情報を参考にした。https://jaws-ug.jp/（2016年8月15日アクセス）

7 「AWS事例大全集」の掲載情報を参考にした。
https://d0.awsstatic.com/partner-network/jp/pdf/2016-jirei-daizenshu-v4.pdf（2016年7月14日アクセス）

# 第6章

# 競争関係の変質と
# イノベーション

## 1 ユーザーとの競争関係の変質

### 1.1 ユーザー・イノベーション創出に関する視座

　本書では，第3章において視座を2点，設定した。
(1) ユーザーがユーザー価値の実現に向けて，自らイノベーションの創出に乗り出す。
(2) ユーザーが，従来，製品・サービスを提供していた企業からの独立後，集団性を持つことによって，ネットワーク外部性を獲得し，これを共創プラットフォームとして，他のユーザーによるイノベーション創出を主導する。

　本書では，企業ユーザー及び個人ユーザーの活動にもとづく考察を行うため，研究方法として事例研究を採用した。事例研究のフレームワークとしては，イノベーションに関して技術及び製品等の革新性の視点に加えて，市場及び当事者とのつながりという市場性からの視点も兼ね備えているという理由から，Abernathy and Clark [1985] による「イノベーションの変革力マップ」を活用した。
　事例研究の結果，企業ユーザー及び個人ユーザーの双方において，視座が

あてはまるという考察ができた。

「(1)ユーザーがユーザー価値の実現に向けて，自らイノベーションの創出に乗り出す」という視座については，ユーザーが既存企業から通常型イノベーションを享受している状況から始まる。既存企業の取り組みに不満を持つユーザーは，価値実現のために既存企業との共創に乗り出し，自ら製品・サービスに関するノウハウを身に着け，人材や設備等に投資も行う。

結果として，ユーザーは，自ら製品・サービスの変革を実現できるようになり，既存企業から独立を果たすことによって市場創出イノベーションへと移行するというユーザー・イノベーションの過程が成り立つ。

「(2)ユーザーが，従来，製品・サービスを提供していた企業からの独立後，集団性を持つことによって，ネットワーク外部性を獲得し，これを共創プラットフォームとして，他のユーザーによるイノベーション創出を主導する」という視座については，ユーザーが，市場創出イノベーションにおけるポジションを確立した上で，ユーザー・コミュニティを形成することによって実現すると考えられる。

ユーザー単体による製品・サービスの変革にとどまらず，社会に影響をもたらす規模を確保するため，ビジョン及びコンセプトを掲げ，共有し，他の当事者から共感を得ることによって，共創関係を構築する。

その上で，ユーザー・コミュニティがともに製品・サービスの変革が実現できる共創プラットフォームを構築する。ユーザーは，コミュニティを形成し，共創プラットフォームを構築することによって，規模を確保し，自ら行った製品・サービスの変革をイノベーションとして社会化するだけでなく，コミュニティに参加した構成員も共創プラットフォーム上でイノベーションを創出できるようになる。

さらに，共創プラットフォームには，大量のデータが集まり，解析し活用することによって，産業構造に変質をもたらす新たなユーザー・イノベーションを創出にもつながる。これにより，ユーザー・イノベーションの過程が，「通常型イノベーション」から「市場創出イノベーション」へと移行し，さらに，「産業構造イノベーション」に移行する。

以上により，第3章において設定した視座が，企業ユーザー及び個人ユー

ザーの双方に当てはまることを確認するとともに，ユーザー・イノベーションの過程について考察できた。

## 1.2　イノベーション普及の変質に関する視座

　本書の第5章において，視座を設定した。
　(1)ユーザーが市場を主導することによってイノベーションの普及に変質をもたらす。
　本書では，企業ユーザー及び個人ユーザーの活動にもとづく考察を行うため，研究方法として事例研究を採用した。事例研究のフレームワークとしては，ユーザーがイノベーションの普及に対して影響力をもたらす姿をあらわすため，Christensen［1997］のイノベーションの類型（持続的イノベーション，破壊的イノベーション）とFoster［1986］の2重のS字曲線を組み合せ，時間と採用率の軸に当てはめて活用した。
　事例研究の結果，企業ユーザー及び個人ユーザー双方において，視座があてはまるという考察ができた。
　日本の法人向けクラウドサービス市場においては，企業ユーザーが，日系ITベンダの戦略的意図を無視し，企業ユーザーの事前意思決定や，企業ユーザーによるユーザー・コミュニティがイノベーションの普及の主導し加速していた。また，アマゾンは，流通業が本業であり情報技術に対しては企業ユーザーであったが，法人向けクラウドサービスを自ら創出し，当該市場のリーダーとしてイノベーションに能動的に関与するようになった。
　さらに，アマゾンは，国内外でアマゾンのユーザーやパートナー企業と巨大なユーザー・コミュニティを形成し，そのユーザー・コミュニティがイノベーションの普及を主導し，牽引していた。
　米国の電子書籍市場においては，個人ユーザーが大手出版社主導によるイノベーションの普及に対して，採用を控えるという意思決定を行い，成長市場と考えられていた電子書籍市場が停滞するというイノベーションの普及の変質をもたらしていた。また，米国の電子書籍市場では，イノベーションの主体者がセルフパブリッシングを実行するユーザーに移行し，個人ユーザー

がイノベーションに能動的に関与していた。

　以上により，事例研究を通じて，第5章において設定した視座が，企業ユーザー及び個人ユーザーの双方に対しても当てはまることを確認するとともに，ユーザー主導のイノベーションの普及曲線について考察できた。

## 1.3　ユーザーによる市場支配

　第3章における視座の考察を通じて，ユーザーが既存企業等との共創を通じて自ら製品・サービスの変革を行い，ユーザー・コミュニティ及び共創プラットフォームを形成することによって，イノベーションとして社会化することがわかった。

　さらにユーザーは，コミュニティのメンバーとともに共創プラットフォームに集まる大量のデータを活用し，他のユーザーと共創し，新たなイノベーションを生み出していた。

　また，第5章における視座の考察を通じて，ユーザーがコミュニティを形成し，規模の確保とともにネットワーク外部性を発揮し，イノベーションの普及に強い影響力をもたらすことがわかった。

　ユーザーは，既存企業と共創してノウハウを吸収し，自ら製品・サービスの変革を行った時点では，ユーザー価値の実現という観点において既存企業を上回るが，その後の既存企業側による製品・サービスの模倣や，既存企業側の販売網の規模を活かした既存の製品・サービスの市場シェア拡大等によって，ユーザーによる製品・サービスの変革は陳腐化される可能性がある。

　しかし，ユーザーは，情報技術を活用してユーザー・コミュニティを形成して規模を確保し，他の当事者を巻き込んで共創プラットフォーム構築し，イノベーションを創出することによって，市場に対して強い影響力をもたらすことができるようになった。

　ユーザーは自ら追求する価値を実現するという側面では，既存企業を上回っているため，市場において規模を確保した上でユーザー自身によって行われる製品・サービスの変革は，既存企業からのユーザーの独立を実現するとともに，常に既存企業を上回る影響力をもたらすことができる。加えて，

規模の確保された共創プラットフォームには，他の当事者からの大量のデータが集まり，新たなイノベーションを共創することが可能になる。

以上により，ユーザーは規模を確保し，共創プラットフォームからイノベーションを自ら創出し普及させ，さらに次のイノベーションも創出するというイノベーションのサイクルを回し続けることができると考えられる。そのため，ユーザーがイノベーションの創出と普及を通じて，市場を支配するという競争関係の変質の1つの形態が存在すると考察できる。

## 2 ユーザーの市場支配とイノベーション・マネジメント

ユーザーが自らイノベーションを創出し普及することによって市場を支配するという競争関係の変質の1つの形態について考察する。

本書の問題意識において提起したように，日本の情報技術関連市場において，ユーザー側の情報化投資額が上昇しているにもかかわらず，大手ITベンダの業績が低下傾向にあった。ユーザーの市場支配力が高まるにつれて，従来の既存企業側の経営を圧迫する事態を招くため，既存企業は，ユーザー・イノベーションを回避する必要がある。

そこで，本書では，第2章から第5章において，ユーザーがイノベーションを創出し，自ら普及に強い影響力をもたらすことによって，市場支配するまでの過程について考察した。

ユーザーが市場支配力を発揮した場合，既存企業はユーザーがもたらす脅威を回避し，市場において生存を図る必要がある。

既存企業は，一定の販売網やサプライチェーン，技術力及び生産設備等を保持することにより，競合となる他の既存企業と差別化を図る。これに加えて，既存企業は，ユーザー・イノベーションを実現するユーザーとの差別化を実現し，競争優位を獲得する必要がある。

ところが，前述の日本の情報技術関連市場において，既存企業であるITベンダは，競合とともに概ね業績を下降させており，既存企業間の差別化では，同業界における各既存企業の業績向上にはつながっていないことが推察される。

そこで，本書では，既存企業のイノベーション・マネジメントに関して，他の既存企業との差別化という視点ではなく，ユーザー・イノベーションを創出し，市場支配すると考えられるユーザーとの差別化に着目する。
　既存企業は，従来の市場におけるステークホルダーとの関係性や，プロダクト及びプロセスの視点から，「イノベーションの変革力マップ」において通常型イノベーションの位置づけを中心とし，標準化活動や現場革新活動等によりコスト削減や収益拡大を図る。
　これに対して，ユーザーは，自らの価値の実現に向けて，既存企業と共創を試み，市場や他の当事者との新たな関係性を構築し，通常型イノベーションに位置する既存企業の地位及び経営の安定性を脅かす存在となる。
　たとえば，ユーザーは当初，自らの価値のみを満たすために製品・サービスを変革する。その後，ユーザーは，製品・サービスを無償あるいは低価格で他のユーザーに展開し，これに賛同するユーザーとコミュニティを形成することによって，規模を確保するというケースである。
　ユーザーが無償あるいは低価格で提供した新たな製品・サービスが，通常型イノベーションに位置づけられる既存企業の製品・サービスの領域と同じ領域で提供される場合，ユーザーの製品・サービスは，既存企業の製品・サービスとカニバリゼーションを起こし，地位を脅かすことになる。既存企業側は，ユーザー側が提示した価格帯に合わせれば低収益に陥り，ユーザー側の行動を無視すれば，ユーザー側に市場を席捲される恐れがある。
　よって，既存企業は，ユーザー側の価値の実現をベースにした製品・サービスの変革に対して，これを既存企業側の事業に取り込む工夫や差別化を考慮する必要がある。ただし，既存企業は，既存の強みが収益に結びつきやすいため，同時に既存の強みに拘束され，通常型イノベーションから脱却することは難しいとも考えられる。
　つまり，既存企業は，ユーザーとの差別化に向けて，既存市場における強みである技術や製品・サービスを活かして，市場及び当事者との新たな関係性の構築を目指すというイノベーション・マネジメントが必要となると考えられる。
　あるいは，既存企業は，既存市場におけるステークホルダーとの関係性を

強みとして，新たな技術及び製品の拡大を目指すというイノベーション・マネジメントが必要となるとも考えられる。

以上により，本書では，ユーザーによるイノベーションの創出と，ユーザーによるイノベーション普及の変質がもたらすユーザーによる市場支配を受けて，この脅威に対抗するために，既存企業に求められるイノベーション・マネジメントに関する考察が必要であると考える。

## 3　リサーチ・クエスチョンの精査

本書では，第3章及び第5章に設定した視座について考察するとともに，ユーザーが自らイノベーションを創出し，普及に強い影響力をもたらすことにより，市場支配に至るという競争関係の変質の1つの形態について考察した。

ユーザーは，情報技術の進展に伴い，これを活用することで自らの価値を追求し，既存企業との共創を通じて製品・サービスを変革するノウハウを吸収してしまう。また，ユーザー・コミュニティの形成により規模を確保することで，既存企業からの独立を実現するとともに，ネットワーク効果をもたらし，製品・サービスの変革をイノベーションとして社会化する。さらに，ユーザー・コミュニティを支える共創プラットフォームには，コミュニティからの大量の情報が集まり，情報とコミュニティの規模を活かして，新たなイノベーションを創出できるようになった。

一方，既存企業は，ユーザーに対して，直接的にユーザー価値を理解することはできず，通常型イノベーションの位置付けにおいて，従来からの製品・サービス等の強みにもとづき，競合との差別化に集中していた。しかし，既存企業は，情報技術の進展や，これを活用するユーザー自身による価値の追求と製品・サービスの変革によって，従来の製品・サービスに対する強みを陳腐化される恐れがある。

つまり，既存企業には，ユーザーがイノベーションを通じて，市場を支配するという競争関係の変質の1つの形態を踏まえた上で，ユーザーとの差別化を実現するためのイノベーション・マネジメントが要求されると考えられ

る。

　よって，本書の冒頭で掲げた問題意識とこれを考察するために行った事例研究を踏まえ，既存企業に求められるイノベーション・マネジメントについて考察を進めるため，本書のリサーチ・クエスチョンを精査し，以下の通り再設定する。

　[R-4]　ユーザーがイノベーションの創出面及び普及面において競争関係を変質させ，市場支配し得る状況において，既存企業にはどのようなイノベーション・マネジメントが求められるのか。

　次章以降では，精査したリサーチ・クエスチョンにもとづき，詳細な事例研究を通じて，既存企業に求められるイノベーション・マネジメントを明らかにする。

# 第7章 イノベーション・マネジメントへの戦略的取り組み

## 1 研究方法

### 1.1 事例研究の採用

　本書では，先行研究レビューを踏まえ設定したリサーチ・クエスチョンに対して，視座を設定し，事前調査となる事例研究を実施することにより，以下の通り，リサーチ・クエスチョンを精査し，再設定した。

　［R-4］ユーザーがイノベーションの創出面及び普及面において競争関係を変質させ，市場支配し得る状況において，既存企業にはどのようなイノベーション・マネジメントが求められるのか。

　さらに，本章では，精査したリサーチ・クエスチョンに対して，既存企業の立場から，イノベーション・マネジメントへの戦略的な取り組みについて考察する。

　研究方法としては，ユーザー・イノベーションから大きな影響を受けた企業に対して，現状の経営状況のみならず，過去からの変遷をより深く考察するため，ヒアリングをベースとした詳細な事例研究を行う。

　研究対象に対しては，複数の部門に対するインタビューを複数回にわたっ

て実施するとともに、事例研究の対象企業内に存在する1次データを収集することによって考察を進める。併せて、考察にあたっては、公開情報として2次データである業績データやパートナー企業の情報等も活用する。

また、事例研究の考察に活用するフレームワークについては、本書の第3章における事前調査となる事例研究で活用したAbernathy and Clark [1985] のイノベーションの変革力マップを活用し、既存企業におけるイノベーションの過程について考察する。

## 1.2 選定企業を取り巻く経営環境

本書における詳細な事例研究の対象を抽出する。まず、事例研究の対象業種としては、日本の情報技術関連産業を選択する。情報技術関連産業を選択した理由は2点ある。

1点目は、日本の情報化投資額の伸びとこれを支えているはずの日本の大手ITベンダの業績推移と間にあるギャップの存在である。2000年度以降、日本の情報化投資額は、途中、リーマンショックの影響を受け減少した期間もあるが、2013年度にかけて年平均成長率3.3％で成長を続けている（**図表7-1**）。

一方、同期間における日本の大手ITベンダの業績は、2000年度の売上高を100％と置くと、2013年度時点で富士通が87％、日本電気が57％、日本IBMが54％と大きく減少している。

成長傾向にある情報化投資に対して、大手ITベンダの業績が減少傾向にあるというギャップは、情報技術関連市場において、ITベンダ及びその関連企業以外のプレーヤーが拡大を続けているという可能性を示している。

2点目は、1点目において提示した情報技術関連市場の拡大を支える存在について考察するためである。本書では、情報技術を巡るギャップを生み出している原因の1つがユーザー・イノベーションにあるのではないかと考える。

本業を情報技術の提供とする情報技術関連産業に対して、ユーザーは価値の実現に向けて、情報技術に能動的に関与し、自ら投資も行っている。

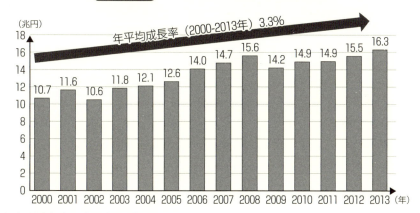

図表7-1　日本における情報化投資額の推移

出所：総務省［2014］をもとに筆者作成

　たとえば，事前調査としての事例研究で取り上げたアマゾンやＧＥがあげられる。彼らは，従前，情報技術に対してユーザーという立場であったにもかかわらず，情報技術を本業とするITベンダを超える投資を情報技術領域で行い，ユーザー・イノベーションを実現している。こうした状況に対して，情報技術産業を事例研究の対象とすることで，既存企業が置かれた状況が確認でき，既存企業に求められるイノベーション・マネジメントについて考察できると考えたためである。

　今後，情報技術は，あらゆる業種及び社会インフラに浸透し続ける。ユーザーは情報技術を活用することによって，多様な業種において既存企業を上回る存在となる。本書では，ユーザーへとイノベーションの主体が移行するという状況を踏まえ，情報技術産業に対して詳細な事例研究を実施する。

　情報技術産業において事例研究の対象とする企業は，Ａ社とする。Ａ社は日本の大手ITベンダである。ビジョンにはイノベーションを掲げ，その実践を常に志向してきた企業である。

　また，Ａ社は不採算事業の構造改革を積極的に進め，システムインテグレーション事業に集中した結果，日本における競合企業と比較しても，特に業績の縮小が進んでいる企業であるという特徴がある。

　事例研究の対象としなかったITベンダは，構造改革に遅れが見られ，業

績の変化が比較的少ないこと，あるいは，構造改革によって事業の軸足を情報技術から他の事業領域に移行したこと等の理由から除外した。

## 1.3　事例研究における調査手順

　A社に対する調査では，2016年1月29日から同年3月23日にかけてインタビューイに対する個人別面接調査（1人あたり30～60分）を合計10回にわたり実施し得られた発見事実や知見をもとに，同社についてイノベーション・マネジメントの視点から考察を行った。インタビューイは，現場及びA社外からの反応の実態を確認するため，クラウドサービスに関する販売促進部門やパートナープログラムの事務局等の実務担当部門等，多様な部門を対象とした。また，インタビューイの職位は，現場と経営の双方の視点を持つミドル・マネジメント層を中心に選定した（図表7-2）。

　面接は，インタビューイの個人的経験や主観的意見が過度に入り込むことで発言内容の論証性が損なわれないよう注力した。また，面接では，面接の内容に応じて事前に用意した資料にもとづき，インタビューイから本音部分の内容が幅広く確認できるように挿入質問を行いながら実施した。面接時の会話は，インタビューイから提供された資料と連携した上で逐語的に記録し，本書で明らかにしたい論点となる文脈の部分に関しては，インタビューイから得た生情報を解釈可能な範囲で要約した。また，多様な部門をインタビューイの対象としたことから，他部門の面接で発見した事実を再度確認する必要性が生じたため，30分程度の追加面接と資料の再収集を行った。

　さらに，インタビューイごとに聞き出したい内容が，2000年以前の資料から2010年代半ばまでの時期にかけて多岐にわたっているため，インタビューイ側の記憶が曖昧な内容については，面接時の聞き込み内容に加えて，インタビューイ側に当時の資料を探し出してもらう等の対応によって，より正確な情報を入手した。

　考察のもととなる発見事実については，インタビューイの発言から把握した同社の事業活動に関する内容を網羅的に解釈し整理するとともに，インタビューイ側からの提供資料やA社の外部公表データ，外部機関のA社に対す

**図表7-2** A社のインタビューイ属性一覧

| 人名 | 職位 | 職務 |
|---|---|---|
| A | マネージャー[1] | クラウドサービス関連の販売促進担当 |
| B | 担当 | A氏の補佐役 |
| C | マネージャー | ビジネスユニットの事業企画領域担当 |
| D | マネージャー | 中堅中小企業向けクラウドサービスの販売促進担当 |
| E | マネージャー | 企業向けネットワーク機器関連の販売促進担当 |
| F | マネージャー | 企業向けネットワーク機器関連のマーケティング担当 |
| G | マネージャー | 営業部門の販売促進担当 |

出所：筆者作成

る評価や，情報技術に関連する産業全般に関わる資料やデータを交えることによって，研究成果として記述するように努めた。

なお，本事例は，A社の関係者の好意的な協力により研究事例として作成されたものであり，経営上の優劣を例示するためのものではない。

## 2 既存企業に見るイノベーション・マネジメント

### 2.1 A社の概要

A社は，創業後，約120年続く老舗の大手電機メーカーである（**図表7-3**）。
本社は東京都にあり，関東の各所に大規模な事業場を構えている。日本国内の全国に自社の営業拠点を持ち，多数の販売店と契約している。また，海外にも多くの拠点を保有している。

2016年時点での主要な事業としては，システムインテグレーション事業であり，中央省庁，自治体，企業向けに情報技術を活用したシステムを提供している。

A社の事例研究は，2000年を境とし，2000年以前と2000年以後という2つの区分に対して行うこととする。同社は，2000年以前には，常に成長を続けていた「業績拡大期」であり，イノベーションの成功事例も豊富にあり，事

**図表7-3　A社の概要**

| 主要事業 | システムインテグレーション事業（官公庁，自治体，企業），IT機器・ソフトウェア製造事業 |
|---|---|
| 従業員数 | 約10万人 |
| 売上高 | 約3兆円 |
| 販売店体制 | 約550社 |

出所：A社の2016年時点のIR情報及びヒアリング情報をもとに筆者作成

業活動と事業成長が直結していた。

一方，2000年以後は，法人向けクラウドサービス事業等，多様な事業に挑戦してきたが，大きな成功には至らなかった「業績縮小期」であり，営業利益は確保し経営としては健全さを保っているが，売上高の規模は減少の一途を辿っている。

以上により，A社の事例研究においては，既存企業としてのイノベーションの事例にもとづき，既存企業のイノベーション・プロセスを導出するとともに，ユーザー・イノベーションから強い影響を受けるなかで，既存企業に求められるイノベーション・マネジメントについて考察することとする。

## 2.2　業績拡大期（2000年以前）の事業動向

### 2.2.1　事業拡大とイノベーションの創出

本項では，A社の業績拡大期の事業の取り組みにより既存企業のイノベーションの過程を導出する。

A社は，創業後，電話交換機，FAX，放送用機器等で事業を立ち上げ，1950年代にはコンピュータ関連の事業を創出した。1960年代には，半導体事業を立ち上げた。

1970年代には，業界をリードするコーポレートアイデンティティを提示するとともに，パーソナルコンピュータ（以下，PC）事業を立ち上げ，人工衛星の製造も開始する等，次々に新たな事業を生み出し，事業成長を実現した。

1990年代には，日本を代表する電機メーカーの1つとして地位を確立した。

後にITバブルと称される時期であった2000年には，業績のピークを迎え，以降，A社はこの業績を越えることができていない。

以上により，2000年以前のA社は，長期ビジョンを提示するとともに，新規事業に対して積極的に投資を行い世界的な成功を収めており，成功事例を豊富に持ち，成長していた企業であったと考察できる。

### 2.2.2 新たな市場及び当事者とのつながりの拡大

A社の国内事業においては，市場及び当事者とのつながりを構築するための方法が2種類ある。

1つ目は，A社が自社の営業部隊を用いて，顧客に対して直接，営業活動を行い，顧客を獲得する方法である。主な対象地域は東京・名古屋・大阪等の主要都市部であり，主な対象顧客は官公庁や政令指定都市，大手の製造業や流通業等である。対象顧客の数は少ないが1案件あたりの金額規模が大きい。A社の営業部隊は，企画，提案，官公庁案件では入札，システム構築，運用に至るまで大規模なプロジェクトチームを組成し，収益獲得までに通常1〜2年の期間を要する。プロジェクトによっては5年前後の期間にわたり収益獲得に向けて活動する。

2つ目は，A社の連結子会社や持分法適用会社，さらには別資本である販売店と称されるパートナー企業群を通じて，間接的に営業活動を行い，顧客を獲得する方法である。主な対象地域は東京・名古屋・大阪以外の地方都市であり，主な対象顧客は中堅企業・中小企業や地方自治体，病院等である。案件規模はA社が直接営業する案件と比較して小規模である。一方，パートナー企業が，地方の優良企業への提案や地方自治体の入札対応等への営業活動にかかる期間は，通常1〜2年を要し，直接営業の案件とほぼ同じである。

そのため，A社は，A社本体で地方の小規模商談に対応するための大量の営業人員を抱える代わりに，子会社や販売店に営業活動を委託し，製品・サービスの提供や販売支援活動に注力している。また，地方自治体によっては，入札の対象を地元企業のみと指定する場合もあり，パートナー企業との連携はこうした案件の対策にもなる。

A社は国内売上高に占める直接営業分と間接営業分による比率を公表して

いない。ただし，間接販売における販売店等の役割は，A社自身の営業人員ではカバーしきれない地方都市の市場及び当事者とのつながりを構築する上で大変重要な役割を果たしていると考えられる[2]。

A社は，2000年までの期間において，事業規模の拡大とともにコミュニティを拡大してきた。A社の販売店制度は，1970年代に全国販売店会も発足し，全国規模での販売店コミュニティが形成された。

A社の販売店コミュニティとしては，PC・コンピュータ系，通信ネットワーク系の販売店コミュニティが拡大した。特に通信ネットワーク系販売店は，この当時，電電公社の全国の拠点に大量の電子交換機を納入するため，A社の販売店に加わり，製品の納入や設置を行った。また，同時期には，企業内での電話交換機の需要も高まり，電電公社の電子交換機の大量納入の波が収まった後も，A社とともに各地域の法人向けの電話交換機や通信ネットワーク機器を提供する販売店として定着した。

つまり，A社は，PCを中心としたコンピュータ領域や電子交換機を中心とした通信ネットワーク領域において，直販でカバーしきれない企業ユーザーに対し，販売店のコミュニティを急速に拡大し間接販売を活用することによって，市場及び当事者とのつながりを拡大し続けたことが確認できる。

### 2.2.3 技術及び製品の積極的な展開

A社は，組織体制として，ビジネスユニット（以下，BU）制と事業部制を採用している。また，研究開発を専門に行う中央研究所が存在している[3]。

A社では，BUのもとに事業部体制が採られ，BUに強力な自治権を認めており，製品・サービスに対する開発費は，BU及び事業部が捻出する。

A社の各BU及び事業部が，中央研究所に研究開発を委託している。かつて，A社の中央研究所は，独自の研究開発が許されており，注力領域の事業と直接的な関連がなくても，中央研究所が自ら判断し，素材等の基礎研究領域の研究開発も行っていた。

A社は，研究開発領域を「今日の技術」「明日の技術」「明後日の技術」の3領域に分けている。

「今日の技術」の開発責任は事業部が負い，「明日の技術」の研究開発の責

任は事業グループの開発本部が責任を負う。「明後日の技術」の研究開発には中央研究所が責任を負い，基礎研究，応用研究，基礎開発等を担うという役割分担であった。

その後，1980年代には，中央研究所は基礎技術の研究に集中し，その成果を事業部の開発活動に分散するという役割分担を明確化するとともに，アメリカやイギリスなどに海外の研究所を設立した。

A社は，研究開発の結果，スーパーコンピュータや，電子交換機，伝送システム，半導体，PC等，新規領域のプロダクトを生み出すとともに，これを効率的に生産するプロセスを生み出してきた。

一方，A社は，1980年代の全社経営改善運動を皮切りに，現場革新活動を積極的に行ってきた。製品の生産にあたっても，トヨタ生産方式を積極的に取り入れ，生産効率の向上を図ってきた。

つまり，2000年までのA社の研究開発体制は，研究所が「明後日の技術」の責任を負い，「明日の技術」の研究開発を事業グループが負う等，技術開発に対して，短期的な視点から長期的な視点まで，研究開発を行うことができる体制が整備された時期であったと考えられる。

本書では，以上の技術及び製品への取り組みを受けて，同社の2000年以前における具体的な事業に関する事例研究を行う。対象は，同社を代表する電子交換機事業とPC事業を取り上げる。

### 2.2.4 イノベーション事例：電子交換機事業①

A社は，1960年代から1970年代中頃にかけて，通常型イノベーションとして電話交換機であるアナログ電子交換機システムを北米市場及び日本市場を中心に事業展開し，収益を得ていた（図表7-4の①）。

A社によると，1970年代には，北米市場ではアナログ電子交換機がほぼ普及していたが，日本市場では電電公社がようやくアナログ電子交換機の導入を本格化する動きを見せた時期であった。

1976年，北米市場において，Northern Telecom（現Nortel Networks Corporation（本社：カナダ））がデジタル電子交換機を開発し，販売を開始した。北米では，同社を通じたデジタル電子交換機の登場とともに，一気に

デジタル化に向けた市場の移行と普及が始まった（**図表7-4の②**）。

　しかし，A社によると，電電公社はデジタル化対応を時期尚早と見ていた。A社は，アナログ電子交換機において，電電公社の協力及び支援にもとづき開発し，国内から海外へと事業展開していた。これに対してA社は，デジタル電子交換機の開発を意思決定し，北米市場をターゲットに独自で開発に取り組んだ。

　同社のデジタル電子交換機の開発プロジェクトは，担当取締役をリーダーとし，複数の事業部をまたがり，A社の社内組織を横断する開発プロジェクトチームを編成した。その結果，A社はデジタル電子交換機の開発に成功し，製品を生み出した。

　この時点において，A社は独自の経営判断により，製品をアナログからデジタルへと移行することに成功し，イノベーションの変革マップにおいても，通常型イノベーションから革命的イノベーションへと移行したと考察できる（**図表7-4の③④**）。

　A社は，同製品にデジタル電子交換機という位置づけ以上の思いを込め，デジタル化を通じてコンピュータ技術とコミュニケーション技術を融合した新たな効用が生まれると考えた。そこで，国際通信展示会の基調講演において，A社経営者が製品発表に合わせて，A社のCI（Corporate Identity）となる長期ビジョンを発表した。

　当該ビジョンは北米で発表された後，A社の社内体制の再編へと発展するとともに，A社グループのCIとして改めて発表され，以降，A社を代表するコンセプトとなった（**図表7-4の⑤**）。

　北米での製品発表の翌年，A社の北米におけるデジタル電子交換機の成功は，日本にも逆輸入され，デジタル化に慎重だった電電公社がデジタル化への移行を決断した。電電公社はA社等と国内市場向けデジタル電子交換機の共同開発を行い，1980年代に入り，A社が国内初のデジタル電子交換機を納入した（**図表7-4の⑥**）。

　その後，A社は，北米と日本市場から，アジア・パシフィック領域を中心にデジタル電子交換機事業を拡大するとともに，企業内の内線電話向けのデジタル電子交換機を開発・販売することによって，北米市場で大成功を収め

**図表7-4** A社のデジタル電子交換機事業におけるイノベーション・プロセス

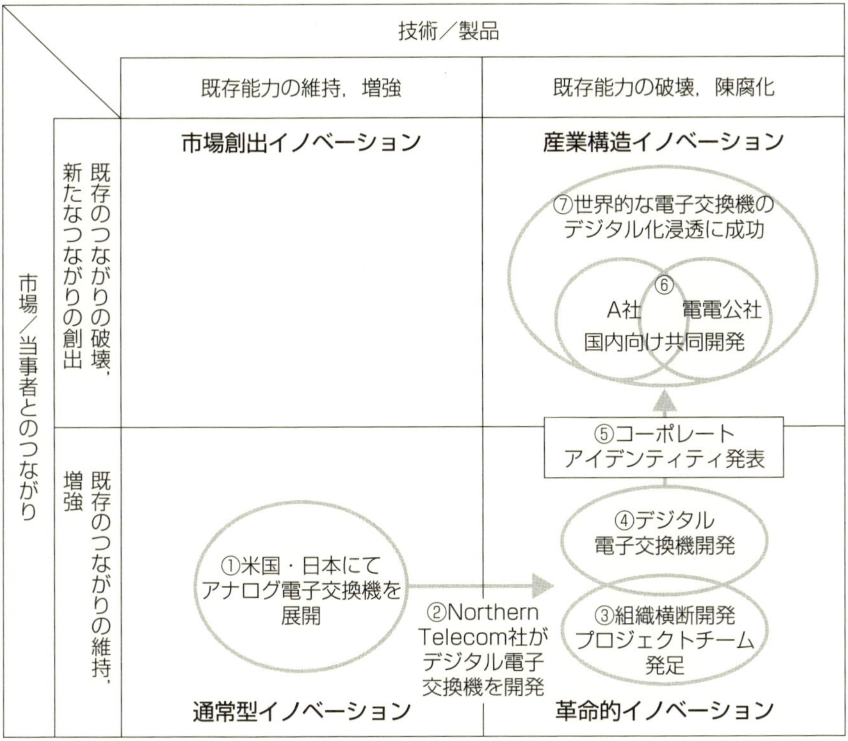

|  | 技術／製品 | |
|---|---|---|
|  | 既存能力の維持，増強 | 既存能力の破壊，陳腐化 |
| **市場／当事者とのつながり** 既存のつながりの破壊，新たなつながりの創出 | 市場創出イノベーション | 産業構造イノベーション ⑦世界的な電子交換機のデジタル化浸透に成功 ⑥A社　電電公社　国内向け共同開発 |
| 既存のつながりの維持，増強 | 通常型イノベーション ①米国・日本にてアナログ電子交換機を展開 ②Northern Telecom社がデジタル電子交換機を開発 | 革命的イノベーション ⑤コーポレートアイデンティティ発表 ④デジタル電子交換機開発 ③組織横断開発プロジェクトチーム発足 |

出所：Abernathy and Clark［1985］及びA社の企業情報をもとに筆者作成

た（図表7-4の⑦）。

　以上により，2000年以前のA社においてデジタル電子交換機事業は，長期ビジョンの発表とともに，革命的イノベーションから，産業構造イノベーションに移行するというプロセスを経て，イノベーションを創出し普及したと考えられる。

### 2.2.5　イノベーション事例：PC事業①

　業績拡大期におけるA社を代表する事業の1つであるPC事業について，イノベーションのプロセスを確認する。同社は，1970年代から1980年代にかけて，マイコンからPC事業への発展において，コミュニティの創出と活用

によって，PC事業を成功させている。

　同社は，1970年代，通信システム事業等によって成長し，安定的な収益を獲得できるようになり，通常型イノベーションにおける取り組みから収益を生み出し，研究開発費を捻出していた（**図表7-5**の①）。

　同社は，新規事業への取り組みの一環として，マイクロコンピュータ（Micro Computer，以下，マイコン）の開発を行った。当時の情報システム事業では大学等向けの研究用の大型コンピュータが収益源であり，その中身の一部を取り出し小型化を進め，企業や家庭向けに市場を拡大することで，マイコン領域での新事業化を狙った（**図表7-5**の②）。

　A社は，1970年代半ばに入り，マイコンの開発及び製品化に成功した。当時としては技術面において画期的な取り組みであり，革命的イノベーションに位置づけられる。

　つまり，マイコンの開発によって，通常型イノベーションから革命的イノベーションへと移行したと考察できる（**図表7-5**の③）。

　A社のマイコン製品化は，市場から高い評価を得るとともに，企業等の多様な領域でのマイコンの活用が期待された。

　しかし，当時は，A社自身もマイコンの適切な用途を市場に対して示せずにいた。そこで，A社は，マイコン活用のアイデアをA社以外の技術者に求めた。A社はマイコンに関するトレーニングキットを開発し，技術者がマイコンを活用して多様な用途において実証実験を行うことからの，フィードバックを期待した。

　また，同社は，市場での実証実験を加速するため，テスト・マーケティングの場としてサービスセンターを設置し，トレーニングキットの実証実験の一部を公開し，マイコンの可能性を示した。サービスセンターには，A社の期待通り，多くの技術者が訪れるとともに，当初は想定していなかった大学生や高校生も数多く訪れた。

　そこで，A社は，大学生や高校生の声も取り込むため，個人ユーザー対象の会員制クラブを発足した。同クラブには発足と同時に約2万人の会員が集まった。A社は同クラブによって，ユーザー・コミュニティを形成すると同時に，PCの潜在的購買者を囲い込むことに成功した（**図表7-5**の④）。

第7章 イノベーション・マネジメントへの戦略的取り組み　　143

　その後，A社のユーザー・コミュニティは，A社に対して，マイコンから派生したPCの開発を要望した。同社はユーザー・コミュニティからの要望に応え，マイコン活用の方向性をＰＣの製品化へと移行させた。
　A社はパーソナルコンピュータを製品化し，販売を開始した。A社によるPCの製品化は，マイコンをさらに進化させた技術及び製品の革新であると同時に，他社も含めた技術者，大学生や高校生等から成るユーザー・コミュニティと新たな関係性を構築した事例であると考えられる。
　こうして，同社は，マイコンの開発という革命的イノベーションの領域から，ユーザー・コミュニティを形成し連携して，PCという新たな事業を創出することによって，産業構造を変えるきっかけを作ったことから，産業構

**図表7-5　A社のPC事業におけるイノベーション・プロセス**

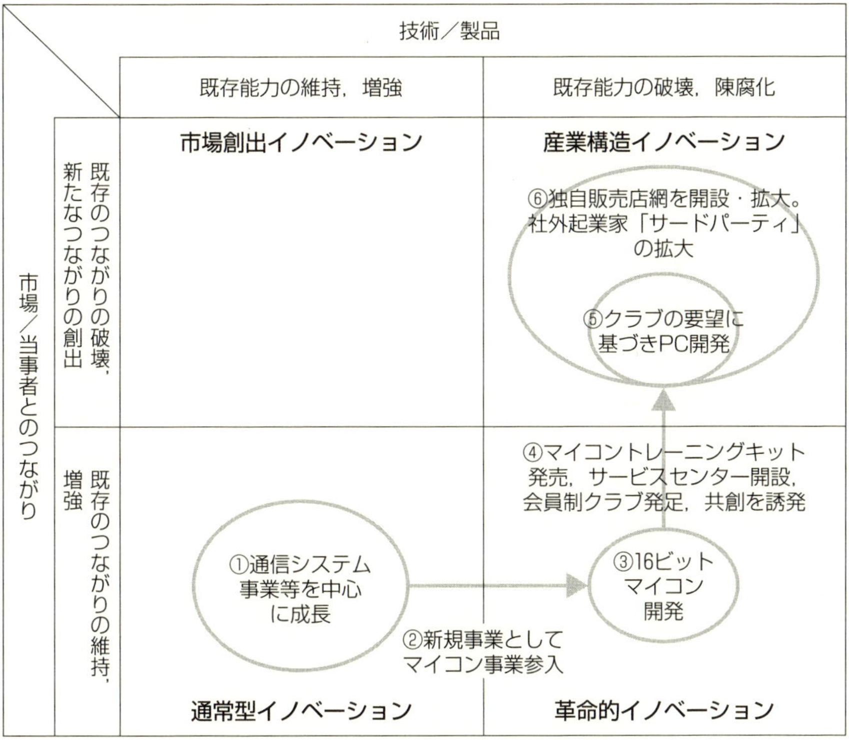

|  | 技術／製品 | |
|---|---|---|
|  | 既存能力の維持，増強 | 既存能力の破壊，陳腐化 |
| **市場／当事者とのつながり** — 既存のつながりの破壊，新たなつながりの創出 | 市場創出イノベーション | 産業構造イノベーション<br>⑥独自販売店網を開設・拡大。社外起業家「サードパーティ」の拡大<br>⑤クラブの要望に基づきPC開発 |
| 既存のつながりの維持，増強 | 通常型イノベーション<br>①通信システム事業等を中心に成長<br>②新規事業としてマイコン事業参入 | 革命的イノベーション<br>④マイコントレーニングキット発売，サービスセンター開設，会員制クラブ発足，共創を誘発<br>③16ビットマイコン開発 |

出所：Abernathy and Clark［1985］及びA社の企業情報をもとに筆者作成

造イノベーションへと移行したと考えられる（**図表7-5**の⑤）。

　PC製品の発表当時，A社には個人ユーザー向けの販売店はなかった。そこで，A社はユーザー・コミュニティの情報を活用し，個人ユーザー向けの販売店を開設し，これを独自販売店網として，全国に拡大した。こうして，事前に囲い込んだコミュニティに向けてPCを販売し，一気にA社は国内PC市場のリーダーとなった。

　さらに，A社のPC事業には，「サードパーティ」と称される起業家集団が生まれた。A社は，サードパーティに対してPCの仕様を公開し，A社の協力のもと，周辺機器や関連ソフトウェアの開発，関連図書の発刊等の領域において，次々に起業し，周辺産業を生み出し，その後のPC市場拡大に大いに貢献した。

　つまり，A社は，市場及び当事者とのつながりの軸から見ると，大量のリードユーザーとユーザー・コミュニティを早期に構築し，全国展開した販売店網と，起業家集団であるサードパーティの起業を導くことによって，ネットワーク効果をもたらす規模を一気に確保し，イノベーションとして社会化し，PCという新たな産業を構築した。

　一方，技術及び製品の軸から見ても，これまで自社の主力製品であった大型コンピュータ領域を，マイコンやPCによる小型機器の製品化によって，一気に破壊し陳腐化し，産業構造を変えた。

　以上により，業績拡大期におけるA社のPC事業は，通常型イノベーションから，革命的イノベーションへと移行し，さらに，産業構造イノベーションへと移行するというプロセスを経て，既存企業としてのイノベーションを実現したと考えられる。

## 2.2.6　プロダクト・イノベーション重視型の過程

　A社の電子交換機事業及びPC事業の事例研究からの発見事実にもとづき，既存企業としてのイノベーションの過程について考察する。

　まず，通常型イノベーションにおいて，従来製品の改善・改良・標準化を進めるとともに，既存事業の事業規模・収益の確保と既存のコミュニティの維持及び拡大を図る（**図表7-6**の①）。

そして，既存企業は，既存事業からの収益を原資に競合企業と差別化するため，研究開発費を捻出し，開発投資を行う（**図表7-6の②**）。

既存企業が開発投資した製品・サービスが，競合企業と差別化でき，業界としても画期的な製品・サービスとして創出することができれば，プロダクト・イノベーションを実現できる。

既存企業としてのイノベーションの過程も，通常型イノベーションから，革命的イノベーションへと移行することができる（**図表7-6の③**）。

ただし，革命的イノベーションを生み出したことだけでは，市場への普及は保証されない。

そこで，既存企業は，先行して新たな製品・サービスを活用してくれるリードユーザーを創出及び育成し，イノベーションの普及に向けて活用を図る。また，既存企業が抱える既存チャネルに対して，新たな製品・サービスに関する教育や販売支援，あるいは，新たな製品・サービスを扱うことができる新たなパートナー企業をチャネルに引き入れ新陳代謝を促すという形で組織及びサプライチェーンを変革する。

あるいは，既存企業が新たな製品・サービスに賭ける想いや，その新製品・サービスが社会にもたらす影響力を誇示するため，長期ビジョンやCIを製品・サービスの発表とセットすることにより，イノベーションへの普及の加速を図る（**図表7-6の④**）。

既存企業は，リードユーザーからの賛同を得ると同時に，リードユーザーを育成し，彼らが熱意を持って他のユーザーに働きかけ，能動的にユーザー・コミュニティを形成し環境を整備する。さらに，リードユーザーやパートナー企業からのニーズにもとづき，新たな製品・サービスの創出を図り，産業構造イノベーションへと移行する（**図表7-6の⑤**）。

既存企業は，リードユーザーからの支援を拡大するとともに，市場におけるステークホルダーと先進テーマや社会課題解決等の旗印を掲げ，コンソーシアムやエコシステムを形成し拡大して，規模を確保するというマーケティングを展開する。こうして既存企業は，デファクト・スタンダードを獲得し，市場に強い影響をもたらし，パートナー企業等を創出した製品・サービスをイノベーションとして社会化することができる（**図表7-6の⑥**）。

**図表7-6** プロダクト・イノベーション重視型の過程

|  | 技術/製品 | |
|---|---|---|
|  | 既存能力の維持, 増強 | 既存能力の破壊, 陳腐化 |
| 市場/当事者とのつながり — 既存のつながりの破壊・新たなつながりの創出 | 市場創出イノベーション | 産業構造イノベーション<br>⑥コンソーシアム及びエコシステムの拡大とイノベーションの社会化<br>⑤ニーズを反映した製品・サービス創出 |
| 市場/当事者とのつながり — 既存のつながりの維持・増強 | 通常型イノベーション<br>①事業規模と既存のコミュニティの維持・拡大<br>②競合企業と差別化できる領域に開発投資 | 革命的イノベーション<br>④リードユーザー育成/パートナー企業拡大（長期ビジョン提示）<br>③新技術/製品・サービス創出 |

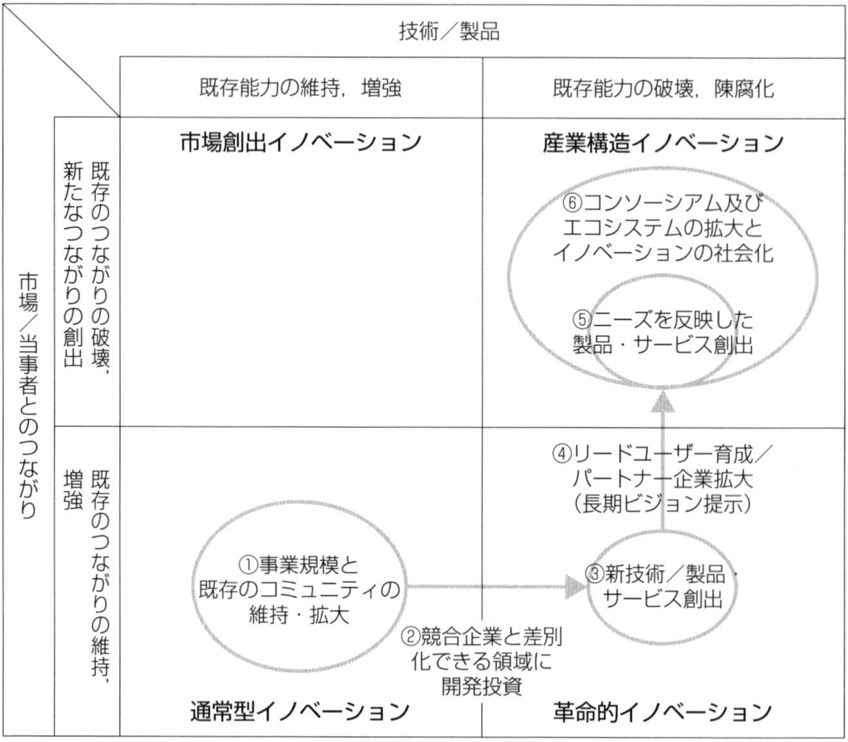

出所：Abernathy and Clark［1985］を参考に筆者作成

　以上により，A社の業績拡大期における事例研究から，通常型イノベーションから，革命的イノベーションへと移行し，さらに，産業構造イノベーションへと移行を果たすという，既存企業の「プロダクト・イノベーション重視型」の過程を見いだすことができた。

## 2.3　業績縮小期（2000年以降）の事業動向

### 2.3.1　事業縮小とイノベーションへの取り組み

　A社の業績がピークから下降を続けている2000年以降の国内事業に注目し，既存企業に求められるイノベーション・マネジメントという視点から事例研

究を進めることとする。

　事例研究の対象としては，新規事業として法人向けクラウドサービス事業，2000年以前（業績拡大期）からの継続事業としての電子交換機事業，PC事業について考察する。

　2000年以降，同社は，システムインテグレーション事業は好調であったものの，業績のピークを支えたPC事業や半導体事業の業績が急速に低下した。A社は，PC事業領域は，Dell, Inc.（以下，デル）のダイレクト・モデルの台頭とともに失速した。

　同社は，海外でもPC事業拡大を図り，米国企業への大型出資を行ったが失敗し，海外のPC事業からは事実上，撤退した。2000年代には，PC事業を子会社に集結した。その後，2011年，A社は，中国企業とPC事業に関する合弁会社を設立し，A社のPC事業は非連結化され，切り離された。

　半導体事業についても，韓国勢に価格面での攻勢を受け競争優位性を失い，2000年代に入り分社化した。

　A社本体に存続し事業の柱となったのは，電子交換機事業等の通信事業者向けネットワーク機器事業とシステムインテグレーション事業等であった。通信事業者向けネットワーク機器事業では，NTT及びそのグループが，日本の社会インフラとして光ファイバーの高速ネットワークや携帯電話通信網及びモバイルデータサービス向けのインフラ整備を行う事業に対して，ネットワーク機器を継続的に提供している。当該事業は，NTTグループ等のインフラ投資計画に従うため，NTTの投資動向に大きく影響を受けやすいという特徴がある。

　システムインテグレーション事業では，官公庁や自治体，金融機関，製造業や流通業等の民間企業に対し，情報技術製品を組み合わせて，業務システムを構築するシステムインテグレーション・サービスを提供している。当該事業は，リーマンショック等の社会情勢に影響を受けやすく，競争優位性を確保するためには，クラウドサービスやビッグデータ，IoT等の情報技術の最新動向にもいち早く対応する必要がある。

　A社の売上高は，業績のピークであった2000年の売上高と比較して，ほぼ半減した。A社の売上高データによると，この売上規模は，業績拡大期にお

ける1980年代半ば（1986年〜1987年）の売上高規模まで後退してしまったことになり，あたかも2000年度を頂点に前後15年程度が左右対称の山を描く形となることがわかる。

A社は，2000年以降，常に株主や投資家の目を意識し，売上高成長と営業利益率の拡大，さらに海外売上高比率の拡大を志向し続けており，トップ・マネジメントも成長に向けたメッセージを発信し続けている。

しかし，A社は，集中と選択の結果として切り離したPC事業や半導体事業の穴を，集中領域の事業や海外事業の成長で埋めることができず，事業規模が縮小し続けている。

一方，総務省［2015］によると，日本の民間部門における電子計算機・同付属装置，電気通信機器，ソフトウェアに対する情報化投資は，2000年度（約10.6兆円）から2013年度（約16.3兆円）にかけて，年平均成長率3.3％で成長している。

つまり，2000年度以降，同社の連結売上高の成長率と日本の情報化投資の動向は，年差を広げながら乖離しており，同社は日本国内において情報化投資に対する影響力が低下し続けていることが確認できる。

ただし，同社の業績は下降し続けているものの日本の情報技術関連市場において売上高は約3兆円という事業規模を確保している。また，国内外に約10万人もの社員と約550社の販売店体制を保有しており，A社グループとして事業規模も十分に確保している。

2013年度の日本の民間部門の情報化投資額である約16.3兆円と，財務省主計局［2015］が試算した2013年度の日本の国（約1兆円）及び都道府県・市町村（約7,000億円）の情報化投資額を加味した上で，同社の国内連結売上高と比較すると，2013年度における同社の売上高は約16％分に相当することから，規模の面においては，市場に対する影響力を保持していると考えることができる。

一方，同社は，今回の事例研究の対象期間（2000年以降）にほぼ合致する期間のグローバルスローガンにおいて，常にイノベーションを掲げ，製品・サービスの変革を志向していた。また，2001年以降は社会や顧客と連携したオープン・イノベーションにも積極的に取り組んできた。A社は企業ビジョ

ンの面においても，常にイノベーションを志向していた。

　よって，2000年以降のA社は，イノベーションの変革力マップにおいて，市場及び当事者とのつながりの軸においては，常にイノベーションを志向し，製品・サービスの変革を行いながら，新たな市場及び当事者とのつながりの構築を目指したと考えられる。また，日本の情報技術産業において事業規模を確保し続けるために，技術及び製品面でのイノベーションを目指し続けたとも考えられる。

　そこで，2000年以降にA社が目指したイノベーションの方向性として，イノベーションの変革力マップの縦軸方向，横軸方向のそれぞれの方向から，考察を進めることとする。

### 2.3.2　拡げきれない市場及び当事者とのつながり

　2000年以降になっても，A社の販売店コミュニティの中心は，PC事業で培った販売店コミュニティと，電子交換機事業等で培った通信ネットワーク領域の販売店コミュニティであり，維持されていた。

　2000年以降においても，クラウドサービス等の新事業領域への注力をアピールすることによって，新たな市場及び当事者とのつながりを模索したが，販売店コミュニティの規模が大きく拡がることはなかった。

　ただし，2016年時点において，A社の販売店関連のパートナーは約560社であり，業界を代表する規模の販売店コミュニティを維持している。

### 2.3.3　アピールにとどまる技術及び製品創出への取り組み

　長期にわたる研究開発活動は，新事業の創出のため有効な活動である一方，ユーザーにとっては直接，ユーザー価値を実現する手段として結びつき難い活動である。そのため，既存企業にとって研究開発活動は，ユーザー・イノベーションに対抗するために有効な取り組みであると考えられる。

　しかし，2000年以降，日本のITベンダ全般の傾向として，四半期ごとの決算のプレッシャーに応えるため，研究開発の効率化を優先し，基礎研究領域を縮小する傾向にあった。

　Strategy＆（2015）の世界の上場企業1,000社を対象とした調査によると，

2005年から2015年までの過去10年間における企業の研究開発支出は，年平均成長率5.4％で成長している。例えば，2015年の外資系ITベンダの売上高対研究開発費比率は，グーグルが14.9％，マイクロソフトは13.1％，アマゾンは10.4％に及んでいる。

　一方，A社では，2000年度以降において継続的に売上高が減少し，営業利益を圧迫したが，2008年度までは研究開発費及び売上高対研究開発費率ともに維持をしてきた。

　しかし，リーマンショックにおいて，2008年度に営業赤字を経験して以降，研究開発費はコスト削減対策の一環となり，金額規模及び売上高比率の両面から急激に削減した。

　同社は，2008年度の研究開発費約3,500億円（売上高対研究開発費率8％）をピークに削減を続け，2016年度には約1,100億円（同4％）と金額ベースでは約3割（2000年度比）まで，研究開発費を削減してしまった（**図表7-7**）。

　外資系ITベンダが，研究開発投資額で大きく上回るとともに，同社の売上高対研究開発費比率は，外資系ITベンダの2分の1から3分の1程度の比率でしかない。

　また，A社では，研究開発費のうち中央研究所に回る費用は，20％弱程度である。中央研究所では，2008年のリーマンショック以降，研究開発費の金額や売上高比率を絞られるなかで，将来に向けた投資領域ではなく，現状，事業部門からの委託を受けた研究開発事業や，中期経営計画の対象期間（3年程度）において注力領域と定めた事業領域に投資先を絞った[4]。

　つまり，A社の研究開発投資は，かつての研究開発の区分に当てはめると「今日の技術」と「明日の技術」が対象になり，基礎研究領域に対する「明後日の技術」に対する研究開発投資が優先的に削減対象となったと考えられる。

　結果として，同社の研究開発費の7割が，注力領域に向けた投資となり，同社の研究開発投資で賄いきれない領域は，他社との連携によるオープン・イノベーションで対応するとした。

　2000年以降，A社は，オープン・イノベーションを活用し事業規模を拡大

第7章　イノベーション・マネジメントへの戦略的取り組み　　151

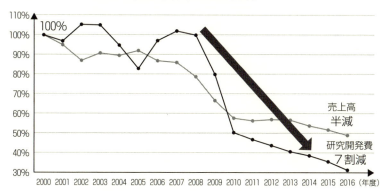

図表7-7　A社の売上高・研究開発費推移
（2000年度を100％と置く）

出所：インタビューからの情報及びA社のIR情報をもとに筆者作成

するための施策の一環として，パートナープログラムを立ち上げ，パートナーを集めてきた。

たとえば，A社は，企業向けネットワーク事業において企業のワークスタイル革新に貢献するという付加価値を訴求するため，新ブランドを作り，当該事業において，パートナープログラムを立ち上げ，参加企業を募った。

同社は，当該ブランドのアプリケーションパートナーにおいて，300社を超えるパートナーを集めた。パートナーが提供するアプリケーションとしては，IP電話機器に接続できるテレビ会議システム，複合機，業務アプリケーション等の多様な周辺機器やアプリケーション等があげられる。

A社は，約300社ものアプリケーションパートナーとともに，A社の事業領域と事業規模を同時に拡大することを期待していた。

しかし，実態としては，パートナープログラムの立ち上げの際，プレスリリースや記者会見等で登録パートナー数の増加をアピール材料として活用しており，少しでも多くのアプリケーションパートナーを獲得するため，登録料及び年会費を無料とし，パートナー側から退会を申し出ない限り，パートナーとして登録され続ける仕組みであった。

また，登録されている製品についても，一部パートナーの製品はA社が有償で接続試験を行い，接続性を保証しているものの，多くの製品は登録する

こと自体が優先され，接続性は保証されていない。結果として，アプリケーションパートナーは約300社の段階から大きく変化することなく，企業向けネットワーク事業の急激な拡大への寄与も限定的であった[5]。

つまり，新ブランドによるアプリケーションパートナープログラムを通じて，パートナー企業との共創プラットフォームが生まれているとは必ずしも言い切れない状況にあったと考えられる。

以上により，A社は，業績縮小期の特にリーマンショック後において，研究開発費を削減するとともに，その代わりに取り組んできたオープン・イノベーションの取り組みについても，必ずしも成果があがっていないと考察できる。

### 2.3.4　イノベーション事例：クラウドサービス事業

(1)　日本市場では先行したクラウドサービス

業績縮小期における事例研究としては，まず，ユーザー・イノベーションの事例研究の対象として取り上げた法人向けクラウドサービス市場を対象とする。

当該市場には，A社も進出しており，ユーザーとの取り組みを比較し，考察することに適していると考えられる。

2008年，A社はSaaS（Software as a Service，サース）事業への本格的な参入を発表した。当該事業は，A社にとって，クラウドサービス事業を立ち上げるための準備という位置づけの事業であった。2010年，SaaS領域での事業戦略を後方発表した際，1,200億円の事業に拡大するとの宣言とともに，パートナーのSaaSビジネスを促進するパートナー支援制度を発表した。

同プログラムは，2008年の発表時点において既に約20社の参加予定企業が存在しており，クラウドサービス市場において活躍する外資系IT企業も含まれていた。同プログラムにおける区分は，「アプリケーション」，「プラットフォーム」，「テクニカル[6]」パートナーの3種であった。2008年中には当初の約20社から35社まで増加した。

同プログラムでは，2008年に設立総会を開いた後，半年に1回の頻度でコ

ミュニティの拡大と定着を目指し総会を開いた。2009年には、パートナー数がさらに増加し、約60社に達した[7]。

続いて、A社は、2009年、日系ITベンダとしては早いタイミングにて法人向けクラウドサービス市場への本格的な参入を発表した。

同社は自社の基幹業務システムを再構築し、これを同社のデータセンターに集約することにより、クラウドサービスとしてA社グループの社員に提供する等、自社でのクラウドサービス活用の実践にも取り組んだ。

一方、同社は、クラウドサービス事業に関連するコミュニティに対して、新たなパートナープログラムは立ち上げず、2008年に立ち上げたSaaSビジネスに関するパートナー支援制度の継続的な拡大を目指した。

A社は、2009年の市場参入当初から、クラウドサービスを事業展開するとしたが、この事業は、クラウドを指向しているのみであり、それまでのシステムインテグレーション事業を中心とした事業の継続であった。実際には、本格的なクラウドサービス領域に参入しないという宣言を行ったことになる。

同社としては、クラウドを意識した既存サービスによって、外資系ITベンダが持ち込んできたクラウドサービスという新たなサービスを取り込み、無意味化しようとしたと考えられる。

しかし、2009年末、SaaS事業のパートナー支援制度に関する総会を開いた後、新たな総会が開かれることはなかった。この後、同プログラムの登録企業数が急減し、自然解消となる状況に追い込まれてしまったためである。

自然解消となった主な原因には、2009年末以降、同プログラムに登録していた外資系ITベンダが自ら、日本におけるサービス提供を次々に開始したことがあげられる。

当初、日本市場でのクラウドサービスは、A社が先行して立ち上げ、外資系ITベンダがA社のパートナープログラムに参加するという形であった。

しかし、2009年12月、アマゾンが日本でクラウドサービスを提供する法人（アマゾンデータサービスジャパン株式会社）を立ち上げ、2010年2月、マイクロソフトが日本でのクラウドサービスを本格的に開始した[8]。マイクロソフトは、クラウドサービス開始の発表の中で、50社のパートナー企業を既に獲得したと発表している。その中には、A社の競合も含まれていた。

外資系ITベンダは，当初，A社等の日本の大手ITベンダと組み，情報収集に活用していた。日本市場の動向及びA社に対する勝算を見きわめた上で，A社のコミュニティから脱退したと考えられる。

A社はSaaS事業を通じて，市場及び当事者との新たなつながりを生み出すことを目指していた。そのため，A社は，当該プログラムのパートナー企業には，従来のビジネスPC販売店を主たる対象としていなかった。

つまり，A社は，従来からの販売店との関係性に固執せず，将来的にクラウドサービス市場で活躍が見込まれる外資系ITベンダ等を国内外から集め，クラウドサービスを既存サービスによって早期に取り込んでしまうことによって，日本市場における従来の競争関係の維持に努めたと考えられる。

しかし，A社は，クラウドサービスに関するコミュニティを早期に形成したものの，維持し続けることはできなかった。また，日本市場において，外資系ITベンダを既存サービスに取り込むこともできなかった。

さらに，外資系ITベンダ等のコミュニティのメンバーは，A社のSaaS事業のパートナー支援制度をテスト・マーケティングの場として活用したとも考えられる。彼らは，A社のクラウドサービスに対する戦略や実力を見極めた上，自身のクラウドサービスの日本市場展開において，コミュニティ形成やクラウドサービスの創出及び展開等にA社の先行的取り組みを活用したと考察できるためである。

一方，A社にとっては，SaaS事業のパートナー支援制度での経験が，コミュニティ形成と維持という面において，改めて旧来からの販売店体制に着目し，依存を強めることにつながったと考えられる。

(2) クラウドサービスを既存事業で取り込む戦術

A社は，既存サービスによりクラウドサービスを取り込もうとする試みを継続した。2010年，A社は，かつて，デジタル電子交換機の販売開始時に発表したCIをクラウド事業の冠につけた。A社を代表するCIを活用することによって，法人向けクラウドサービス市場に本格的に取り組む姿勢を示したと考えられる。しかし，発表された内容は世界観のみであり，提供するサービスは，既存サービスの継続であることに変化はなかった。結果として，A

社による外資系ITベンダが日本市場に持ち込んできたクラウドサービス事業を既存サービスに取り込むという試みは、成功しなかった。

A社の目論見が外れた原因の1つとして、外資系ITベンダとの研究開発投資に対する姿勢があげられる（**図表7-8**）。

A社は、2000年以降、約3,500億円規模の研究開発投資を続けており、2009年までは、アマゾンを大きく上回る金額を投資してきた。しかし、リーマンショック時（2008年）に営業赤字となって以降、研究開発投資は、コスト削減施策の一環となり、継続的に削減されることとなった。

A社の2009年以降の社外発表では、クラウドサービス事業を注力領域として訴求するとしていたが、実態はクラウドサービス事業には過去の主力事業ほどの投資を行ってこなかったことが確認できる。

一方、アマゾンは、2006年のクラウドサービス事業開始以降、本業を流通業に置きながら、一貫して研究開発投資の増額を続けており、2010年から2011年にA社を研究開発投資で上回って以降、情報技術が本業のA社を圧倒的に上回る研究開発投資を行ってきた。2017年段階では、アマゾンの研究開

**図表7-8　A社とアマゾンの研究開発費 比較**

出所：A社のIR資料、アマゾンのForm 10-Kをもとに筆者作成。A社の会計期間は、4月から翌年3月。アマゾンは1月から12月である。アマゾンの研究開発費目は、Technology and contentを使用した

発費が約2.5兆円であるのに対し，A社は約1,100億円にとどまり，約23倍もの差が生じている。

つまり，A社とアマゾンは，法人向けクラウドサービス市場において，ITベンダと企業ユーザーという垣根を超え，情報技術に関する投資領域が重複するとともに，アマゾンのほうが圧倒的に多額の研究開発投資を行っているという逆転が生じた。

こうした逆転現象により，市場における競争関係が変質し，アマゾンが圧倒的な競争優位を獲得することで，市場支配する立場に発展し得ることが確認できた。

その後，A社は，既存サービスによるクラウドサービス市場の取り込みを諦め，2010年以降，アマゾンと同形態のクラウドサービス事業に再参入をせざるを得なくなった。

たとえば，A社は，中堅・中小企業を対象にしたクラウドサービスを発表し，新たなサービスのためのコミュニティ構築を複数回，試みている（**図表7-9**）。

本来，クラウドサービスは，ITベンダの設備に集中管理された情報技術基盤から複数のユーザーに対して提供されるサービスである。ユーザーにとってクラウドサービスは，個別のユーザーごとに設計し構築するシステムインテグレーション・サービスと比較した場合，安価に導入でき，導入までの期間も短いというメリットがある。そのため，クラウドサービスは，自ら情報技術に十分な投資が行えない中堅・中小企業の市場と相性が良く，また，A社が培ってきた販売店コミュニティは，地方の中堅・中小企業や地方自治体を主要顧客としているため，元来，中堅・中小企業向けクラウドサービスとは相性が良い。

そこで，A社は，クラウドサービスの提供にあたって，中堅・中小企業向けのクラウドサービスに関するコミュニティ形成に対して試行錯誤を続けてきた。

まず，2010年，A社は中堅中小企業向けクラウドサービス事業の強化を発表し，中堅中小企業向けSaaS型ソリューションの販売を開始した。このクラウドサービスは，純粋なクラウドサービスではなく，既存事業の延長線に

**図表7-9** 中堅中小企業向けクラウド事業のパートナー支援制度[9]

| 存続期間 | 特　徴 | 登録社数 |
|---|---|---|
| 2010～2013年 | 中堅中小企業向けにSaaSサービスを提供するため既存の販売店を支援 | A社の販売店全般を対象に支援 |
| 2013年～ | 顧客へのサービスの販売や，導入前・導入後のサポートを担当する販売パートナー企業を支援 | 約55社 |

出所：インタビューイＤ氏からの情報（2016年時点）をもとに筆者作成

て再構成したサービスであった。

　A社は，この発表と同時にパートナープログラムを立ち上げた。先のSaaS事業におけるパートナー支援制度とは異なり，A社のビジネスPC販売店等をコミュニティの主要な対象とした。ここには，外資系ITベンダ等にテスト・マーケティングの場として荒らされることなく，クラウドサービス事業の立ち上げにA社の販売店が持つ営業力を借りたいという意思が込められている。

　そのため，パートナープログラムは，従来からのA社の販売店であってもSaaS事業を立ち上げられるよう，A社がSaaS事業に関する販売店向けの教育やコンサルティング，営業ツールや販売店専用ヘルプデスクを用意することで支援するという内容であった。

　しかし，中堅中小企業向けクラウドサービス事業のパートナープログラムは2013年までに，従来の販売店施策に吸収される形で解消された。本施策では，A社のすべての販売店を対象とし，重点的に支援する販売店を指名しなかったため，どの販売店も積極的に名乗り出ないという状況を招いた。結果として，本施策は，従来の販売店支援策を刷新する影響力を持たなかったと考えられる。

(3) 外資系ITベンダを模倣し再スタート

　2013年，A社は中堅中小企業向けクラウドサービスを再投入した。このクラウドサービスは，外資系ITベンダと同じタイプの純粋なクラウドサービスであり，クラウド上に中堅・中小企業向けアプリケーションを提供する場

を提供し，A社以外の企業も多様なサービスを提供できるという主旨のクラウドサービスであった。A社は会計システム等の業務システムに加え，マイナンバー対応やセキュリティ対応など多様なサービスを提供している。

このクラウドサービスでは，販売代理機能を置き，A社の販売店がこの役割を担っている。しかし，賛同した販売店数は，約50社であり，A社の販売店総数の10％程度に過ぎない。

当該サービスは，2016年時点でも継続しているが，登録されている販売店数は，2015年から2016年にかけて55社前後とほとんど変化がなく，市場に対する影響力は広がらなかった（図表7-9）。

さらに2014年，A社は，大手企業を対象としてIaaS（Infrastructure as a Services）領域に特化したクラウドサービスを開始した。これは，アマゾンと同じタイプの純粋なクラウドサービスであり，ネットワークを介してサーバやストレージなどのITプラットフォームの能力を提供するというサービスであった（図表7-10）。

A社は，このクラウドサービス事業においても，パートナープログラムを立ち上げ，パートナーを集めた。同プログラムにおいても，A社は，従来からの販売店体制に参加している企業を中心にパートナーを集めた。

しかし，その後の契約社数は30社弱であり，A社の販売店総数の約5％に過ぎない。当該プログラムに登録したパートナー企業の内訳は，約83％がビジネスPC販売店であった。

(4) 市場面・技術面ともに既存領域に停滞

A社はクラウドサービス関連事業において，コミュニティの形成と拡大により，市場への影響力の拡大を狙い続けてきたが，パートナー数は常に50社前後にとどまったことが確認できた。この規模は，A社が保有している販売店総数の約550社と比較しても10％以下という過小な数であり，その後も市場に対する影響力がさらに弱まっており，A社がクラウドサービスを通じて市場に影響力をもたらすことができなかったと考えられる[10]。

よって，A社の法人向けクラウドサービスへの取り組みは，市場及び当事者とのつながりの軸においては，当初，外資系ITベンダも取り込み，新た

**図表7-10　A社のIaaS事業におけるパートナー支援制度**

| 存続期間 | 特　徴 | 登録社数 |
|---|---|---|
| 2014年〜 | A社のクラウドサービス基盤を活用してパートナーが新たなビジネスを立ち上げられるよう支援するプログラム | 30社弱 |

出所：インタビューイA氏からの情報（2016年時点）をもとに筆者作成

なコミュニティの形成を試みたが失敗に終わったと考えられる。また，A社の強みである従来からの販売店の活用を試みたが，全体の10％以下の参加しか得られなかった。結果として既存のコミュニティを変化させることができず，新たなコミュニティの形成にも成功したとは評価し難い状況となってしまった。

　一方，技術及び製品の軸においても，クラウドサービス事業への参入当初発表したサービスは，既存サービスで外資系ITベンダのクラウドサービスを取り込むことを狙いとしており，純粋なクラウドサービスではなかった。

　また，A社は，リーマンショック以降，研究開発費を継続的に削減しており，2009年に法人向けクラウドサービス市場への参入を発表して以降も，研究開発投資は減額している。

　結果として，既存サービスを基調としたクラウドサービス事業は約3年で行き詰まった。2010年以降は，アマゾン等の外資系ITベンダと同様の純粋なクラウドサービス事業に再参入したが，外資系ITベンダを超える競争優位性は獲得できていない。

　以上により，A社は，市場参入当初においては，既存サービスでクラウドサービス事業を取り込もうとしており，あえて通常型イノベーションの領域で勝負を賭けたと考えることができる。

　一方，クラウドサービス事業の戦略転換期においては，外資系ITベンダと同様のクラウドサービス事業の形態で再参入することとなり，結果として，同領域では後発企業の位置づけとして，新規性に乏しく，通常型イノベーションから脱するような取り組みには発展できなかったと考察できる（**図表7-11**）。

**図表7-11　A社の法人向けクラウドサービス事業におけるイノベーションの過程**

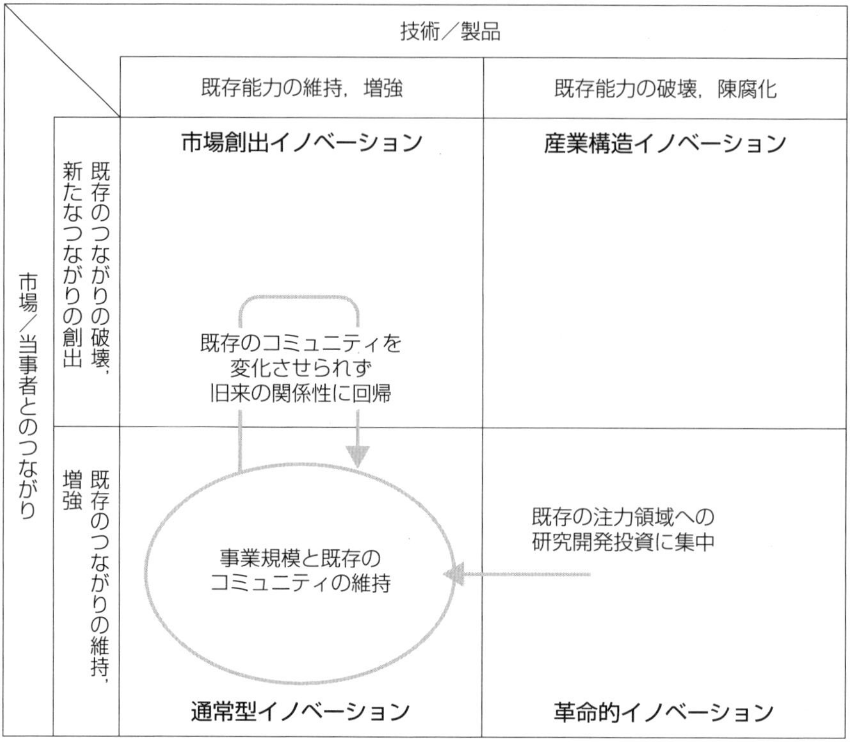

| | | 技術／製品 | |
| --- | --- | --- | --- |
| | | 既存能力の維持，増強 | 既存能力の破壊，陳腐化 |
| 市場／当事者とのつながり | 既存のつながりの破壊，新たなつながりの創出 | 市場創出イノベーション<br>既存のコミュニティを変化させられず旧来の関係性に回帰 | 産業構造イノベーション |
| | 既存のつながりの維持，増強 | 事業規模と既存のコミュニティの維持 | 既存の注力領域への研究開発投資に集中 |
| | | 通常型イノベーション | 革命的イノベーション |

出所：Abernathy and Clark［1985］及びA社の企業情報をもとに筆者作成

### 2.3.5 イノベーション事例：電子交換機事業②

　本書では，業績拡大期と業績縮小期におけるA社の取り組みの相違について考察するため，業績拡大期の事例研究で取り上げた電子交換機事業の業績縮小期における取り組みについて考察する。

　A社は，1990年代，海外で幅広いユーザーを獲得したデジタル電子交換機を日本市場における通信事業者や企業の構内交換機等，どの用途にも活用できる共通プラットフォーム化に取り組んだ。ハードウェアとソフトウェアをベースに用途ごとに必要な機能を追加し変更を加えることによって，多様な用途に効率的に応える共通プラットフォームを開発した。A社は，この取り組みにより，通常型イノベーションへ移行し，1990年代から2000年代にかけ

て，既存顧客からの収益を拡大することに成功した（**図表7-12の②③**）。

　A社は，デジタル電子交換機の共通プラットフォーム化は，国内外の需要の変化をとらえた。国内では，通信事業者向け市場において，固定通信網から移動体通信網へと設備投資の需要が移行し拡大する動向に合わせて，移動体通信に対応する機能強化を行った。また，企業向け市場においても，企業における閉域ネットワーク（イントラネット）やインターネットの利用拡大に合わせて機能を強化した。また，海外でも新興国向けのデジタル電子交換機の需要拡大に対応し，新技術を取り入れた機能強化を行った（**図表7-12の④**）。

　A社は，国内では，1990年代後半から2000年代半ばにかけて，携帯電話やPHSの加入者が一気に拡大したことを受けて，電子交換機の需要が急増し，これを通信事業者に納入することによって，市場創出イノベーションの領域へと移行した（**図表7-12の⑤右側**）。

　海外においても，共通プラットフォームを活用し，機能の追加や強化を行った結果，新興国の需要を取り込むことに成功し，アジア・パシフィック地域や，南米，中東，ロシア等からの受注を獲得し，2000年代半ばまで勢力を拡大した（**図表7-12の⑤左側**）。

　また，A社は，IPスイッチやイーサネットスイッチが登場した後も，携帯電話やスマートフォンの普及拡大が続くなかで，事業を維持した。

　企業向け市場においては，IP-PBX（Internet Protcol - Private Branch eXchange：IP電話に対応した構内交換機）として発展させた。2004年，A社はコンピュータ系のシステムインテグレーション事業と通信ネットワーク事業の融合による新たな事業コンセプトを打ち出した。

　A社が企業向けデジタル電子交換機を機械式の駆動から，ソフトウェアによる駆動へと変革したことであった。これは，電子交換機事業において，アナログからデジタルへと移行する際，長期ビジョンを打ち出した展開を再現しようとした試みであるとも考えられる。

　A社は，企業向けデジタル電子交換機のソフトウェアと企業ユーザーが持っている基幹情報システムのソフトウェアを連携することで業務活動の効率化や利便性向上等，企業のワークスタイル変革を実現し，新たな付加価値

**図表7-12** A社の電子交換機事業におけるイノベーションの過程

|  | 技術／製品 | |
|---|---|---|
| | 既存能力の維持，増強 | 既存能力の破壊，陳腐化 |
| 既存のつながりの破壊，新たなつながりの創出 | 市場創出イノベーション<br>⑤<br>国内：携帯電話の普及と同期し通信事業者／企業に普及／海外：国ごとに機能をアレンジし普及（南米・APAC等） | 産業構造イノベーション<br>国内／海外とも2000年代半ば以降は市場が飽和し縮小傾向に転じた |
| | ④国内：移動体通信への対応<br>――― IP※化（IPスイッチ）への移行 ―――<br>海外：新興国向け対応　※IP (Internet Protocol) | |
| 既存のつながりの維持，増強 | 通常型イノベーション<br>③機能強化により既存顧客からの収益拡大 | 革命的イノベーション<br>①デジタル電子交換機の創出<br>②共通プラットフォーム化を実現 |

出所：Abernathy and Clark［1985］及びA社の企業情報をもとに筆者作成

を生み出そうとした。

　また，通信ネットワーク系の販売店コミュニティは，2000年以降においても，コンピュータ系の販売店コミュニティとともに，A社の事業を支える存在である。通信ネットワーク系の販売店コミュニティの中心となる製品はデジタル電子交換機であった。

　A社は，法人向けネットワーク事業において，パートナープログラム制度を立ち上げ，A社グループ以外の企業とも新たな関係性を構築し，コミュニティを広げることでビジネスの拡大を志向した（**図表7-13**）。

　A社は，パートナープログラムにおいて3種のパートナーを設定した。

　1つ目は，セールスパートナーである。企業向けに通信ネットワーク機器

を提供する販売店が新ブランドの立ち上げと同時にセールスパートナーという位置付けとなった。2016年時点では約60社が登録している。登録企業の9割以上が，A社のビジネスPC販売店と一致する。

2つ目は，オープンパートナーである。2016年時点で約20社と登録企業数は少なかった。オープンパートナーの位置づけは，セールスパートナーと同等であり，それぞれのパートナーは営業地域と得意業種が指定されている。本来であれば，セールスパートナーと1つのまとまりになるべきであるが，セールスパートナーは販売特約店，オープンパートナーはそれ以外の営業活動における協業先という区分を残している。

この区分には，セールスパートナーが販売特約店だけのものという差別意識が表れており，表面上のブランドを置き換えただけである。そのため，本制度が必ずしもステークホルダーとの新たな関係性の構築にはつながっていないと考えることができる。

つまり，法人向けネットワーク事業のパートナープログラム制度は，新事業の創出を目指してはいたが，この事業の営業活動を担当する部隊は，ほとんどが従来からの販売特約店であり，その約90％以上の販売店がビジネスPC販売店と一致していることから，従来の市場及び当事者とのつながりからは脱却できてはおらず，むしろ，従来の市場及び当事者のつながりを活用して，事業の拡大を狙っていたと考えられる。

**図表7-13　法人向けネットワーク事業のパートナープログラム**

| パートナー制度 | 特徴 | 登録社数 | 存続期間[11] |
|---|---|---|---|
| セールスパートナー | A社が定めた所定の要件を満たした販売特約店 | 約60社 | 2004年～ |
| オープンパートナー | A社及び販売特約店と協業の上，ソリューションを提案するため，A社が定めた要件を満たした企業 | 約20社 | 2009年～ |
| アプリケーションパートナー | パートナー企業のハードウェア／ソフトウェア／サービス等とA社の製品群との共同マーケティングを推進するプログラム | 約300社 | 2004年～ |

出所：インタビューイE氏，F氏からの情報（2016年時点）をもとに筆者作成。ただし，法人向けネットワーク事業に関する販売店自体は，1960年代から存続

なお，3つ目のアプリケーションパートナーについては，パートナー企業のハードウェア，ソフトウェア，サービス等とA社のネットワーク製品群との共同マーケティングを推進するプログラムであった。前述の通り，オープン・イノベーションを活用した事業規模拡大のため，パートナープログラムを立ち上げ，アプリケーションパートナーを集める取り組みであった。

　このようにして，法人向けネットワーク事業は，デジタル電子交換機時代から販売店の活用やオープン・イノベーションを志向したパートナープログラムにより，事業拡大を目指した。

　以上により，A社のデジタル電子交換機事業は，共通プラットフォーム化及び市場や顧客のニーズに応じた機能強化によって，革命的イノベーションから通常型イノベーションへと移行を果たし，生産性の向上を実現した。さらに，1990年代から2000年代初頭にかけて，移動体通信の加入者急拡大や海外の新興国ニーズをとらえ，それぞれの領域で市場創出と拡大も果たすことで，市場創出イノベーションへと移行した。

　しかし，2000年代半ば以降，同社のデジタル電子交換機事業から，IPスイッチやイーサネットスイッチ事業へと移行するなかで，事業成長は止まってしまう。携帯電話からスマートフォンへと移行しながら加入者の拡大を続けていた移動体通信市場の加入者が飽和状況となることで当該領域での事業成長が止まり，移動体通信市場向けでは，追加の設備投資が見込めなくなってしまったためである。

　当該事業は，需要の著しい減少に加えて，システムの更新需要も安価で同等機能の製品との価格競争に巻き込まれることになり，収益性が悪化していった。

　海外の新興国においても，A社製品を導入していた各国が2000年代前半までの機能で満足しており，国内の移動体通信市場向けと同様，システムの更新需要では安価で同等の機能の製品との価格競争に巻き込まれ，多くの市場を失うことになった。

　企業向けにおいても，新ブランドの立ち上げと同時に，ワークスタイルの変革等を訴求し，新たな用途の提案とその実現により事業成長を狙っていた。

　しかし，その多くの取り組みが，2010年以降，アップルのiPhoneの登場

とともにスマートフォン向けの安価なアプリケーションによって代替され，同社の事業の柱として収益化する構想が成り立たなくなった。

　A社は，組織としても，デジタル電子交換機から発展した事業が，対象市場や事業規模の拡大とともに，事業本部や事業部へと組織体が拡大し，それぞれの市場と製品機能の役割を固定化してしまった。これが，事業の硬直化を招き，各組織は需要が減退しても担当領域の事業を継続しようとするため，事業の縮小及び撤退時期を見誤り，市場の変化に柔軟に対応できなかったと考えられる。

　以上により，A社の電子交換機事業は，デジタル電子交換機の共通プラットフォーム化によって，国内（移動体通信や企業内構内交換機等）や海外の新興国市場での急激な成長を実現したが，2000年代以降の急激な市場の変化と自らの組織の硬直性によって，次の世代に続く事業及び市場が作りこめなかったという問題が生じたことが確認できた。

## 2.3.6　イノベーション事例：PC事業②

(1)　競合との競争激化と海外事業の拡大

　A社のPC製品は，1980年代の日本市場において，独自仕様によって開発を推進し，高い競争優位を誇った。1990年代の同社のPC事業は日本市場において，A社の仕様を共有するサードパーティとともに事業拡大した（**図表7-14の①**）。

　一方，日本のPC市場に対して，競合企業がA社のシェアを切り崩しにかかる。競合は，PC仕様をA社の競合企業間で共有することによって，A社の独自仕様に対抗した。結果として，日本市場では2つの業界標準が存在することになった。競合側は，低価格攻勢を仕掛け，価格競争を激化させ，A社のシェアを徐々に奪っていった。

　さらに，1995年に発売されたマイクロソフトのOS「Windows95」は，PC側のアーキテクチャに影響されず，PC用OSの世界標準として急速に普及し，インテルのマイクロプロセッサが事実上の業界標準として搭載されることで，OSやハードウェアの面でA社が誇っていた独自性は希薄化した。

A社は，日本市場での競争優位性が弱まりつつあることを受け，世界標準化を実現することで世界市場におけるシェア拡大を狙い，北米での大型M&Aに乗り出した。

　同社は，1995年，低価格PCで北米において高いシェアを獲得していたB社に資本参加した。翌年には，A社の海外PC事業とM&A先の事業を統合し，新会社を設立した。この事業統合により，北米シェア及び世界シェアにおいて，当時としては世界最大級のPC事業規模を確保した。また，A社は，同年，日本展開も視野に入れ，日本法人も設立した。

　ただし，海外メーカーの製品とシェアをM&Aによって獲得することで，北米シェアや世界シェアを拡大したが，A社製品，北米のM&Aで得た製品，加えて，当時，戦略的提携を結んでいたフランスの企業の製品がA社関連のPC製品として乱立することとなった。

　さらに，A社は，自社製品の独自性の喪失による影響を最小限にするため，既にデファクト・スタンダードとなっていたマイクロソフトやインテルと連携し，A社が先導する形でPCのデファクト・スタンダードを提示するという手段に出た。1996年，マイクロソフトがハードウェアデザインガイドを提示するとA社はこれに準拠すると発表した。また，A社はインテルと共同でシステムデザインガイドを発表した。1997年7月，A社はこれらのデザインガイドに準拠したPCが世界標準になると考え，デザインガイドを反映したPCの新製品を発表した（**図表7-14の②**）。

　しかし，A社が新たな世界標準PCを提案し，従来製品の独自性喪失のダメージを和らげようとした取り組みは，競合企業にとって有利な状況を招いてしまった。

　A社が世界標準を狙った新製品は，競合連合のPCとの互換性がないだけでなく，従来製品の仕様も継承せず，何とも互換性のない独自シリーズとして販売された。そのため，従来製品専用のソフトウェアや外付けのハードウェアがほぼ使用できない状況を招いてしまった。

　つまり，A社は，世界新標準を標榜しながらも，他の何とも互換性のない製品を開発し，市場に投入したことになる。

　結果として，従来製品のユーザーは，旧来からの製品の活用を続け，それ

以外のユーザーは，競合企業のPCの採用へと流れた。そのため，A社は，世界新標準への挑戦によって，国内PCシェアを大きく落とすこととなった。

加えて，A社の1996年から1997年における，PC事業の製品ラインナップは，さらなる製品の乱立を招いていたことにもなる。結果として，同社のPC製品の乱立は，ユーザー側に混乱をもたらし，売上低迷という結果となった。

その後，1998年，A社は，北米のM&A先の業績不振を受け，A社が主導権を取り，リストラ施策を推進するため，連結子会社化した。しかし，A社によるリストラ策では成果を挙げられず，評価減を含め，約1,500億円もの当期損失を計上することとなった。

これを受けて，A社は，1999年，M&A先との合弁会社を解散し，関連事業を欧州の子会社に事業移管した。こうして北米におけるM&Aで獲得した製品ブランドは消滅した。

(2) 海外事業の失敗による方針転換

A社は，北米におけるM&Aに失敗して以降，欧州を中心に規模を縮小しながら海外でのPC事業を継続するとともに，日本市場中心の事業活動にシフトした。A社は失敗の原因をデルに代表される生産・流通面での革新的な取り組みの差であると考え，特にデルの個別受注生産方式（Build to Order，以下，BTO）に着目し，PCの生産現場における生産革新活動に執着するようになった。

A社の2000年時点のPC事業は，マイクロソフトやインテルによる世界的なデファクト・スタンダードの獲得や，競合が連携し集団化することによる標準化という市場の変質に飲み込まれ，A社の独自性の希薄化が加速した。その上，北米のM&Aでの失敗と巨額損失を受け，海外市場への本格的な拡大の道が事実上，閉ざされてしまった。

その結果，同社のPC事業は，競合がひしめき，市場規模の限られた日本市場において，競合他社と同じようなPC向け部品を同じようなタイミングで仕入れて，組み立て，家電量販店へと納入するという，あたかも組立加工業のような業態に追い込まれていった。こうして，A社は，PC事業の差別

化要素として，いかに早く組み立てるか，という生産技術の追求に執着せざるを得なくなったと考えられる（**図表7-14**の③）。

ただし，A社は，1993年から，生産技術系の部門に対して，トヨタ生産方式のコンサルタントを招き，基礎教育は開始していたものの当時は全社導入には至らなかった。

(3) 生産革新活動への執着

生産革新活動が全社的な取り組みとなったきっかけは，1998年，A社が，官公庁に対する過大請求を行ったことにより，約2年間にわたり指名停止処分等の大変厳しい処分を受けた事件であった。

この事件を受けて，A社は，経営改革を迫られ，構造改革の一環として，2000年に経営諮問委員会を立ち上げた。当時，同社の経営諮問委員会には，トヨタ自動車の経営者も参加しており，A社の窮状を見て，生産現場へのトヨタ生産方式の導入を進言した。

A社は，このアドバイスを受け入れ，トヨタ生産方式を取り入れた全社規模での生産革新活動に本格的に着手した。同年には，トヨタ生産方式に関するコンサルティング企業に師事する形で，PC事業を始めとするA社の全生産工場にトヨタ生産方式の導入が進められた。

以後，A社は，積極的にトヨタ生産方式を取り入れ，独自の進化を遂げている。全社レベルでの生産革新の構想を立ち上げた後，2003年には，A社の全生産拠点が，同じ生産方式で同期された。

さらに，2004年には，A社のPC工場において，量産ラインにRFID（Radio Frequency Identifier，無線ICタグ）を活用した生産管理システムを導入し，生産性向上を実現するとした。さらに，2005年には，A社が，PCの部品調達領域において，「RFID付き電子かんばん」を導入し，PC工場内の生産ライン部材在庫の半減を目指し，トヨタ生産方式に情報技術を組み合わせた生産方式を確立した。

この取り組みは，生産システムに情報技術とデータをつなぎ合わせることにより，生産効率を最大化することを狙っており，A社は，2000年代半ばの時点でIoTに取り組んでいたことになる。

しかし，A社はPC事業において積極的に生産革新を推進し，収益性改善を図ったものの，A社の生産革新活動，あるいは，IoTへの取り組みが，技術及び製品のイノベーションを生み出すわけではない。むしろ，A社の生産革新活動の成果は，PC事業の成長には結びついていない。A社のPC事業は，技術的な独自性を失った後，競合との競争が激化し，収益性が急激に悪化した。

(4) 競争優位性の喪失

A社は，収益性が悪化するPC事業に対して，生産革新活動への取り組みと並行して，構造改革を推進した。2001年以降，PC事業の大幅な業績悪化を受け，緊急構造改革として，A社本体のPC関連事業部の社員を子会社に異動させ，集結させた。

構造改革の中で，A社のPC事業は研究開発費を切り詰め，革命的イノベーションにあたる新たな技術や製品を生み出さない状況が続き，市場競争力を徐々に弱め，次第に縮小していった。2002年には，日本市場のデスクトップPCの開発・製造から事実上，撤退している。

海外向けPC事業は，2009年，欧州でのPC事業から撤退した。欧州からの撤退は北米からのPC事業の撤退にもつながった。同年，東南アジアやオーストラリアでのPC事業からも撤退し，海外のPC事業から完全撤退した。

2000年以降は，日本市場では高シェアを継続しながらも，技術面及び製品面において，競合に対する差別化要素を示すことができず，価格競争に巻き込まれたまま，競争優位を失うことになった（**図表7-14の④**）。

その後も，A社は，PC市場におけるキーデバイスを握るインテルやマイクロソフトの新製品発売時期に売上を大きく変動させられ，収益性は改善と悪化を繰り返すことで，A社全体の経営を不安定な状態にした。

その後，2011年，A社は自社のPC事業を中国企業に差し出す形で，PC事業に関する合弁会社を設立した。合弁会社の設立時点でPC事業はA社にとって非連結事業となった。さらに，2016年には出資比率を引き下げ，PC事業を切り離した。なお，この中国企業には，A社と標準化を争ってきた競合企業も2005年にPC事業を売却している。

結果として，1990年代後半に日本のPC市場において標準化を争ってきたA社とその競合企業はともに，2010年代に入り，PC事業を本体から切り離し，中国企業に売却した。売却先の中国企業は，グローバル市場においてPC事業を継続している（**図表7-14**の⑤）。

一方，2000年以前にA社が企業ユーザー向けのオフィスコンピュータ領域や個人ユーザー向けのPC事業でそれぞれ培った販売店のコミュニティは，2010年代に入っても，A社の企業向け「ビジネスPC販売店」として継続し，2016年時点で約330社が連携している（**図表7-15**）。

A社は，2010年代に入っても，ビジネスPC販売店に強く依存している。2016年時点では，A社は，システムインテグレーション系の事業が中心であ

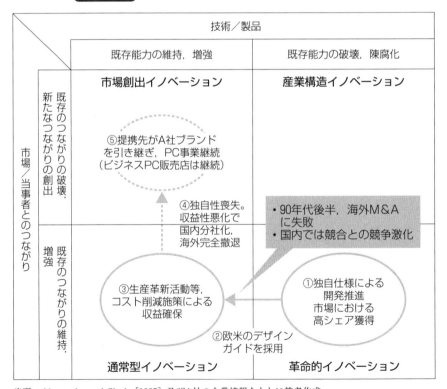

図表7-14　A社のPC事業におけるイノベーションの過程

出所：Abernathy and Clark［1985］及びA社の企業情報をもとに筆者作成

るが，この事業は，受注から売上が計上されるまでの期間が長い。特に，売上計上は，受注した案件の進行度合いに応じて，会計基準である工事進行基準に従う必要があり，受注した金額を当期に全て売上計上することができない。四半期決算発表の期末を迎え，受注予算や売上予算の達成が危うい場合，A社は期末にビジネスPC販売店と協力し，「当注当売」といわれる手段に出る。当注当売とは，受注と売上のタイミングがほぼ一致しており，期末の際迫ったタイミングでも受注及び売上双方の予算達成に寄与するA社にとって手離れの良い収益獲得手段を指す。

　A社にとって，PC事業は，当注当売の目的に合致した製品事業であり，引き続き，A社の予算達成に向けた期末対策として欠かせない手段であり続けているため，これを支えるビジネスPC販売店もA社にとって重要な存在であり続けている。

　以上により，A社は，業績縮小期のPC事業において，独自性を武器に競合と差別化ができていた製品に対し，競合や取引先の複合的な取り組みにより，徐々に競争優位性が失われたことが確認できた。

　さらに，同社は，この危機を生産革新活動によって乗り切ろうと試みたが，IoTを10年先取りした先進的な生産革新活動自体には成功したものの，当該活動からは，技術及び製品領域でイノベーションは生まれなかった。

　結果として，同社のPC事業は競争優位性を喪失し，事業リスクも緩和できず，市場創出イノベーションへの展開は，売却先の中国企業に託すことになってしまったと考察できる。

### 2.3.7　プロセス・イノベーション重視型の過程

　業績縮小期（2000年以降）においても，A社の法人向けクラウドサービス事業，電子交換機事業，PC事業の事例研究からの発見事実にもとづき，既存企業のイノベーション・プロセスについて考察する。

　電子交換機事業及びPC事業では，独自の新技術の創出や，製品・サービスの創出によって，革命的イノベーションを実現した。電子交換機事業では，アナログ電子交換機からのデジタル化を実現し，デジタル電子交換機の製品化に成功した。PC事業では，A社独自仕様により，新技術，製品・サービ

スを創出し，競合との差別化に成功していた（**図表7-15の①**）。

その後，電子交換機事業やPC事業は，標準化や改良を進めた。電子交換機事業では，製品の共通プラットフォーム化を進め，同じ技術を活用することで，顧客や用途を広げた。また，PC事業では，マイクロソフトやインテルと連携した世界新標準の実現を目指した（**図表7-15の②**）。

その後，電子交換機事業やPC事業は，機能の追加や強化，あるいは，現場革新活動によるコスト削減及び標準化により，シェアを維持及び拡大し，優良顧客から高収益を獲得することによって，革命的イノベーションから通常型イノベーションに移行した。

また，法人向けクラウドサービス事業では，外資系ITベンダが持ち込んだクラウドサービスを，A社の既存サービスに取り込み無意味化することによって，既存サービス領域の拡大への活用を図った（**図表7-15の③**）。

しかしながら，通常型イノベーションの領域において，生産革新活動に傾注しても，この活動から技術及び製品イノベーションが創出されるわけでない。結果として，競合と差別化ができず，競争が激化し，価格競争に巻き込まれることとなる。

ただし，電子交換機事業では，共通プラットフォーム化が功を奏し，日本市場及び海外市場での市場変化を需要拡大のニーズを機能に追加することによってとらえることができた。国内市場では，1990年代から2010年前後まで拡大を続けた移動体通信市場への需要拡大をとらえた。また，海外市場でも，新興国のデジタル電子交換機に対する需要の高まりをとらえた。

一方，PC事業は，A社として独自性が希薄化し，競合に対する優位性を失いつつある中で，生産革新活動を熱心に行ったが，競合との価格競争の激化により収益性が悪化し，海外市場から完全撤退，国内市場でも分社化及び非連結事業化され，切り出してしまった（**図表7-15の④**）。

その後，電子交換機事業は，日本市場において，電子交換機からIPスイッチ等に進展しながら，携帯電話やスマートフォンの急速な普及の機会をとらえ，通信事業者向け事業の拡大に成功した。また，海外市場においても，電子交換機のデジタル化の需要が高まっていた南米やAPAC等の新興国に対して，国ごとに機能をアレンジすることにより電子交換機の普及に成功した。

一方，PC事業では，ビジネスPC販売店は継続し，新たな事業展開を摸索しているものの，PC自体の需要拡大を創出できず，事業運営を事業売却先に譲った。つまり，PC事業において，市場創出イノベーションへの展開は，事業売却先に託すということになってしまった（**図表7-15の⑤**）。

以上により，A社の業績縮小期における事例研究から，既存企業のイノベーション・プロセスの1つの形態として，「プロセス・イノベーション重視型」のプロセスが見いだせた。プロセス・イノベーション重視型のプロセスでは，既存企業の取り組みは，革命的イノベーションから通常型イノベーションへと移行し，さらに，市場創出イノベーションへと移行すると考えられる。

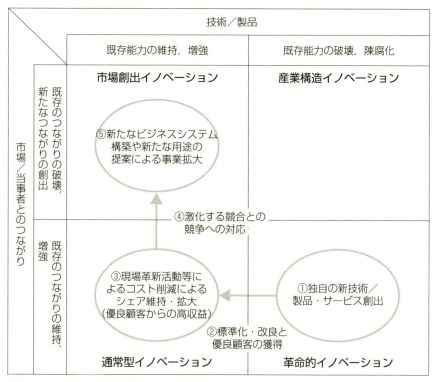

**図表7-15　プロセス・イノベーション重視型の過程**

出所：Abernathy and Clark［1985］を参考に筆者作成

A社は，2000年以降（業績縮小期）において，収益性を確保するために，「プロセス・イノベーション重視型」の過程に傾注した。

　同社の売上高対売上原価率は，2000年以降，売上高が減少しているにもかかわらず，改善を続けている。これは同社が，間断なき生産革新活動により原価低減や効率化に積極的に取り組んでいること，低収益事業からの早期撤退を実現していること等によって実現している。

　これに加えて，同社は，営業の受注活動に対して事業部レベル，ビジネスユニットレベル，全社レベルでの段階的かつ厳しい受注前審査を行うことによって，赤字リスクがある案件を受注前の段階において事前に回避する取り組みや，あるいは原価低減による改善を促す等の取り組みにより実現している。

　これに対して，売上高対研究開発費率は，リーマンショックの影響を受けた2008年度以降，研究開発費がコスト削減対策の一環として扱われることによって，一気に削減された。研究開発費の用途は，基礎研究領域から，3年前後を対象とした同社の中期経営計画に準ずる領域に絞られた。2008年度から2016年度にかけて，売上高対研究開発比率は半減し，研究開発費自体も3分の1レベルにまで減少した。

　同社のコスト削減努力は，売上高対営業利益率の改善につながっている。同社の売上高対営業利益率は，2008年度にわずかに赤字になったが，その後，2014年度には，2000年度以降では最高となる営業利益率を実現している。

　つまり，売上高対研究開発費率の削減分が，売上高対営業利益率の回復分とほぼ一致しており，A社が将来の市場及び事業を創出するための取り組みではなく，収益性の向上に取り組み続けていたと考察できる（**図表7-16**）。

　以上により，A社の事例研究から，既存企業の「プロセス・イノベーション重視型」の過程を見いだすとともに，A社が2000年以降（業績縮小期）において，収益性を向上するために，「プロセス・イノベーション重視型」の過程へと傾注したと考察できる。

第7章　イノベーション・マネジメントへの戦略的取り組み　175

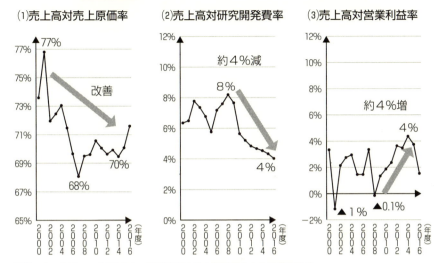

図表7-16　A社のプロセス・イノベーション重視の姿勢

出所：インタビューイC氏からの情報及びA社のIR情報をもとに筆者作成

## 3　イノベーション・マネジメントの変質

### 3.1　時系列で変質するイノベーション・マネジメント

　事例研究では，業績拡大期（2000年以前）と業績縮小期（2000年以降）に区分し，既存企業のイノベーションの過程について考察を行った。特に，A社の電子交換機事業及びPC事業に対する事例研究から得た発見事実として，それぞれの期間において，共通的な特徴を見出すことができた。
　まず，業績拡大期においては，「プロダクト・イノベーション重視型」の過程を見出した。その後，業績縮小期には，「プロセス・イノベーション重視型」の過程へと移行したことを見出した（**図表7-17**）。
　この2つの過程における時系列の変化を考慮して，それぞれのイノベーションの変革力マップを重ね合わせ，既存企業からイノベーションが創出され，市場や顧客を獲得して成長し，さらなる成長を目指して標準化を進め，

収益性を最大化するという過程が見える。

電子交換機事業のイノベーション・プロセスは，「プロダクト・イノベーション重視型」から始まり，革命的イノベーションとしてデジタル電子交換機を生み出した。その後，「プロセス・イノベーション重視型」の過程に移行し，デジタル電子交換機の共通プラットフォーム化によって，機能強化を継続することによって，移動体通信への対応やAPACを中心とした海外展開の成功へとつながった。

しかし，電子交換機事業は，2010年前後に携帯電話やスマートフォンが普及し切り，市場が飽和した段階において，デジタル電子交換機及びその後継であるIPスイッチやイーサネットスイッチの需要が大きく落ち込んだ。A社は，「プロセス・イノベーション重視型」の過程に移行して以降，電子交換

**図表7-17** A社 電子交換機事業におけるイノベーションの過程

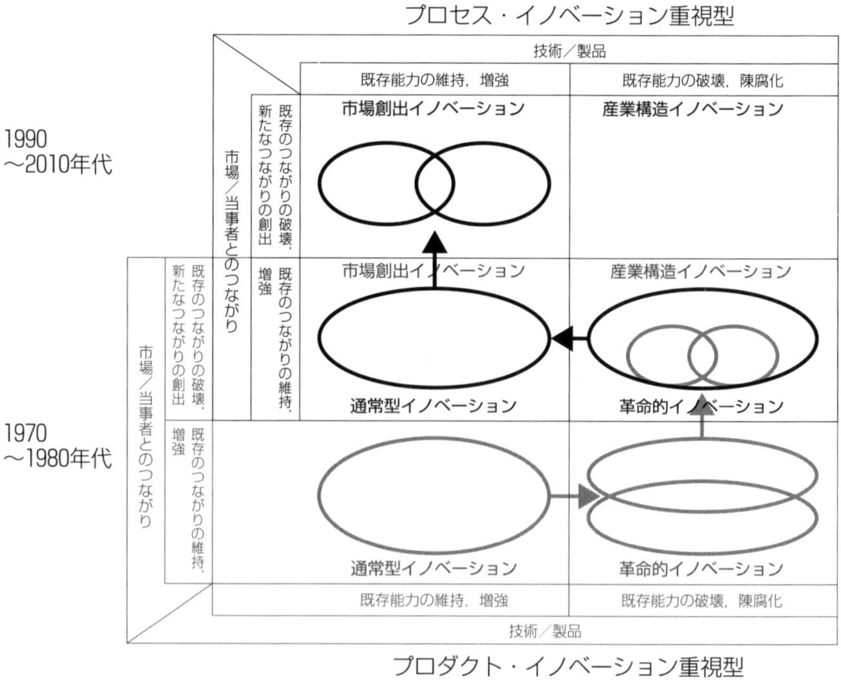

出所：Abernathy and Clark [1985] 及びA社の企業情報をもとに筆者作成

機領域において，共通プラットフォーム化として標準化やコスト削減に注力していたために，移動体通信市場の落ち込みを迎えた際，この後に続く新たな事業の創出と拡大が間に合わなかった。そのため，電子交換機事業は，一気に需要を失うこととなった。

また，PC事業のイノベーションの過程も，「プロダクト・イノベーション重視型」から「プロセス・イノベーション重視型」の過程に移行した。「プロダクト・イノベーション」の過程では，独自の仕様の製品を開発し，展開することにより市場において，高い競争優位性を発揮した。

ところが，「プロセス・イノベーション重視型」の過程では，競合による攻勢や，取引先であるマイクロソフトやインテルがOSやCPUをデファクト・スタンダード化することによって，A社としての独自性を喪失させた。

これに対してA社は，PC生産にかんばん方式を取り入れ，生産革新活動に注力するとともに，IoTの先駆けとなる電子かんばんの導入により情報技術とデータを駆使した生産方式により収益力強化に挑んだ。しかし，A社の「プロセス・イノベーション重視型」に傾注した取り組みは，技術イノベーションや製品イノベーションを創出することはなく，競合との差別化ができなくなり，その結果，さらなる収益性の悪化を招いた。

A社は，自力でPC事業を継続することができなくなり，A社の連結対象から切り離し非連結化した（図表7-18）。

結果的に，両事業とも「プロダクト・イノベーション重視型」の過程で築いた優位性を維持するために取り組んだ「プロセス・イノベーション重視型」の過程に注力することで競合や取引先に対する優位性を失ってしまった。

つまり，このプロセスにおける課題は，「プロセス・イノベーション重視型」の過程に移行した後，両事業とも，次の世代に続く市場及び事業を作りこめなかったという点である。

両事業とも，「プロダクト・イノベーション重視型」の過程では研究開発費を確保し投入することで，事業拡大し成長を続け，収益性は向上した。しかし，「プロセス・イノベーション重視型」の過程に移行し，標準化や共通プラットフォーム化，生産革新活動等により，優良顧客に寄り添い，コストの削減を続けることで，収益拡大を狙ったにもかかわらず，PC事業の収益

### 図表7-18　A社 PC事業におけるイノベーションの過程

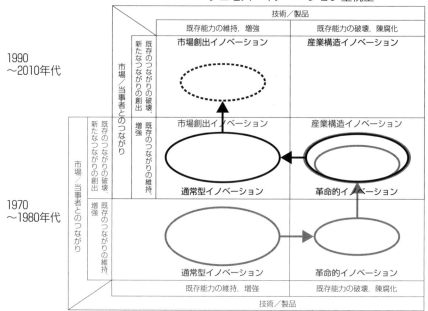

出所：Abernathy and Clark［1985］及びA社の企業情報をもとに筆者作成

は悪化し，電子交換機事業は携帯電話やスマートフォンの市場飽和後，一気に事業が縮小してしまった。

　特に日本企業は，トヨタ生産方式という成功事例を目の当たりにしているため，生産革新活動に注力し，コスト削減に取り組む傾向が強い。一方，「プロダクト・イノベーション重視型」の過程は，中央研究所における研究開発や事業部門での新製品開発等，外部環境の影響等によって，必ずしも投資回収できない場合もあり，重要性は理解しながらも，その不確実性に対して，自ら見える化でき，管理のしやすいコスト削減活動を優先させる傾向にあると考えられる。

　以上により，A社の事例から既存企業に求められるイノベーションの過程について考察する。同社は，プロダクト・イノベーション重視型の過程によって，独自の仕様により強みを形成し，事業成長を果たしてきた。しかし，

同社は，収益性の向上を狙い，プロセス・イノベーション重視型に移行し，標準化や改良，生産革新活動に傾注して，原価低減活動等により研究開発費を絞り込むことにより，独自性や競合優位性を喪失し，結果的には，中長期的には市場競争力を失い，収益性の悪化を招いてしまった。そのため，事業の健全性を保つため，さらに苛烈な生産革新活動に傾注してしまうという悪循環に陥ったと考察できる。

そこで，既存企業に求められるイノベーション・マネジメントとは，「プロダクト・イノベーション重視型」と「プロセス・イノベーション重視型」の過程の双方を同時進行させる「両睨みのマネジメント」であると提言できる。

「両睨みのマネジメント」では，常に「プロダクト・イノベーション重視型」，「プロセス・イノベーション重視型」の双方の過程を視野に入れつつ，比重の多くは，「プロダクト・イノベーション重視型」の過程に置き，十分な研究開発費を確保し投入することによって，次の世代に続く市場及び事業の創出を目指す。

一方，「プロセス・イノベーション重視型」の過程も，同時並行して実施し，適度な生産革新活動や原価低減活動を行い，利益を確保する。この際，「プロセス・イノベーション重視型」の過程は，あらゆる費用の削減に傾注するのではなく，「プロダクト・イノベーション重視型」の過程において必要とされる研究開発費等の原資を捻出する役割を担わせる（**図表7-19**）。

これこそが，既存企業のみならず，ユーザー・イノベーションを実現したユーザーにも求められるイノベーション・マネジメントに求められる過程であると考えられる。

### 図表7-19　既存企業に求められるイノベーションの過程

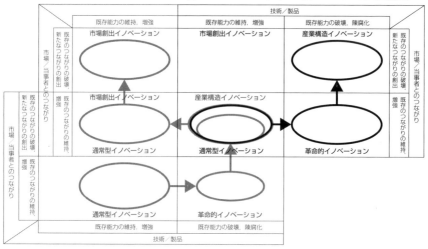

出所：Abernathy and Clark [1985] を参考に筆者作成

## 3.2　「両睨みのマネジメント」に関する考察

　「両睨みのマネジメント」の前提には，March [1991] による「両利きの経営（Ambidexterity）」がある。March [1991] は，「両利きの経営」において，中長期的な競争優位獲得に向けた新規事業や知識の「Exploration（探索）」，短期的な利益獲得に向けた既存事業や知識の「Exploitation（活用）」の区分とそのバランスが重要であるとした。

　従来，「両利きの経営」の視点においては，A社の事例のように成長が鈍化した事業については，「活用」に関連する活動に注力するあまり，「探索」に関する活動が不足し，バランスの悪い状態になっていることが原因であると考えられてきた。

　しかし，A社の事例研究によると，同社のPC事業は，2000年以降，PCの生産革新活動で連続的に「探索」を実現していた。

たとえば，同社は，2000年にPC生産へのかんばん方式を導入して以降，2004年から2005年にかけて，RFID付き電子かんばんの導入等を行う等，生産システムに情報技術とデータをつなぎ合わせ活用するというIoTの先駆けとなる活動を行っており，こうした取り組みは，中長期的に収益性向上や高効率生産を狙った「探索」にあたると考えられる。

　また，電子交換機事業においても，共通プラットフォーム化や機能追加及び強化を行った上で，2000年以降，新たなニーズをとらえ，移動体通信市場への対応や，南米やAPAC等の新興国への進出等，新市場進出を果たした。新市場進出という取り組みも，中長期的に市場創出や売上拡大を狙った「探索」にあたると考えられる。

　これは，2000年以降のA社が，「活用」に偏っていたということではなく，むしろ，「活用」以上に「探索」に取り組んでいたことを示している。

　一方，A社のPC事業や電子交換機事業は，中長期的な売上向上や収益性の向上を意図し，連続的に「探索」を行い，活動自体も成果を上げたにもかかわらず，PC事業や電子交換機事業ともに，次の世代に続く新たな市場及び事業を創出できなかった。

　つまり，A社の事例研究からは，「活用」以上に「探索」に取り組んだが，PC事業や電子交換機事業の業績が衰退に向かってしまったという点で，March［1991］の「両利きの経営」では説明しきれないのではないかという発見事実を得た。

　一方，「プロダクト・イノベーション」と「プロセス・イノベーション」という視点では，A社の取り組みは，生産革新活動への注力や，製品の標準化及び機能追加と強化という「プロセス・イノベーション」を重視し傾注する一方，次の世代に続く市場及び事業を創出する「プロダクト・イノベーション」については軽視していたことが確認できた。

　以上により，本書では，「両利きの経営」による「探索」と「活用」という区分を使用せず，「プロダクト・イノベーション重視型」と「プロセス・イノベーション重視型」という区分を用いてイノベーション・マネジメントについて考察するため，「両睨みのマネジメント」という表現を使用することとする。

次章は，本書のリサーチ・クエスチョンに対して，結論を導出するため，イノベーション・マネジメントのあり方について考察する。

■注
1　A社において，「マネージャー」とは，課長級の役職を指す。
2　A社のインタビューイB氏へのヒアリングもとに記述した。
3　2017年3月時点でのA社の組織体制を参考にした。
4　A社のインタビューイC氏へのヒアリングをもとに記述した。
5　A社のインタビューイE氏へのヒアリングをもとに記述した。
6　2008年当初は，テクニカルパートナーという名称であったが，2009年，SI・コンサルパートナーに変更された。
7　A社のインタビューイA氏・B氏へのヒアリングをもとに記述した。
8　マイクロソフトの以下のプレスリリースを参考にした。
「Microsoft® Windows® Azure™ Platform」を日本市場において本格展開」（2010年2月22日発表）https://www.microsoft.com/ja-jp/presspass/detail.aspx?newsid=3815（2015年6月25日アクセス）
9　A社は，2009年3月以降，地方自治体向けにもクラウドサービスを提供している。地方自治体によっては，入札の条件にその地方の地場のITベンダあるいはデータセンターを保有する事業者であることという条件を設ける場合もあり，こうしたニーズに応えている。インタビューイA氏によると2017年現在でも提供を続けており，販売店との関係も続いている。
10　アマゾンのAWSに関するパートナー数は，AWS Partner DirectoryにおけるTechnology Partners及びConsulting Partnersについての確認結果を参考にした。
http://www.aws-partner-directory.com/PartnerDirectory（2015年6月25日アクセス）
11　A社は，法人向けネットワーク事業は，1960年代から存続している。
12　A社のインタビューイC氏へのヒアリングをもとに記述した。

# 第8章 ユーザー支配時代の戦略的イノベーション・マネジメント

## 1 既存企業における戦略的イノベーション・マネジメント

### 1.1 戦略的イノベーション・マネジメントのフレームワーク

　本書におけるユーザー・イノベーションに関する事例研究の考察を踏まえ，精査した本書のリサーチ・クエスチョンは，以下であった。

　　[R-4] ユーザーがイノベーションの創出面及び普及面において競争関係を変質させ，市場支配し得る状況において，既存企業にはどのようなイノベーション・マネジメントが求められるのか。

　精査したリサーチ・クエスチョン[R-4]に対して，A社を対象とした詳細な事例研究を通じて考察した結果，ユーザーが市場支配する状況下での既存企業に求められるイノベーション・マネジメントは，「両睨みのマネジメント」であることを明らかにした。
　「両睨みのマネジメント」では，常に「プロダクト・イノベーション重視型」「プロセス・イノベーション重視型」の過程の双方を視野に入れつつ，より多くの比重を「プロダクト・イノベーション重視型」の過程に置き，十分な研究開発費を確保することによって，次の世代に続く市場及び事業の創

出を図ることが重要であるとした。

　一方,「プロセス・イノベーション重視型」の過程も,同時並行して実施し,適度な生産革新活動や原価低減活動を行うことで,コストを削減及び最適化することにより利益を確保する。この際,「プロセス・イノベーション重視型」の過程は,あらゆる費用の削減に傾注するのではなく,プロダクト・イノベーション重視型の過程において必要とされる研究開発費等の原資を捻出する役割を担わせる。これこそが,既存企業のみならず,ユーザー・イノベーションを実現したユーザーにも求められるイノベーション・マネジメントの過程である。

　本書のリサーチ・クエスチョン［R-4］に対する解について,事例研究で考察した研究成果を一般化するため,さらに考察を深める。

　考察にあたっては,「イノベーションの変革力マップ」の2つの視点(市場及び当事者とのつながりの視点,技術及び製品の視点)と,イノベーション・マネジメントの5つの視点(マーケティング・イノベーション,サプラ

図表8-1　イノベーション・マネジメントの考察に関するフレームワーク

| | 新結合とは Schumpeter [1926] | 井上 [2014] | OECD and Eurostat [2005] | Abernathy and Clark [1985] | Christensen [1997] | |
|---|---|---|---|---|---|---|
| ① | 新しい生産物または生産物の新しい品質の創出と実現 | プロダクト・イノベーション | プロダクト・イノベーション | イノベーションの変革力マップにおける「技術及び製品の軸」 | 持続的イノベーション | 破壊的イノベーション |
| ② | 新しい生産方法の導入 | プロセス・イノベーション | プロセス・イノベーション | | | |
| ③ | 新しい販売市場の創出 | マーケティング・イノベーション | マーケティング・イノベーション | イノベーションの変革力マップにおける「市場及び当事者とのつながりの軸」 | | |
| ④ | 新しい買い付け先の開拓 | サプライチェーン・イノベーション | ― | | | |
| ⑤ | 産業の新しい組織の創出 | 組織イノベーション | 組織イノベーション | | | |

出所:Schumpeter [1926],井上 [2014],OECD and Eurostat [2005],Abernathy and Clark [1985],Christensen [1997] をもとに筆者作成

イチェーン・イノベーション，組織イノベーション，プロダクト・イノベーション，プロセス・イノベーション）から行う（**図表8-1**）。

イノベーションの変革力マップにおける「市場及び当事者とのつながり」の視点からは，マーケティング・イノベーション，サプライチェーン・イノベーション及び組織イノベーションの視点についてから考察する。

また，「技術及び製品」の視点からは，プロダクト・イノベーション，プロセス・イノベーションの視点から考察する。

## 1.2　市場及び当事者とのつながりから見たマネジメント

### 1.2.1　マーケティング・イノベーションのマネジメント

イノベーションの変革力マップにおける市場及び当事者とのつながりの観点から，マーケティング・イノベーションに対するマネジメントについて考察を深める。

A社は，マイコン事業によって，技術者や学生というリードユーザーの支持を獲得し，これをユーザー・コミュニティとしてまとめる支援を行った先に，PC事業の立ち上げと事業拡大という成功があった。さらに，A社は，起業家意欲の旺盛なユーザーに，自らの独自仕様を公開し，サードパーティと呼ばれる多様な起業の創出に貢献したことから，PC関連市場の裾野の拡大にも成功した。A社のPC事業は，マーケティング・イノベーションに成功した取り組みであるといえる。

一方で，A社は，クラウドサービス事業においても，早期の市場参入宣言とともに，パートナー支援制度の立ち上げを表明し，コミュニティ形成を狙ったが，この取り組みは，ユーザーの支持にもとづく活動ではなかった。そのため，ユーザーはA社の呼びかけには応じず，この動きを見きわめたパートナーも加入をためらうか，あるいは，早期に離脱し，コミュニティ拡大に失敗した。

結果的に，市場への製品・サービスの発表時期が早いだけでは，ユーザー・コミュニティの形成を志向しても，ユーザーに対する誘因要素にならず，競合に対する差別化要素にもならなかったことから，マーケティング・

イノベーションを成しえなかったと考えられる。

　一方，アマゾンのAWSでは，流通業が本業であり，情報技術においてはユーザーであったアマゾン自身が自ら立ち上がり，ITベンダとの共創により情報技術のノウハウを身につけるとともに，人材を集め，設備投資を行うことによって，ノウハウを身につけ，ユーザー・イノベーションを成し遂げた。

　その後，AWSのユーザーも，要望に巨額の投資で応えるアマゾンに同調する形で，AWSのユーザー・コミュニティを立ち上げ，流動的な拡大を実現するとともに，パートナーとユーザーが協力し合い，AWS普及に向けて事例集の作成を行った。このように，ユーザー・コミュニティを最大限に活用したユーザー自身の取り組みが，クラウドサービス市場の急激な拡大につながり，マーケティング・イノベーションを成功させたと考察できる。

　これに対して既存企業は，自社の都合や戦略的な計算のみによって，早期に市場参入し，コミュニティの形成を図っても，ユーザーからの支持を得ることができない。それに加えて，既存企業は，競合に自社の実力を見極められ競争優位性を失い，ノウハウを盗まれる等の結果を招き，イノベーションの普及に対する影響力を発揮することができなくなると考えられる。

　よって，既存企業は，自社のビジョンや経営方針，新製品・サービスの新規性や魅力を客観的に評価し，イノベーションの類型を見きわめたうえで，対応を図る必要がある。

　新製品・サービスが，低コストによる価格破壊や新市場創出するイノベーション（破壊的イノベーション）になりうるのであれば，これまで取引してきたユーザー層以外の層に訴求するマーケティング・イノベーションを追求することが有効である。

　一方，新製品・サービスが，従来の顧客に対して，収益性を重視し，従来の技術の延長線上において向上を果たしたイノベーション（持続的イノベーション）になりうるのであれば，従来のユーザー層を深耕し拡張する方向でマーケティング・イノベーションを訴求することが有効であると考察できる。

　そのため，既存企業は，拙速に市場参入を図り，一方的にユーザーからの支持を期待するのではなく，新たな事業戦略を練り，コアとなるユーザーに

対してこれを丹念に説得し，そのユーザーが熱意を持って既存企業を支援する環境を創出する必要がある。その上で，リードユーザーを育成し，拡張することに注力するとことが求められる。

つまり，既存企業自身がコミュニティの創出を志向し活動するのではなく，育成に成功したリードユーザーがコミュニティを創出し既存企業を支援する環境を醸成する必要があると考えられる。

こうした取り組みが，市場における規模の確保へと発展し，イノベーションの普及に対する強い影響力をもたらすことにつながると考察できる。

### 1.2.2 サプライチェーン／組織イノベーションのマネジメント

サプライチェーン・イノベーション及び組織イノベーションに対するマネジメントについて考察を深める。

A社にとって2000年以前の量販事業（PC事業や半導体事業）は，新たな挑戦であった。A社は，大型システムから小型のPCや半導体等の量販事業へと移行するなかで，当時，PC及び半導体領域で先行していた欧米企業に対して製品面や価格面からイノベーションを仕掛ける取り組みであった。

当時のA社は，量販事業の販路整備として販売店制度を活用したパートナーの拡大や，ユーザーの会員制組織等のユーザー・コミュニティを確立するとともに，地方都市において自社工場を設立し，海外にも販売拠点や生産拠点を設立する等，一気に事業規模を拡大した。各地域において多様なステークホルダーとの連携により，ネットワーク効果を発揮し，イノベーション実現する十分な規模を確保したうえで，サプライチェーン・イノベーションを成し遂げたと考えられる。

しかし，2000年以降，かつてイノベーションへの取り組みによって定着した販売店網や自社工場等のシステムが，安定した収益を継続的に獲得する上で既存企業の強みとなると同時に，過去の遺産となることによって硬直化し，新たなイノベーションへの挑戦を阻害するリスクとなった。

たとえば，A社のクラウドサービスへの取り組みにおける販売店の取り扱いがあげられる。本来，クラウドサービスは，大規模なデータセンターを構築したうえで，販売店のような商流の中間に介在する企業や組織を中抜きし，

直接, ネットワークを介してサービスを提供することで, 規模の経済による低コスト化と, 低価格化を実現する取り組みである。

しかし, A社が保有する販売店網は, PCやネットワーク機器を販売し, 保守することに長けており, 期末に「当注当売」を実現してくれる。こうしたビジネスPC販売店や法人向けネットワークの販売店が, 販売店総数約550社のうち300〜400社と大部分を占めている。

そのため, A社は販売店と共存することを選択し, 中抜きできなかった。結果として, A社のクラウドサービスは, 販売店の存在を前提としたため, 本来のクラウドサービスのように低コスト化, 低価格化が実現しにくい仕組みになってしまった。しかし, A社はクラウドサービスにおいて, 販売店を重視した施策を展開したにもかかわらず, 従来からの販売店約550社のうち, 10分の1程度である約50社程度しか賛同しなかった。販売店が, クラウドサービスにという新たなサービスに対応できなかったためである。

A社の事例からは, 既存企業が過去の事業の強みの束縛から解放されるためには, サプライチェーン・イノベーションと同時に組織的イノベーションの実現が重要になると考えられる。

つまり, 既存企業には, 過去の事業に合わせて構築したサプライチェーンの構成員に対し, 常に新たな事業や中長期的な事業の方向性に合わせて集中と選択を継続して実施し, サプライチェーン・イノベーションを実現し続けることが求められる。

また, 既存企業は, サプライチェーン・イノベーションと連動して, 組織イノベーションを実現し, 自社及び他社を問わず, 新たな事業に適用させ再び強みとするため, 教育及び支援を行い, パートナー企業の獲得, 育成, 維持, 選別等を行わなければならない。

さらに, マーケティング・イノベーションによって形成したユーザー・コミュニティも新たにサプライチェーンに取り込むことができれば既存企業の強みの形成につながる。こうして, 現状の主力事業の収益源の確保と, 将来, 既存企業を支える新事業の準備に向けて新陳代謝を繰り返すことにより, 常に最適なサプライチェーン・イノベーションを実現し, 成長軌道を確保し続ける必要があると考えられる。

## 1.3 技術及び製品から見たマネジメント

### 1.3.1 プロダクト・イノベーションのマネジメント

　技術及び製品から見たイノベーション・マネジメントについて，既存企業に求められるプロダクト・イノベーションに対するマネジメントの視点から考察を深める。

　A社を対象とした事例研究によると，特にリーマンショック（2008年度）以降，A社は，プロセス・イノベーションの一環として，売上高の低下を上回る形で，研究開発投資の効率化と削減を進め，3年程度の中期経営戦略において注力する事業領域に絞ったうえで，研究開発投資を行った。

　その結果，A社は市場や投資家に対して，クラウドサービス事業等の注力領域を示していたにもかかわらず，売上高対研究開発費率の低減を継続した。A社は，自社の研究開発投資が及ばない技術領域に関しては，オープン・イノベーションを活用し，A社グループ以外の企業との提携することによって，技術力の獲得を試みていたと考察できる。

　この傾向は，A社に限った動向ではない。A社と同一の事業領域で活動する主な日系ITベンダ（情報技術における既存企業）においても，2000年度以降にあらわれた共通的な傾向と考えられる。

　この間，日系ITベンダ各社は，IRイベント等で投資家等に対してクラウドサービスやビッグデータ，AI等の重点的な注力領域を発表していた。

　しかし，実際には，2000年以降，一貫して売上高対研究開発費率を低減し続けてきており，注力領域の発表時期に集中して研究開発費を投入した形跡はない。

　こうした傾向から，A社を始めとした日系ITベンダは，戦略に従った注力領域に対する効果的な研究開発投資を行うことができなかったと考えることができる（**図表8-2**）。

　一方で，アマゾン，GEやIBMなどの米国系企業は，投資家等に発表した戦略と研究開発投資のタイミングを一致させ，注力領域に集中投資を実行する形で，研究開発費を急増させている。

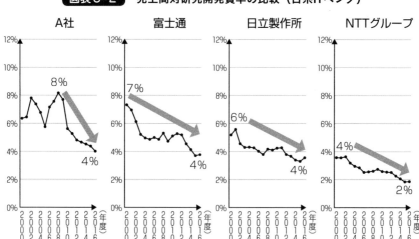

**図表8-2** 売上高対研究開発費率の比較（日系ITベンダ）

出所：各社のIR資料より筆者作成

　たとえば，アマゾンは，2006年にクラウドサービス事業を始め，軌道に乗った2010年から一気に売上高対研究開発費率を拡大させた。同社の研究開発費は，2010年の売上高対研究開発費率5％（研究開発費は約2,000億円）から，2016年には12％（約1.7兆円）まで急拡大した。

　GEは，リーマンショックにより，当時の主力事業であった金融事業で経営的にダメージを受けたことを契機に製造業に回帰したと考えられる。2008年以降，同社は，対外的にIoT領域への注力を発表するとともに，IoTを実現するため，情報技術に研究開発費を投入し，急激に売上高対研究開発費率を増加させている。

　さらにIBMは，ITベンダではあるが，2014年，人工知能（Artificial Intelligence，以下，AI）領域に注力することを発表して以降，AI領域を中心に売上高対研究開発費率を拡大した（**図表8-3**）。

　つまり，日系ITベンダ（既存企業）が，注力領域に研究開発費を投資し切れていないのに対して，米国企業は対外的に発表を行った注力領域に対して，戦略的に集中投資を実行しているという経営姿勢の明確な違いがあると考えられる。

　また，A社及びその他の日系ITベンダが「プロセス・イノベーション重

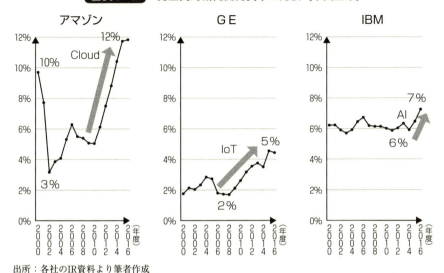

図表8-3 売上高対研究開発費率の比較（米国企業）

出所：各社のIR資料より筆者作成

視型」に偏重する経営姿勢は，グローバルな視点において，注力領域に研究開発費を投入し切れていない日本企業及び既存企業を象徴している。

　Strategy&（2014）の世界の上場企業1,000社を対象とした研究開発費支出動向の調査によると，日本企業は2012年以降，2016年にかけて毎年，研究開発費を削減しており，前年比増減率が4期連続でマイナスとなっている。特に2013年から2014年にかけての日本企業の前年比減少率の幅が最も大きく，前年比マイナス14％もの減少となった。

　さらに，同調査による他国の研究開発費の支出動向は，中国が前年比46％増，北米が前年比3％増，欧州が前年比3％増，全世界平均でも1％増である。これに対し，日本企業の研究開発投資だけが，世界でも突出して削減されていることが考察できる（図表8-4）。

　日本は，2013年から2014年にかけて2020年夏季オリンピック・パラリンピックの東京開催が決定する等，経済状況自体は良好であり，日本企業が研究開発投資を削減する明確な理由は探しにくい。

　こうした数値からも，日本企業全体の傾向として，プロセス・イノベーションが過剰に志向されることによって，直近の費用対効果が説明し難い将

**図表8-4** 世界地域別の研究開発投資の推移

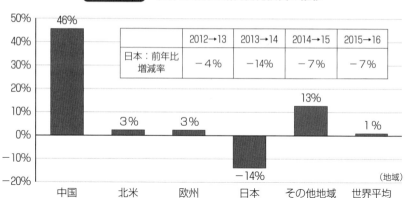

出所：Strategy& [2014, 2015, 2016] をもとに筆者作成。地域は企業の本社が所在する場所が基準となる。棒グラフは2013年〜2014年にかけての研究開発費の増減率を示す

来に向けた研究開発投資が削減されてしまうというイノベーション・マネジメントが行われていたと考えられる。

日系ITベンダに代表される研究開発投資を投入しきれない既存企業が，今後3年程度の注力領域のみに研究開発投資を絞るのであれば，現状のニーズを解決することを目的とするユーザー・イノベーションの領域と合致するため，既存企業とユーザーとの間でカニバリゼーションを起こすという事態を招いてしまう。

ユーザーが，自らのユーザー価値を理解した上で実現するイノベーションと比較し，既存企業はユーザー価値や業種知識の理解の面でユーザーに対して大きく劣るため差別化ができず，既存企業が市場を支配する主体者としての地位を失う恐れがある。

さらに，ユーザーは，ユーザー価値の実現が最優先課題であるため，既存企業側の通常型イノベーションの維持にとって利益相反となるイノベーションを市場に持ち込むことも躊躇なく行うことができる。

既存企業が競合企業に加え，ユーザーが市場を支配する主体者となり得る環境においてユーザーに対しても差別化するためには，ユーザーの現状の課題と一致した領域への近視眼的な研究開発投資に偏り過ぎず，長期的なビジョンにもとづく基礎研究領域への継続的な投資が重要となる。

以上により，戦略的な視点による長期的なビジョンとプロダクト・イノベーションとの連携が，プロセス・イノベーションによる研究開発投資の削減，売上高対研究開発費率の低減の実施に対する欲求を抑えることになり，戦略的なプロダクト・イノベーションの実現につながると考えられる。

### 1.3.2　プロセス・イノベーションのマネジメント

既存企業が目指すべきプロセス・イノベーションにおけるマネジメントについて考察する。

A社は，1983年に行われた全社経営改善運動を皮切りに，2000年以降は，生産活動においてトヨタ生産方式を取り入れ情報技術とかんばん方式を組み合せた現場改善活動を推進した。

また，2010年代に入ってからも，自社の基幹業務システムをクラウドサービスに置き換える中でのBPR（Business Process Re-engineering）による業務改善や，AIを活用したホワイトカラーによる間接業務の自動化であるRPA（Robotic Process Automation）の取り組み等，自社内での業務改善には，常に積極的に取り組んだ。

こうしたA社の取り組みが功を奏し，2000年度をピークとして2016年度までに売上高がほぼ半減しているにもかかわらず，営業利益がマイナスとなったのはITバブルが崩壊した2001年度と，リーマンショックの影響を受けた2008年度の2回のみであり，以降，2008年度から2014年まで毎年，営業利益率は向上し続けた。営業利益率の確保には，売上高対売上原価率の改善や，研究開発投資の削減が大きく貢献している。こうした実績からも，A社がプロセス・イノベーションを重視し，積極的に取り組んできたと考察できる。

プロセス・イノベーションへの注力は，近年の日系ICTベンダに共通した傾向である。全社的なコスト削減活動を進めることによって，売上原価と販売費・一般管理費の削減によるコスト構造改革，運転資金手持日数であるCash Conversion Cycle（以下，CCC）の改革によるキャッシュの創出を進めている。

また，不採算案件抑止に向けたマネジメントにも注力しており，社長直轄組織等によって，顧客・業務・技術等に新規性のある大型案件に対する審査

を行い，赤字案件の創出を全社レベルで食い止める取り組みを行っている。また，現場レベルでも，社内専門チームが，プロジェクトマネジメント支援を行っている。

　さらに，日系ITベンダ各社では，部内レベル，事業部レベル，全社レベルと多段階で受注前審査を行う会議体を設け，多くのリソースと時間を投入することによって，不採算案件の抑止に注力している。

　つまり，既存企業にとってプロセス・イノベーションは，企業内部の改善活動として自社でコントロールができ成果が確認しやすく，積極的に取り組みやすい。一方，生産や開発の現場においては，作業者同士が互いに監視し合える環境に置かれるため，取り組みが過剰になりやすい。

　そのため，既存企業は，コントロールが行いにくいユーザーやパートナー等，外部のステークホルダーのマネジメントと比較して，企業内部での改善活動のほうが取り組みやすいことから，既存企業にとって最もイノベーション・マネジメントを注力しやすい領域となる。

　結果として，既存企業がプロセス・イノベーションに過剰に注力するというマネジメントの罠に陥りやすい傾向にあると考えられる。

　既存企業による過剰なプロセス・イノベーションへの取り組みは，既存企業の成長の足枷となる恐れがある。現場に対して負荷の高いリスク抑止対応の手続きを要求することになり，現場による新たな受注活動を萎縮させる恐れがある。そのため，既存企業はプロセス・イノベーションへの傾注により，営業利益等は確保できるものの，受注高や売上高は継続的に縮小し，事業規模の縮小につながるという可能性もある。

　以上により，既存企業は，行き過ぎたプロセス・イノベーションを自制するためのイノベーション・マネジメントが求められる。既存企業には，新規の受注獲得による顧客創出や，新規事業におけるコミュニティの形成と新陳代謝を促す取り組み等，自社の外側に対するイノベーション・マネジメントでありプロセス・イノベーション以外の4つのイノベーションに対するマネジメントに注力する必要があると考えられる。

　一方，プロセス・イノベーションへの傾注を逆手に取り，長期的なビジョンにもとづくプロダクト・イノベーションに必要な研究開発費を捻出すると

いう形で，イノベーション・マネジメントを行うことも有効であると考えられる。

## 2　既存企業とユーザーでは異なるイノベーションの過程

　本書では，ユーザーによるイノベーションの創出や，ユーザーがもたらすイノベーション普及の変質について，イノベーションに関連する多様な先行研究にもとづき議論を行った。
　そのうえで，Abernathy and Clark（1985）の「イノベーションの変革力マップ」をフレームワークとして活用し，先進ユーザーに対する事例研究を行うことによって，ユーザー・イノベーションの過程について明らかにした（図表8-5）。
　ユーザー・イノベーションの過程は，当初，既存企業からユーザーが価値を享受している通常型イノベーションに位置づけられる。ユーザーが既存企業の提供する製品・サービスに不満を持ち，改善を要求するとともに，自らも既存企業に働きかけ，既存企業とともに改善に乗り出すことで共創関係に進展する。ユーザーは，既存企業との共創において，製品・サービスに関するノウハウを身に着けるとともに，関連リソースを確保し，設備投資を行うことによって，自ら製品・サービスを創出できるようになる。このようにして，ユーザーは，通常型イノベーションから市場創出イノベーションへと移行する。
　そのうえで，ユーザーは，自らの価値実現にとどまらず，同じニーズを持つユーザーに働きかけ，ユーザー・コミュニティを形成し，規模を確保することによってネットワーク効果を獲得し，イノベーションとして社会化してしまう。
　さらに，ユーザー・コミュニティには，大量のデータが集結し，ユーザーや他の当事者がこれを活用する共創プラットフォームが生まれる。ユーザーは，既にイノベーションとして社会化するために十分な規模を確保しているため，大量データを活用することによって，新たなユーザー価値を創出し，産業構造を変革してしまうレベルでのイノベーションが創出できるため，市

### 図表8-5　ユーザー・イノベーションの過程

```
                          技術／製品
              既存能力の維持, 増強      既存能力の破壊, 陳腐化

              市場創出イノベーション      産業構造イノベーション
既
存            ④ユーザーコミュニティの
の新            形成・拡大とイノベーション
つた
なな             の社会化
がな                          ⑥イノベーションの
りつ              ③ユーザー自ら            創出と市場支配
のな               価値創出
破が
市壊り
場、の
／創
当出
事             ⑤大量のデータからの
者              新たなユーザー価値創出
と
の
つ            ②既存企業等との共創による
な既            ノウハウ吸収と投資
が存
りの
 つ
 な            ①ユーザーとしての
 が              価値の享受
 り
 の
 維
 持
 ・
 増
 強
              通常型イノベーション        革命的イノベーション
```

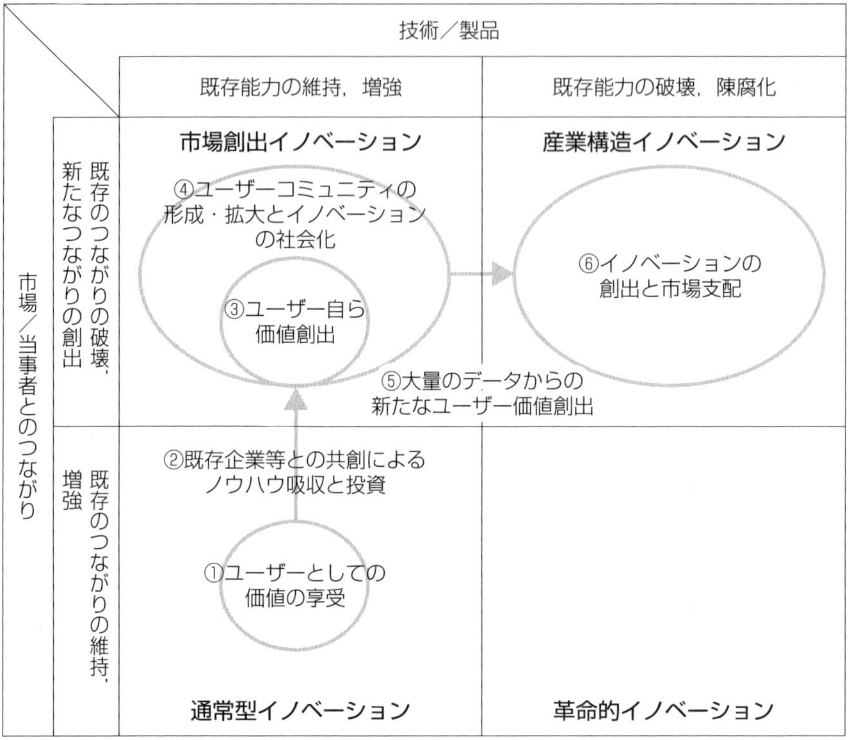

出所：Abernathy and Clark［1985］を参考に筆者作成

場支配に至るという形で，産業構造イノベーションへと移行するという過程あった。

　また，既存企業側であるA社の詳細な事例研究によって，既存企業のイノベーション・マネジメントについて考察を進めた。

　A社の電子交換機事業及びPC事業等の事例研究にもとづき，既存企業によるイノベーションの過程について2つの形態を導出した。

　1つ目の形態は，既存企業のイノベーションの過程のである「プロダクト・イノベーション重視型」の過程であった（図表8-6）。

　「プロダクト・イノベーション重視型」の過程は，通常型イノベーションにおいて，既存事業が十分な事業規模及びパートナーや顧客とのコミュニ

## 第8章 ユーザー支配時代の戦略的イノベーション・マネジメント 197

**図表8-6** 既存企業によるプロダクト・イノベーション重視型の過程

|  | 技術／製品 | |
|---|---|---|
|  | 既存能力の維持，増強 | 既存能力の破壊，陳腐化 |
| 市場／当事者とのつながり ／ 既存のつながりの破壊，新たなつながりの創出 | **市場創出イノベーション** | **産業構造イノベーション**<br>⑥コンソーシアム及びエコシステムの拡大とイノベーションの社会化<br>⑤ニーズを反映した製品・サービス創出 |
| 市場／当事者とのつながり ／ 既存のつながりの維持，増強 | **通常型イノベーション**<br>①事業規模と既存のコミュニティの維持・拡大<br>②競合企業と差別化できる領域に開発投資 | **革命的イノベーション**<br>④リードユーザー育成／パートナー企業拡大（長期ビジョン提示）<br>③新技術／製品・サービス創出 |

出所：Abernathy and Clark［1985］を参考に筆者作成

ティを確保したうえで収益をあげ，ここから研究開発費を捻出し，投資することから始まる。既存企業は，競合企業と差別化するため，研究開発投資することによって，新技術や新製品・サービスを発明及び開発を目指す。

研究開発投資を行った結果，新技術や新製品・サービスを発明及び開発に成功した場合には，革命的イノベーションへと移行する。

ただし，この時点では，市場に普及する以前の状況であるため，新技術や新製品・サービスの普及を目指し，戦略的な取り組みを行う。

市場への普及を目指して対外的に発表する際，新技術等と既存企業の志向する長期ビジョンを組み合わせて提示することによって，新技術等の社会的意義や既存企業の戦略を市場に知らしめることができる。

**図表8-7** 既存企業によるプロセス・イノベーション重視型の過程

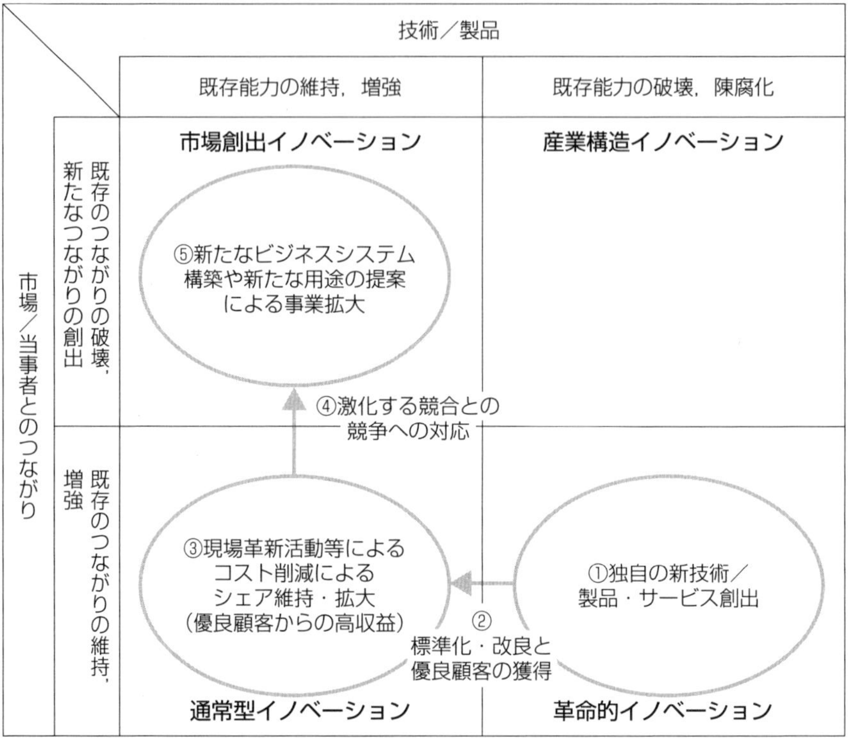

|  | 技術／製品 | |
|---|---|---|
|  | 既存能力の維持，増強 | 既存能力の破壊，陳腐化 |
| 市場／当事者とのつながり<br>既存のつながりの破壊・新たなつながりの創出 | 市場創出イノベーション<br>⑤新たなビジネスシステム構築や新たな用途の提案による事業拡大 | 産業構造イノベーション |
|  | ④激化する競合との競争への対応 |  |
| 既存のつながりの維持・増強 | 通常型イノベーション<br>③現場革新活動等によるコスト削減によるシェア維持・拡大（優良顧客からの高収益） | 革命的イノベーション<br>①独自の新技術／製品・サービス創出<br>②標準化・改良と優良顧客の獲得 |

出所：Abernathy and Clark［1985］を参考に筆者作成

　また，新技術や長期ビジョンをユーザーに訴えるとともに，リードユーザーの育成や，パートナーの拡大によって，市場からの共感を集め，共創関係を築く。リードユーザーやパートナーからのニーズを集め，新技術にこれらのニーズを反映した製品・サービスを創出する。

　既存企業は，新たな製品・サービスに関する事業をさらに拡大するため，ユーザーやパートナーとの共創関係にもとづき，コンソーシアムやエコシステムへと拡大することによって，イノベーションとして社会化できる規模を獲得する。

　このようにして，既存企業は，プロダクト・イノベーションに注力することによって，産業構造の変質へとつながる新技術及び製品・サービスを産業

構造イノベーションへと進展させる過程であると考察した。

　既存企業のイノベーション・プロセスに関するもう1つの形態は、「プロセス・イノベーション重視型」の過程であった（**図表8-7**）。

　この形態では、競合と差別化が可能な新技術及び新製品・サービスを創出した革命的イノベーションの位置づけから、十分な収益性をもたらしてくれる優良顧客を確保したうえで、技術及び製品・サービスの標準化や改良を進め、通常型イノベーションの領域へと移行する。

　その後、既存企業は、通常型イノベーションの位置づけにおいて、現場革新活動や生産革新活動によってコストを継続的に削減するとともに、優良顧客に対するシェアを維持及び拡大することによって、収益の最大化を目指す。

　革命的イノベーションから通常型イノベーションへの移行と、通常型イノベーションにおける取り組みは、プロセス・イノベーションを重視した取り組みとなる。

　ただし、現場革新活動等からは、新たな技術及び製品イノベーションが実現することはないため、差別化は困難であり、既存市場における競合企業との競争は激化する。

　既存企業は、競合との価格競争等を回避するために、既存の技術や製品・サービスであっても、新たなビジネスシステムの構築や、新たな用途の提案により事業拡大を図るという市場創出イノベーションへと移行するという過程であると考察した。

　本書では、既存企業のイノベーションの過程と、ユーザー・イノベーションのプロセスを比較し、重ね合わせ、ユーザーと差別化し対抗するためのイノベーション・マネジメントについて考察する。

　既存企業が、市場支配者と成り得るユーザーとの差別化を実現するために、イノベーションの各過程において求められるマネジメントのあり方について明らかにする。

## 3 ユーザーに対抗する戦略的イノベーション・マネジメント

### 3.1 プロセス・イノベーション重視型の戦略的マネジメント

#### 3.1.1 ユーザーと重複するプロセス・イノベーション重視型

　ユーザーとの差別化を目的とした既存企業のイノベーション・マネジメントについて,「プロセス・イノベーション重視型」の過程とユーザー・イノベーションの過程を重ね合わせることによって考察する (図表8-8)。
　「プロセス・イノベーション重視型」の過程は, 新技術及び製品・サービスを発明及び開発した革命的イノベーションの位置づけから, 標準化及び改良を進め, 現場革新活動等によりコスト削減と優良顧客からの収益最大化を狙う通常型イノベーションの位置づけへと移行する。さらに, 競合との差別化が困難になった状況において, 新たなビジネスシステムの構築や新たな用途の提案によって, 市場創出イノベーション位置づけへと移行するという過程であった。
　この過程と, ユーザー・イノベーションの過程を重ね合わせて考察すると, 既存企業は, 革命的イノベーションに位置づけられる独自の新技術や製品・サービスを創出している段階においては, ユーザーに依存される存在であるため, ユーザーに脅かされることはないと考えられる。
　既存企業は, さらなる収益性向上を求め, 優良顧客から獲得する高い収益を原資として, より多くのユーザーを獲得するため, 標準化や改良を進め, 通常型イノベーションの位置づけへと移行する。
　既存企業は, 通常型イノベーションとして, 優良顧客からのシェア維持及び拡大を図りながらも, 対象ユーザーを拡大し続けるとともに, 現場革新活動や生産革新活動によるコスト削減を進め, 収益の最大化を狙う。

#### 3.1.2 ユーザーが既存企業にもたらすカニバリゼーション

　ユーザーは, 通常型イノベーションにおいて既存企業が進める標準化や改良がもたらす製品・サービスの画一化に不満を持ち, ユーザー価値を実現す

### 図表8-8 プロセス・イノベーション重視型による対抗

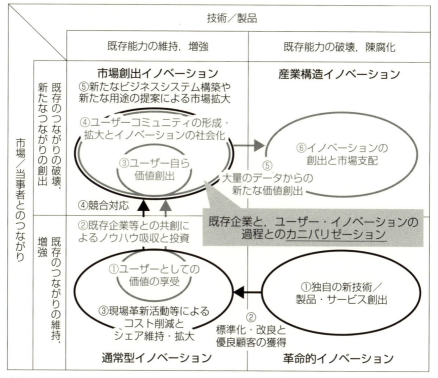

出所:Abernathy and Clark [1985] をもとに筆者作成。灰色はユーザー・イノベーションの過程を示す。黒色は既存企業のプロセス・イノベーション重視型の過程を示す

ることを志向し,製品・サービスの変革に乗り出す。

そのために,ユーザーは,既存企業に要求するとともに,既存企業と共創し,自ら製品・サービスの変革を実現する上で必要となるノウハウを吸収するとともに,関連するリソースを集め,設備投資を実行してしまう。

既存企業が現場革新活動に集中している間に,ユーザーは自らの価値の実現に応じた製品・サービスの変革を実行できるノウハウを身につけ,実際に製品・サービスを変革し,市場創出イノベーションへと移行する。

一方,既存企業は,プロセス・イノベーションを追求したものの,競合との差別化を実現する技術及び製品領域でイノベーションを起こしていない。そのため,既存企業のコスト削減努力の成果は,競合との価格競争に巻き込

まれる。これを回避するため，既存企業は，既存の製品・サービスを活かしながら，新たなビジネスシステムの構築や新たな用途の提案によって，新たな市場の開拓を目指し，市場創出イノベーションの位置づけへと移行する。

しかし，ユーザーは，自らのユーザー価値に共感する他の当事者とコミュニティを形成する。ユーザーは，コミュニティを拡大するなかで規模を確保し，ネットワーク外部性を獲得することによって，製品・サービスの変革をイノベーションとして社会化してしまう。

つまり，通常型イノベーションの位置づけから市場創出イノベーションへと移行する段階において，既存企業の「プロセス・イノベーション重視型」の過程は，ユーザー・イノベーションの過程とのカニバリゼーションに巻き込まれる。

市場創出イノベーションにおいては，既存企業が競合との価格競争の回避という目的であることに対し，ユーザーは，他のユーザーからの支持を獲得し，コミュニティを形成してイノベーションとして社会化していることから，市場における優位性は，ユーザー・イノベーションのほうが高いと考えられる。

また，ユーザーとのカニバリゼーションが発生しまうと，既存企業はユーザーに対して，ユーザー価値や業種知識の理解の面で劣るため，ユーザーとの差別化が困難になる。

さらに，ユーザーは，ユーザー価値の実現が最優先課題であるため，既存企業側の通常型イノベーションの維持にとって利益相反となるイノベーションを市場に持ち込むことも躊躇なく行うことができる。

以上により，「プロセス・イノベーション重視型」の過程では，通常型イノベーションの位置づけにおいて，既存企業の収益性重視の姿勢がユーザー自身によるイノベーションへの参画への動機づけを与えてしまう結果を招くと考察できる。その後，市場創出イノベーションの位置づけでは，既存企業のプロセス・イノベーション重視の過程と，ユーザー・イノベーション過程がカニバリゼーションを起こした結果，ユーザーからの支持やユーザー価値の理解，既存の製品・サービスとの利益相反等の理由から，既存企業はユーザーに競争優位の立場を奪われる恐れがあると考察できる。

## 3.2 プロダクト・イノベーション重視型の戦略的マネジメント

### 3.2.1 ユーザー対策に有効なプロダクト・イノベーション重視型

　ユーザーとの差別化を目的とした既存企業のイノベーション・マネジメントについて,「プロダクト・イノベーション重視型」の過程とユーザー・イノベーションの過程を重ね合わせることによって考察する。

　「プロダクト・イノベーション重視型」のプロセスは,通常型イノベーションの位置づけにおいて,既存事業から十分な収益を獲得し,競合企業と差別化できる領域に開発投資を行う。その結果,新技術及び製品・サービスの創出に成功した場合には,革命的イノベーションへと移行する。既存企業は,新技術及び製品・サービスを普及させるため,長期ビジョンを示しながら,リードユーザーの育成や,パートナーを拡大し,市場への普及を目指す。そのうえで,リードユーザー等から提示されたニーズを反映した製品・サービスを投入するとともに,産業構造イノベーションの位置づけへと移行し,コンソーシアム及びエコシステムを拡大するとともに,市場における規模を確保し,ネットワーク効果を獲得することによって,イノベーションとして社会化するという過程である。

　「プロダクト・イノベーション重視型」の過程は,通常型イノベーションの位置づけにとどまらず,新技術及び製品・サービスを創出し,革命的イノベーションの位置づけへと移行するため,ユーザー・イノベーションの過程とは「イノベーションの変革力マップ」におけるルートと順序が異なる。そのため,ユーザー・イノベーションの過程とカニバリゼーションを起こす「プロセス・イノベーション」の過程よりも,ユーザーと差別化し,優位性を確保するという点では,有効であると考えられる。

　「プロダクト・イノベーション重視型」の過程については,ユーザー・イノベーションの過程と重ね合わせるとともに,プロセスごとに区分し,考察する。

### 3.2.2 初期段階でユーザーに差をつける研究開発投資

この段階は，ユーザー・イノベーションの過程の初期段階であり，通常型イノベーションの位置づけにある。既存企業は，ユーザーが当該時点では必要性を認識していない基礎研究領域等に投資を推進することが有効であり，結果的にユーザーと差別化する要素となると考えられる。

そのために必要な既存企業のイノベーション・マネジメントとしては，コスト削減の一環として，研究開発投資を削減するというプロセス・イノベーションを実行するという欲求に抗うことである。むしろ，既存企業は，プロセス・イノベーションへの取り組みを活かし，研究開発投資以外の領域でのコスト削減施策を進め，基礎研究領域等の研究開発投資を行うための原資を確保する必要がある。

こうした取り組みによって，既存企業は，ユーザーが現在見えているユーザー価値の実現に固執している間に，ユーザーに先回りする形で，基礎領域等の研究開発投資を進め，革命的イノベーションの位置づけにおいて，ユーザーと差別化できるコア技術を確保し，新技術及び新製品・サービスの創出につなげることができると考察できる。

### 3.2.3 ユーザーニーズを製品・サービス創出に吸収

ユーザー・イノベーションの過程の次の段階として，通常型イノベーションの位置づけにおいて，ユーザーが既存の製品・サービスに不満を持つとともに，ユーザー価値実現のために，既存企業との共創に乗り出す段階である。

ユーザーは既存企業に対して，製品・サービスに関する不満や要望をぶつける。ただし，既存企業側は，通常型イノベーションの位置づけにあり，より多くのユーザーに対して標準化された製品・サービスを提供することを志向しているため，個別のユーザーの要求には応えにくい。そのため，ユーザーは，ユーザー価値の実現に向けて，自ら製品・サービスの変革に乗り出す必要が生じる。しかし，ユーザーには，製品・サービスを変革するノウハウがないため，まずは，既存企業と共創することになる。ユーザーは，共創によって製品・サービスの変革のノウハウを身につける。

こうした状況において，既存企業がユーザーとの差別化を実現するために

は，ユーザーから製品・サービスに対する不満や要望が提示されたタイミングにおいて，既存企業がユーザーからのニーズを自らの新製品・サービスの創出に吸収してしまうという対応が有効である（図表8-9）。

既存企業は，通常型イノベーションの位置づけにおいて，標準化を進めていることから，ユーザーのニーズを製品・サービスに取り入れてしまえば，規模の面でユーザーを凌駕できると考えられるためである。

しかし，既存企業は，ユーザーによる取り組みが，既存企業の製品・サービスにとって利益相反をもたらすならば，既存企業のイノベーションの過程にユーザーの活動を吸収できなくなる。そうなると，既存企業は，実際にユーザーが共創によって培ったノウハウを活かし，製品・サービスの変革を

図表8-9　ユーザーニーズを製品・サービスに吸収

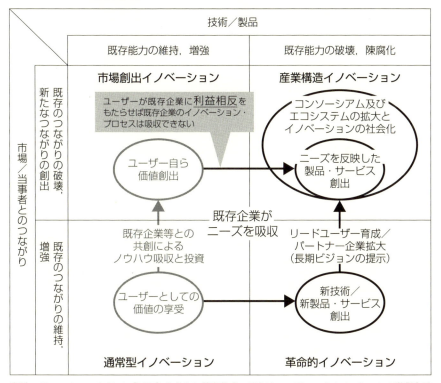

出所：Abernathy and Clark［1985］をもとに筆者作成。灰色はユーザー・イノベーションの過程を示す。黒色は既存企業のプロセス・イノベーション重視型の過程を示す

成し遂げてしまった場合には，差別化が難しくなるとも考察できる．

## 3.2.4　ユーザーによるイノベーションの社会化までが勝負

　ユーザーが既存企業と共創するとともに，自ら関連するリソースや設備に投資を行うことで，製品・サービスを変革するノウハウを身に付け，市場創出イノベーションの位置づけへと移行していく段階について考察する．

　既存企業は，ユーザーからの要望により，ユーザーとの共創に取り組んだ結果，既存企業にとって必ずしも収益向上につながらない取り組みであること，あるいは，利益相反にあたると判断した場合には，既存企業は製品・サービスの変革には乗り出さない．

　ところが，ユーザーは，既存企業との共創を通じて，製品・サービスを変革するノウハウを身に付けたため，ユーザー価値の実現に向けて，自ら製品・サービスの変革を実行してしまう．ただし，この段階では，ユーザーが既存企業と同じような製品・サービスを提供できるようになったに過ぎないため，市場への影響力は小さいと考えられる．

　この際，既存企業の対応としては，以下の3つが考えられる．

　まず，1つ目は，既存企業が，ユーザーによって創出された製品・サービスの市場にもたらされる影響力を見定めた上で，自社の製品・サービスとの多少の利益相反については許容するという意思決定のもと，既存企業側がユーザーのニーズを吸収し，自社の製品・サービスに吸収してしまうという対応である．

　ユーザーは，自らのユーザー価値の実現のため，必要に迫られる形で自ら製品・サービスの変革を行っている段階であり，この段階であれば，ユーザーは，製品・サービスの製造や販売を既存企業側に任せるという判断を行う余地があると考えられる．

　2つ目は，既存企業が市場性を改めて確認した上で，ユーザーによって創出された製品・サービスを模倣し，規模の面から既存企業側に吸収するとともに，ユーザーをその製品・サービスにおけるリードユーザーとして活用するという対応である．

　この場合にも，自社の製品・サービスとの多少の利益相反については許容

するという意思決定が必要であるが，リードユーザーを獲得できるというメリットがある。既存企業は，リードユーザーに賛同する他のユーザーからの支持も得られ，リードユーザーの育成にもつながるため，結果的に，既存企業は，自社の製品・サービスの普及を加速できると考えられる。

　3つ目は，既存企業が市場性を改めて確認した上で，ユーザーによって創出された製品・サービスがもたらす利益相反のレベルが高いと評価した場合には，既存企業は自らのイノベーションの過程に吸収しないと判断するという対応である。

　既存企業が，3つ目の対応を選択することで，ユーザーが自らの製品・サービスの変革をイノベーションとして社会化してしまうリスクを許容するという事態につながる。そのため，既存企業は，ユーザーと差別化するため，継続的に基礎研究領域に投資しておく必要があると考えられる。

　さらに，ユーザー・イノベーションの過程では，ユーザーが，自ら製品・サービスの変革を実現した後，ユーザー・コミュニティを形成して規模を確保し，ネットワーク外部性を獲得することによって，イノベーションとして社会化してしまう。

　既存企業は，この段階に至る前までに，ユーザーとの共創の段階や，ユーザーが自ら製品・サービスを創出した段階において，自社の製品・サービスとの関係から利益相反を起こすと判断しており，既存企業のイノベーション・プロセスに吸収するという意思決定を見送ってきたと考えられる。

　そのため，既存企業は，ユーザー自身による製品・サービスの変革がイノベーションとして社会化に至った段階においては，ユーザーとの差別化は困難になる。この段階では，ユーザーが，既存企業の製品・サービスを凌駕し，既存企業もユーザー・コミュニティに取り込まれ，市場において既に既存企業よりも圧倒的な競争優位を確保している状態であり，ユーザーが市場支配をした状態となるためである。

## 3.2.5　3つのマネジメントでユーザーに対する優位性確保

　既存企業が，「プロダクト・イノベーション重視型」の過程を採用する場合において，ユーザー・イノベーションのプロセスに対抗し，ユーザーに対

**図表8-10　ユーザーに対抗する3つのマネジメント**

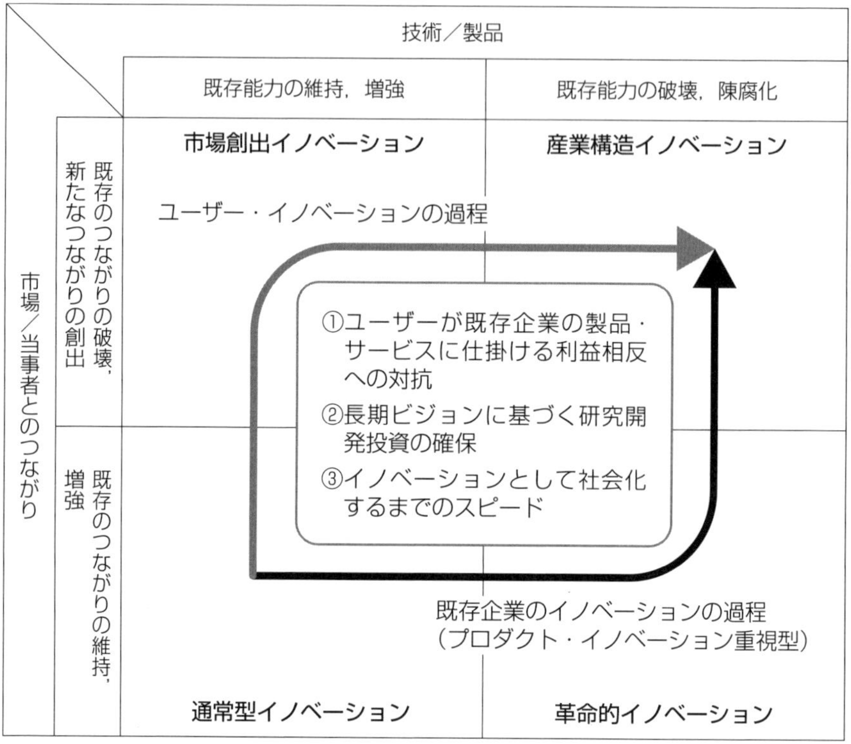

|  | 技術／製品 | |
|---|---|---|
|  | 既存能力の維持，増強 | 既存能力の破壊，陳腐化 |
| 市場／当事者とのつながり　既存のつながりの破壊・新たなつながりの創出 | 市場創出イノベーション<br><br>ユーザー・イノベーションの過程<br><br>①ユーザーが既存企業の製品・サービスに仕掛ける利益相反への対抗<br>②長期ビジョンに基づく研究開発投資の確保<br>③イノベーションとして社会化するまでのスピード | 産業構造イノベーション |
| 市場／当事者とのつながり　既存のつながりの維持，増強 | 通常型イノベーション | 革命的イノベーション<br>既存企業のイノベーションの過程<br>（プロダクト・イノベーション重視型） |

出所：Abernathy and Clark［1985］を参考に筆者作成

する優位性を確保するための方法としては，以下の3点があると考えられる（**図表8-10**）。

まず，1点目は，ユーザーが既存企業の製品・サービスに仕掛ける利益相反への対抗である。ユーザーは，ユーザー価値の実現のため，既存企業との共創や，自らによる製品・サービスの変革の実現，ユーザー・コミュニティの形成及び拡大による規模の確保という形で，イノベーションとしての社会化に向けて，多段階で既存企業の製品・サービスに対して利益相反となる事態を仕掛ける。

既存企業は，ユーザーが利益相反を仕掛ける前に対処する必要がある。そのため，既存企業は，ユーザーのニーズを意識しながらも，研究開発におい

て基礎研究領域等に継続的に投資し，常にユーザーを先回りした製品・サービスの創出と市場開拓が求められる。

　2点目は，ユーザーがイノベーションにかける投資規模での対抗である。ユーザーは，本業で獲得した収益を武器にユーザー・イノベーションに対して積極的に投資し，既存企業の通常型イノベーションの領域に侵攻する。既存企業は，ユーザーが仕掛けてきた新たな製品・サービスの変革に対して，自社の製品・サービスとの利益相反を意識した場合，同じ領域に投資を行うことが困難な場合もある。

　ただし，この場合も，ユーザーと同じ領域で戦うのではなく，研究開発において基礎研究領域等に継続的に投資し，常にユーザーとは異なる領域から，イノベーションを仕掛ける準備が必要になる。

　3点目は，イノベーションとして社会化するまでのスピードである。特に企業ユーザーは，本業での収益を確保しながら，ユーザー価値の実現のため必要に迫られ自ら製品・サービスの変革に乗り出すため，完成度は低くても，変革までのスピードは早い。一方，既存企業は同じ領域であっても，ユーザーニーズの把握や，製品・サービスの完成度にこだわることにより，ユーザーのように試行錯誤や見切り発車はできない分，スピードの面でユーザーに遅れを取ってしまう。結果的に，スピードに勝るユーザーが，賛同する他のユーザーとコミュニティを形成し，規模を確保して，先にイノベーションとして社会化してしまう恐れがある。

　これに対して既存企業は，単独でユーザーに対抗するのではなく，研究領域や社会における課題解決を目的としたコンソーシアムやエコシステムを形成し，この中で，スピード感のある製品・サービスの創出と拡大，あるいは，解決策のロードマップを作成し，早期かつ確実に実現することで，ユーザーに先んじてイノベーションとして社会化してしまうという対応が求められる。

# 第9章

# さらなるイノベーションの主体の転換に向けて

## 1 戦略的イノベーション・マネジメントの解

　ユーザーに対抗するためのイノベーション・マネジメントに関して考察した結果，ユーザーが競争関係を変質し，市場を支配する主体者となるという市場環境において，既存企業に求められるイノベーション・マネジメントを明らかにした。そこで，リサーチ・クエスチョンに対する解を導出する。
　本書のリサーチ・クエスチョンは，以下であった。

> ［R-4］　ユーザーがイノベーションの創出面及び普及面において競争関係を変質させ，市場支配し得る状況において，既存企業にはどのようなイノベーション・マネジメントが求められるのか。

　まず，ユーザー・イノベーションの過程と，既存企業のイノベーションの過程を比較し，重ね合わせて考察した結果，既存企業がユーザー・イノベーションの過程に対抗し，優位性を確保するためには，「プロセス・イノベーション重視型」の過程よりも，「プロダクト・イノベーション重視型」の過程が有効であることが確認できた。
　ただし，A社を対象とした事例研究によると，どちらかの過程を選択するのではなく，常にどちらも視野に入れて対応する「両睨みのマネジメント」が重要になる。ただし，比重を「プロダクト・イノベーション重視型」の過

程に置きながら，研究開発費等を捻出するために「プロセス・イノベーション重視型」の過程も同時に目配りし実行するというマネジメントが効果的であると考えられる。

また，A社の「プロセス・イノベーション重視型」の過程に偏重する経営姿勢は，グローバルな視点において，研究開発費を効果的に投入し切れていない日本の企業を象徴する存在であると考えられる。

よって，本書にて提案する「両睨みのマネジメント」は，日本企業かつ既存企業に求められるイノベーション・マネジメントであるとも考察できる。

## 2　イノベーションに関する学説への貢献

本書では，先行研究として，主にユーザー・イノベーションとイノベーションの普及の領域を中心に取り上げた（**図表9-1**）。

ユーザー・イノベーションの領域に関しては，von Hippel［1988, 2005］, von Hippel, et al.［2011］，小川［2000, 2013］等の先行研究をレビューした。先行研究では，ユーザーが製品・サービスの変革を行った事例の考察を中心としていることから，イノベーションとして社会化されていない事例も多数取り上げられていた。本書では，イノベーションの定義について，製品・サービスの創出及び変革とこれに関連する当事者間での変革が市場からの支持を獲得し，ネットワーク効果をもたらす規模を確保することによって社会化されたものであるとしていることから，先行研究が取り上げた事例との水準が一致しない。

つまり，これまでのユーザー・イノベーションに関する先行研究は，ユーザーが自ら製品・サービスの変革を実現した事例の考察にとどまっていた。

そのため，ユーザーが，市場において影響力を持ち，イノベーションとして社会化されるまでの過程についての研究が十分ではなかったと考えられる。

そこで，本書では，先行研究を2つの視点から補完した。まず，当事者間での共創の視点から補完するため，Vargo and Lusch［2004a, 2004b, 2008, 2014, 2015］, Vargo, Wieland and Akaka［2014］他のS-Dロジックを取り上げ，ユーザー価値の共創について考察した。また，イノベーションの類型や

#### 図表9-1 本書の学術的及び実務的貢献

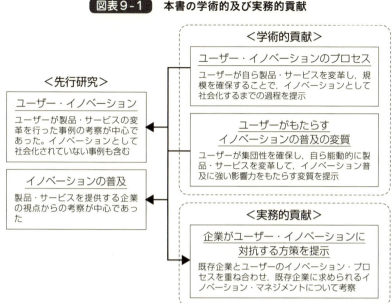

出所：筆者作成

プロセスの視点から補完するため，Abernathy, et al.［1983］，Abernathy and Clark［1985］の「イノベーションの変革力マップ」を取り上げた。

　本書では，2つの視点からの補完によって，ユーザー・イノベーションを本書でいうところのイノベーションの定義の水準まで高めた。併せて，ユーザーに対する事例研究を踏まえ，A社を対象とした事例研究により，ユーザーによる製品・サービスの変革がユーザー・イノベーションとして社会化されるまでの過程を明らかにした。

　以上により，ユーザー・イノベーションの過程を明らかにしたという点から，本書の学術的貢献があったと考える。

　また，イノベーションの普及の領域に関しては，Rogers［1962, 2003］，Moore［1991, 2014］，Downes and Nunes［2013］，Granovetter［1973］，武石・青島・軽部［2012］他の関連する先行研究をレビューした。

　先行研究においては，従来，製品・サービスを提供してきた企業である既存企業が，ユーザー側に普及させることを前提としていた。一方，ユーザー

は，情報技術の進展を取り入れ，能動的な立場であり，ユーザーが主導権を持って採用する側の立場となることで，イノベーションの普及に対して影響力をもたらすようになった。

そこで，本書では，Christensen［1997］やFoster［1986］の2重のS字曲線というイノベーションの類型に関する先行研究をフレームワークとして活用し，ユーザーがイノベーションの普及に対して影響力をもたらす状況について考察した。

本書では，イノベーションの普及に関する先行研究及びこれを補完する先行研究をもとに，ユーザーに関する事例研究を行った上で，A社を対象とした事例研究を実施した。

その結果，ユーザーが市場に対して影響力を発揮できる集団性を確保するとともに，ユーザーが自ら能動的に製品・サービスの変革を行うことで，イノベーションの普及に対して強い影響力をもたらし，市場支配する立場に発展し得ることを示した。

以上により，ユーザーがイノベーションの普及に対して強い影響力をもたらすことを示したことから，本書の学術的貢献があったと考える。

## 3　イノベーション・マネジメントの実践的課題

本書では，ユーザーがイノベーションを実現するプロセスを明らかにするため，先進的なユーザーに関して事例研究を通じて考察した。

事例研究では，かつて，情報技術においてユーザーであったアマゾンやGE等を取り上げ，ユーザーが法人向けクラウドサービス市場等に進出し，製品・サービスを創出し，その後，規模を確保し，イノベーションとして社会化するまでのプロセスを明らかにした。

また，ユーザーは，イノベーションの普及という視点においても，イノベーションの創出に能動的に関与し，イノベーションの普及に強い影響力をもたらすことを示した。

これを受けて，本書では，既存企業が，ユーザーによるイノベーションの創出と市場支配に対抗する方策について検討した。そこで，ユーザーによる

情報技術の活用に最も影響を受けている業種として日本の情報技術産業を取り上げ，2000年以降，売上高の減少が続く日本の大手ITベンダから，特に売上高の減少幅が大きいＡ社を選択し，詳細な事例研究を行った。

　本書では，Ａ社を対象とした事例研究によって，既存企業のイノベーション・プロセスを見出した。1つは，既存事業から研究開発費を捻出し，新技術や製品・サービスを創出するとともに長期ビジョンを掲げ，産業構造を変えてしまうほどのインパクトをもたらす「プロダクト・イノベーション重視型」の過程である。もう1つは，独自の新技術や製品・サービスを創出した後，標準化や改良を進め，現場革新活動を通じてコストを削減しシェアを維持及び拡大を図るとともに，競合に対抗するため，新たなビジネスシステムの構築や新たな用途の提案を図り，市場拡大を狙うという「プロセス・イノベーション重視型」の過程である。

　特にＡ社は「プロセス・イノベーション重視型」の過程に傾注していたが，実際には，日本の大手ICTベンダも同じく「プロセス・イノベーション重視型」の過程に傾注していることを示した。日本の大手ICTベンダ各社は，2000年以降，多様な注力領域を発表してきたが，そこに研究開発費を集中投入するということは行っていなかった。

　また，日本企業自体が，2012年以降，毎年，研究開発費を削減し，世界の他の地域とは異なる動向を示していることから，Ａ社のプロセス・イノベーション重視型に偏重する経営姿勢は，グローバルな視点において，注力領域に研究開発費を投入し切れていない日本企業及び既存企業を象徴する存在であると考えられる。

　一方で，特にアマゾンやＧＥ等の米国企業は，戦略と投資を一致させ，注力領域に集中投資を実行する形で，売上高対研究開発費率を急増させてきた。彼らの経営は，投資家に対しても言行一致という姿を示してきた。

　そこで，Ａ社の事例研究から抽出した既存企業のイノベーションの過程とユーザー・イノベーションの過程を重ね合わせることによって，ユーザーのイノベーション創出や市場支配に対して，既存企業に求められるイノベーション・マネジメントを明らかにすることができた。

　既存企業のイノベーションの過程については，まず，「プロセス・イノ

ベーション重視型」とユーザー・イノベーションの過程を重ね合わせた結果，カニバリゼーションが発生していることを確認した。ユーザーとのカニバリゼーションが発生すると，ユーザーが実現したい価値については，ユーザーがより深く理解しているため，既存企業にとっては，ユーザーに対する競争優位性を喪失する恐れがある。

これに対して，「プロダクト・イノベーション重視型」の過程では，ユーザー・イノベーションの過程とルートが異なり，カニバリゼーションが起こりにくい。その上で，ユーザーが仕掛けてくる利益相反に対抗し，長期ビジョンを掲げ，研究開発費を十分に確保し投入していくこと，また，イノベーションとして社会化するまでのスピードにおいてユーザーを上回れば，既存企業はユーザーに対抗できると考えられる。

さらに，時系列からの考察においても，A社の電子交換機事業やPC事業の推移から，プロダクト・イノベーション重視型から，プロセス・イノベーション重視型へと移行するプロセスを見出した。ただし，両事業とも，2010年代以降，次の世代に続く新たな市場及び事業を創出できなかったという問題も見出した。

A社の事例研究からは，March［1991］が論じた中長期的な競争優位獲得に向けた「Exploration（探索）」，短期的な利益獲得に向けた「Exploitation（活用）」の区分とそのバランスが重要であるとした「Ambidexterity（両利きの経営）」では説明しきれないという発見事実があった。

つまり，A社は，電子交換機事業において海外市場を始めとする新市場進出という「探索」を実現するとともに，PC事業においても生産革新活動で連続的に「探索」を実現し，IoTの先駆けとなる取り組みも実現した。このように，同社は，「活用」以上に「探索」に取り組んだが，PCや電子交換機市場に続く新たな市場を創出できなかった。

そこで，特に日本の既存企業には，特に「両睨みのマネジメント」が重要であると提言した。「両睨みのマネジメント」とは，次の世代に続く市場及び事業創出を意識した「プロダクト・イノベーション重視型」の過程に比重を置きつつ，次の世代を支える研究開発費の原資となる資金を捻出するため，「プロセス・イノベーション重視型」の過程も視野に入れ，同時に遂行する

という取り組みである。

以上により，ユーザーが市場を支配するという状況において既存企業に求められる戦略的イノベーション・マネジメントを明らかにしたという点で，本書の実務的貢献があったと考える。

## 4　イノベーションの主体の転換とマネジメントの進展

本書では，情報技術の進展を踏まえ，ユーザーが自ら製品・サービスを変革し，規模を確保して，イノベーションとして社会化するまでのプロセスや，これに対抗するために企業や団体に求められる戦略的イノベーション・マネジメントについて考察した。

本書を進める間にも，情報技術はさらに進化を続けている。システムインテグレーションの時代には各拠点にサーバを置く等，クライアントサーバ型として分散化したが，クラウドコンピューティングによって集中化が進んだ。しかし，人工知能とIoTの進化は，端末側に大量のデータを発生させ，中央側で処理しきれないという事態を招く恐れがある。そのため，エッジ・コンピューティング[1]により，ネットワークの先端部分でデバイスが深層学習を行い，学習済みの解析結果だけがクラウドに送信される形で，デバイス側に重きを置く分散化が再び進むと考えられる。また，仮想通貨や契約の自動化を実現するブロックチェーンも分散化を示す1つの仕組みとして社会に浸透し始めている。さらに，その先において，量子コンピュータが実用化されれば，強力な集中化と分散化が共存する状況になるとも考えられる。こうした状況の変質は，今後も際限なく発生する。

一方，本書の時点では，ユーザーはこの情報技術を活用して，自らイノベーションを実現することが容易になるとともに，市場に強い影響力をもたらし，市場支配に至ることも可能になった。

さらなる情報技術の進展は，市場内における当事者のポジションの変質や，市場外からの新たな当事者の参入を加速し，既存の属性に依存せず，イノベーションの主体者が頻繁に入れ替わる状況が発生すると考えられる。また，市場の境界が不明瞭になり，自ら志向する価値の実現を目指す当事者が，ビ

ジョン及びコンセプトを掲げ，これに共感する他の当事者がエコシステムに参加し，イノベーションが創出され普及するという状況が柔軟かつ多様な形態にて発生するとも考えられる。

その際，イノベーションの主体者は，早期に規模を確保し，イノベーションとして社会化するというニーズを解決する必要が生じるため，共創関係を築き，共創の成果を事業成果につなげる共創プラットフォームを構築することが重要となる。

現時点において共創プラットフォームは，強大な競争優位性を持つ大手企業が，ビジョン及びコンセプトを掲げ，補完的な製品・サービスを持つ企業や団体を取りまとめてエコシステムを形成し，中央集権的に形成されている。

たとえば，本書の事例研究で取り上げたGEは，情報技術においてはユーザーの立場であったが，既存事業領域であるジェット・エンジンや発電用タービンの市場において高いシェアを誇っていた。同社は，既存事業において高い競争優位性を持つ企業であるからこそ，情報技術を活用し掲げた「Industrial Internet」というコンセプトに対して，GEにとってのユーザーである重電系の企業や，補完的な製品・サービスを保有する企業がひきつけられ，参集した。その上で，同社が提供する共通ソフトウェア・プラットフォーム「Predix」上において，重電系のユーザーと共創関係が築かれ，重電系と情報技術系を融合した新たなイノベーションを提供できるようになった。

同様のパターンは，同じく本書の事例研究で取り上げたイルミナの事例にもあてはまる。同社でも，情報技術ではユーザーの立場であったが，遺伝子解析向けシーケンサー事業において圧倒的なシェアを獲得したからこそ，「統合バイオインフォマティクス・ソリューション」というコンセプトにユーザーである研究者等が共感し，参集した。同社はユーザーの要望に応えるとともに，ユーザーとも共創し，クラウドサービス上のプラットフォームである「BaseSpace Informatics Platform」から遺伝子解析向けサービスを提供するようになった。

情報技術のさらなる進化は，これまでの競争地位にかかわらず，ビジョン及びコンセプトを掲げた当事者が周辺のプレーヤーから共感を集め，既存の

第9章 さらなるイノベーションの主体の転換に向けて　219

市場区分を超えて共創関係を築くことによって，イノベーションの実現をもたらすようになると考えられる。この場合，イノベーションの主体者は，将来構想として掲げたビジョン及びコンセプトへの共感の多寡に応じて，柔軟かつ多様に入れ替わるとも考えられる。

ただし，イノベーションの主体者の競争地位が低い時点からスタートする場合，規模を確保しにくく，ネットワーク効果が得られにくい。そのため，本書では企業ユーザーの事例として，主に大企業を取り上げ，同じく大企業である既存企業のA社のイノベーションの過程と比較することによって戦略的なイノベーション・マネジメントについて提言した。

しかしながら，本書では，セルフパブリッシング市場において個人ユーザーが，イノベーションの主体者となり，情報技術を活用し，イノベーションを創出するとともにその普及に影響をもたらすということについても論じた。

以上により，本書における今後の研究課題は，情報技術の進展とともに，イノベーションの主体者が，大企業に限らず中小企業においても，ビジョン及びコンセプトに共感する他の当事者の多寡に応じて入れ替わり，イノベーションの創出及び普及に変質をもたらす存在になりうるという視点から研究に取り組むことである。

今後の研究課題に向けて，さらなる情報技術の進展及びその活用事例に注視するとともに，中小企業にも着目し，戦略的イノベーション・マネジメントに関する研究を深めることとする。

■注
1　エッジ・コンピューティングの他，フォグ・コンピューティングや，エッジ・ヘビー・コンピューティングと呼ぶ場合もある。

## あ と が き

　本書は，2018年3月に東洋大学より学位を授与された博士学位論文を加筆修正の上，出版したものである。当論文の執筆においては，多くの先生方からのご指導とご支援を賜った。

　大学院において研究指導の主査をお務めいただいた恩師である法政大学大学院教授（広島大学名誉教授）の井上善海先生には，大学院博士後期課程に進学以降，現在に至るまで，研究のご指導とともに，研究者としての心得など，幅広く深い専門知識をもとに，丁寧なご指導をいただき，言葉では言いあらわせないほどのご厚情を賜った。筆者が現在，大学教員として教育・研究環境を得られたことは，先生からのご指導及びご支援の賜物であり，心より御礼を申し上げる。

　また，大学院博士前期課程の主査として修士論文をご指導いただき，博士後期課程以降は副査として博士論文のご指導をいただいた東洋大学教授の小嶌正稔先生，副査をお務めいただいた東洋大学教授の幸田浩文先生，博士論文の中間報告会や公聴会にてご指導をいただいた東洋大学の西澤昭夫先生をはじめとした諸先生方からは，ご専門の立場から適切なご指摘をいただき，厳しくも温かいご指導を賜った。この場を借りて，謹んで御礼申し上げる。

　さらに，筆者が所属する日本経営学会，日本マネジメント学会，日本ベンチャー学会，経営行動研究学会の学会関係の先生方からも，研究報告や論文投稿を通じて新たな知見や重要な指摘をいただくとともに，本書に対する激励をいただいた。改めて感謝を申し上げたい。

　お忙しい中，調査にご協力を賜った企業の皆さまには，多くの貴重なご意見やご示唆，関連する資料をいただいた。お世話になったすべての方々のご理解とご厚情にも深謝申し上げる。

　このような意に応えていくため，経営学の理論と，経営の第一線で重責を担う企業人から得られる貴重な知見とデータを融合させ，考察を進めてきた。

今後も研究者として，急速かつ複雑な変質がもたらされる経営環境において，経営者の志向や活動に寄り添い，意欲的に学んでいく所存である。

　最後に，出版事情が厳しいなか，筆者に対し，初の単著出版の機会をお与えいただいた，株式会社中央経済社の山本継社長，学術書編集部の納見伸之編集長に，心から御礼申し上げる。また，筆者の研究活動を常に支え，励ましてくれた妻や子供たちに心から感謝する。

　本書を通じ，研究領域や実務領域において広く活躍されておられる皆さまより賜ったご厚意に対して，研究成果の一端として少しでも還元でき，経営活動の示唆につながれば幸いである。

2019年1月

田中 克昌

## 参考文献

### 1. 外国語文献

Abernathy, W. J. (1978) *The productivity Dilemma: Roadblock to innovation in automotive industry*. Baltimore, MD: John Hopkins University Press.

Abernathy, W. J. and J. M. Utterback (1978) "Patterns of industrial innovation." *Technology Review*, Vol. 80 (7), pp.40-47.

Abernathy, W. J., K. B. Clark and A. M. Kantrow (1983) *Industrial Renaissance, Producing a Competitive Future for America*, Basic Books. Inc. (望月嘉幸監訳 (1984)『インダストリアルルネッサンス－脱成熟化時代へ』TBSブリタニカ, 1984年).

Abernathy, W. J. and K. B. Clark (1985) "Innovation: Mapping the winds of creative destruction" *Research Policy 14*, pp.3-22.

Burgelman, R. A., C. M. Christensen and S. C. Wheelwright (2004) *Strategic management of technology and innovation (4th ed.)*, Boston. MA: McGraw-Hill/Irwin (青島矢一・黒田光太郎・志賀敏宏・田辺孝二・出川通・和賀三和子監修, 岡真由美・斉藤祐一・櫻井祐子・中川泉・山本章子訳『技術とイノベーションの戦略的マネジメント (上)(下)』, 翔泳社, 2007年).

Christensen, C. M. (1997) *The innovator's dilemma: When new technologies cause great firms to fail*, Harvard Business School Press (伊豆原弓訳『イノベーションのジレンマ 増補改訂版』翔泳社, 2001年).

Christensen, C. M. and M. E. Raynor (2003) *The Innovator's Solution*, Harvard Business School Press (櫻井祐子訳『イノベーションへの解』翔泳社, 2003年).

Christensen, C. M., S. D. Anthony, and E. A. Roth (2004) *Seeing What's Next: Using the Theories of Innovation to Predict Industry Change*, Harvard Business School Press (櫻井祐子訳『イノベーションの最終解』翔泳社, 2014年).

Chesbrough, H. (2003) *Open Innovation: The New Imperative for Creating and

*Profiting from Technology*, Harvard Business School Press(大前恵一朗訳『OPEN INNOVATION：ハーバード流イノベーション戦略のすべて』，産業能率大学出版部，2004年).

Christensen, C. M. (1997) "Patterns in the Evolution of Product Competition", *European Management Journal Vol. 15, No.2*, pp.117-127.

Christensen, C. M. and M. Overdorf (2000) "Meeting the hallenge of Disruptive Change", *Harvard Business Review, March-April 2000*, pp.67-76.

Christensen, C. M., S. P. Kaufman, and W. C. Shih (2008) "Innovation Killers, How Financial Tools Destroy Your Capacity to Do New Things", *Harvard Business Review, January 2008*, pp.1-9.

Christensen, C. M., M. B. Horn, C. Caldera, and L. Soares (2011) *Disrupting College, How Disruptive Innovation Can Deliver Quality and Affordability to Postsecondary Education*, Center for American Progress・Innosight Institute.

Drucker Peter F. (1985) *Innovation and Entrepreneurship*, HarperCollins Publishers (上田惇生訳『ドラッカー名著集⑤ イノベーションと企業家精神』ダイヤモンド社，2007年).

Eisenmann, T., G. Parker and M. W. Van Alstyne (2006) "Strategies for Two-Sided Markets", *Harvard Business Review, October 2006*, pp.92-101.

Foster, Richard N. (1986) *Innovation: The Attacker's Advantage*, Summit Books(大前研一訳『イノベーション―限界突破の経営戦略』阪急コミュニケーションズ，1987年).

Gawer, A. and M. A. Cusumano (2002) *PLATFORM LEADERSHIP: How Intel, Microsoft, and Cisco Drive Industry Innovation*, Harvard Business School Press(小林敏男監訳『プラットフォーム・リーダーシップ：イノベーションを導く新しい経営戦略』有斐閣，2005年).

Granovetter, M. S. (1973) "Strength of Weak Ties", *American Journal of Society 78*, pp.1360-1380.

Hagiu, A and D. B. Yoffie (2009) "What's Your Google Strategy?," *Harvard Business Review*, April 2009, pp.74-81.

Hamel, G. and C. K. Prahalad (1990) "The Core Competence of the Corporation",

*Harvard Business Review, May–June 1990.*

Hamilton, James (2014) *AWS Innovation at Scale*, AWS re:Invent, Amazon Web Services, Inc., November 12, 2014.

Henderson, R. M., and K. B. Clark (1990) "Architectural innovation: The reconfiguration of existing product technologies and the failure of established firms", *Administrative Science Quarterly*, 35 (1), pp.9–30.

Iansiti, M and K. R. Lakhani (2014) "Digital Ubiquity: How Connections, Sensors, ad Data Are Revolutionizing Business", *Harvard Business Review, November 2014.*

Iansiti, M and R. Levien (2004) Strategy as ecology. *Harvard Business Review,* 82 (3), pp.66–76.

Jeroen, P.J., de Jong and Eric von Hippel (2009) "Transfers of user process innovations to process equipment producers: A study of Dutch high-tech firms", *Research Policy 38,* pp. 1181–1191.

Lusch, Robert F. and Stephen L. Vargo (2014) *SERVICE-DOMINANT LOGIC PREMISES, PERSPECTIVES, POSSIBILITIES*, Cambridge University Press.

Lüthje, Christian (2004) "Characteristics of Innovating Users in a Consumer Goods Field: An Empirical Study of Sport-related Product Consumers" *Technovation 24,* pp.683-695.

Lüthje, Christian, Cornelius Herstatt, and Eric von Hippel (2005) "User-innovators and "local" information: The case of mountain biking", *Research Policy 34,* pp.951-965.

March, James G. (1991) "Exploration and exploitation in organizational learning", *Organization Science 2 (1),* pp.71-87.

Moore, Geffrey A. (1991) *Crossing the Chasm, 1st Edition.* Harper Business.

Moore, Geffrey A. (1999) *Crossing the Chasm, 2nd Edition.* Harper Business.

Moore, Geffrey A. (2014) *Crossing the Chasm, 3rd Edition.* Harper Business.（川又政治訳『キャズムVer.2（増補改訂版）－ハイテクをブレイクさせる超マーケティング理論』翔泳社, 2014年）.

Morris, L. (2006) *Permanent Innovat!on: Proven Strategies and Methods of Successful Innovators.* CA: Innovation Academy.（宮正義訳『イノベーションを生み続け

る組織－独創性を育む仕組みをどうつくるか』日本経済新聞出版社, 2009年).

OECD and Eurostat (2005) *Oslo Manual guidelines for collecting and collecting and interpreting innovation data 3rd Edition*, OECD Publishing.

Prahalad, C. K. and Venlat Ramaswamy (2004) *The Future of Competition: Co-Creating Unique Value with Customers*, Harvard Business Review Press (有賀裕子訳『コ・イノベーション経営－価値共創の未来に向けて』東洋経済新報社, 2013年).

Ries, Eric (2011) *The Lean Startup: How Today's Entrepreneurs Use Continuous Innovation to Create Radically Successful Businesses*, Crown Business (伊藤穣一訳『リーン・スタートアップ』日経BP社, 2012年).

Rogers, Everett M. (1962) *Diffusion of innovations (1st Edition)*. New York: Free Press of Glencoe.

Rogers, Everett M. (2003) *Diffusion of Innovations Fifth Edition*. Simon and Schster, Inc. (三藤利雄訳『イノベーションの普及』翔泳社, 2007年).

Schmidt, Eric (2006) *Conversation with Eric Schmidt hosted by Danny Sullivan*, Search Engine Strategies Conference, Augast 9th, 2006.

Schumpeter. J. A. (1926) *Theorie der wirtschaftlichen Entwicklung*. Duncke and Humblot. (塩野谷祐一・中山伊知郎・東畑精一郎訳 (1937)『経済発展の理論』岩波書店).

Strategy& (2014) "GLOBAL INNOVATION 1000, Proven Paths to Innovation Success, Ten years of research reveal the best R&D strategies for the decade ahead.", *FORTHCOMING IN ISSUE 77 WINTER 2014, pwc, Strategy&*.

Strategy& (2015) "The 2015 Global Innovation 1000, Innovation's new world order", *pwc, Strategy&*.

Strategy& (2016) "The 2016 Global Innovation 1000, Innovation's new world order", *pwc, Strategy&*. Tidd. J., Bessant, J., and K. Pvitt (2001) *Managing Innovation: Integrationg Technological, Market and organizational Change (2nd ed.)* Chichester, UK: Wiley (後藤晃・鈴木潤監訳『イノベーションの経営学－技術・市場・組織の統合マネジメント－』NTT出版, 2004年).

Toffler, Alvin (1980) *The Third Wave*, Bantam Books (徳岡孝夫訳『第三の波』中

央公論社, 1982年).

Van Alstyne, M. W., Parker, G. and Choudary, S. P. (2016) "Pipelines, Platforms, and the New Rules of Strategy", *Harvard Business Review, April 2016*, pp.54-60, 62.

Vargo, Stephen L. and Robert F. Lusch (2004a) "Evolving to a New Dominant Logic for Marketing," *Journal of Marketing Vol. 68 (January 2004)*.

Vargo, Stephen L. and Robert F. Lusch (2004b) "The Four Service Marketing Myths: Remnants of a Goods-Based, Manufacturing Mode," *Journal of Service Research, Volume 6, No.4, May 2004*, pp.324-335.

Vargo, Stephen L. and Robert F. Lusch (2008) "Service-dominant logic: continuing the evolution," *Academy of Marketing Science 2008*, pp.1-10.

Vargo, Stephen L. and Robert F. Lusch (2015) "Institutions and axioms: an extension and update of service-dominant logic" *Journal of the Academy of Marketing Science*, pp.1-19.

Vargo, S. L., H. Wieland, and M. A. Akaka (2015) "Innovation through institutionalization: A service ecosystems perspective", *Industrial Marketing Management*, 44 (1), pp.63-72.

von Hippel, Eric (1988) *The Sources of Innovation*. New York, NY: Oxford University Press (榊原清則訳『イノベーションの源泉－真のイノベーターは誰か』ダイヤモンド社, 1991年).

von Hippel, Eric (2005) *Democratizing Innovation*. Cambridge, MA: MIT Press (サイコム・インターナショナル監訳『民主化するイノベーションの時代－メーカー主導からの脱皮』ファーストプレス, 2005年).

von Hippel, Eric, P. J. Jeroen, de Jong, and Stephen Flowers (2011) "Comparing Business and Household Sector Innovation in Consumer Products: Findings from a Representative Study in the UK", *Social Science Research Network (SSRN)*, pp.1-29.

von Hippel, Eric, Ogawa Susumu, de Jong and P. J. Jeroen (2011) "The Age of the Consumer-Innovator." *MIT Sloan Management Review 53.1*, pp.1-16.

## 2．日本語文献

秋池篤・岩尾俊兵（2013）「変革力マップとInnovator's Dilemma: イノベーション研究の系譜−経営学輪講Abernathy and Clark (1985)」『赤門マネジメントレビュー』12巻10号（2013年10月），pp.699-716.

井上善海（2002）『ベンチャー企業の成長と戦略』中央経済社．

井上崇通・村松潤一（2010）『サービス・ドミナント・ロジック』同文舘出版．

井上善海（2014）「中小企業におけるオープン・イノベーションに関する一考察」『経営教育研究』Vol.17 No.2 (2014年7月)，pp.33-42.

インターネットメディア総合研究所（2013）『電子書籍ビジネス調査報告書2013』株式会社 インプレスビジネスメディア．

小川進（2000）『イノベーションの発生論理−メーカー主導の開発体制を越えて』千倉書房．

小川進・藤川佳則・堀口悟史（2011）「論文特集-Ⅲ 知識共創論 ユーザー・ベースの知識創造経営に向けて, Knowledge Co-Creation: Toward User-Based Knowledge」『一橋ビジネスレビュー』2011 Summer, pp.40-52.

小川進（2013）『ユーザーイノベーション 消費者から始まるものづくりの未来』東洋経済新報社．

小沢一郎・青木幹喜（2005）「『イノベーションの前提』について−日本とシリコンバレーとの比較から−」『大東文化大学経営研究所』Research papers, No.J-47.

軽部大・武石彰・青島矢一（2007）「資源動員の正当化プロセスとしてのイノベーション：その予備的考察」『一橋大学イノベーション研究センター・ワーキングペーパー』WP#07-05.

栗木契（2006）「仮想経験が拡充するネット・コミュニティのビジネスモデル」, 石井淳蔵・水越庸介編著『仮想経験のデザイン』（有斐閣）所収．

経済産業省・厚生労働省・文部科学省（2015）『2015年版ものづくり白書（ものづくり基盤技術振興基本法第8条に基づく年次報告）』

國領二郎（1999）『オープン・アーキテクチャ戦略―ネットワーク時代の協働モデル』ダイヤモンド社．

國領二郎（2011）『創発経営のプラットフォーム―協働の情報基盤づくり』日本経済

新聞出版社.

國領二郎（2013）『ソーシャルな資本主義』日本経済新聞出版社.

小嶌正稔（2016）「IoT時代のイノベーション・マネジメント」『経営教育研究』Vol.19 No.1（2016年2月）, pp.7-16.

後藤晃・児玉俊洋（2006）『日本のイノベーション・システム－日本経済復活の基盤構築に向けて－』東京大学出版会.

財務省主計局（2015）「国・地方のIT投資について」財務省 財政制度分科会（平成27年5月15日開催）資料.

坂下昭宣（2004）「エスノグラフィー・ケーススタディ・サーベイリサーチ」『國民經濟雜誌』第190巻第2号, pp.19-30.

総務省 情報通信国際戦略局 情報通信政策課 情報通信経済室（2015）「ICTの経済分析に関する調査報告書」総務省.

武石彰・青島矢一・軽部大（2012）『イノベーションの理由－資源動員の創造的正当化』有斐閣.

田路則子（2008）『アーキテクチュラル・イノベーション［改訂版］－ハイテク企業のジレンマ克服－』白桃書房.

田中克昌（2016a）「情報技術がもたらす企業とエンドユーザーとの関係の変質」『経営教育研究』Vol.19 No.1（2016年2月）, pp.51-61.

田中克昌（2016b）「ユーザー・イノベーションがもたらすイノベーション・リーダーの変質－提供企業に求められるイノベーション・マネジメント－」『経営教育研究』Vol.20 No.1（2017年1月）, pp.65-76.

田中克昌（2017a）「ユーザーによるイノベーションの創出及び普及に関する理論的考察」『2016年度 東洋大学大学院紀要』第53集（2017年3月）, pp.155-181.

田中克昌（2017b）「ユーザーがもたらすイノベーション普及の変質－ユーザー主導のイノベーション普及曲線に関する考察」『経営行動研究年表』第26号（2017年8月）, pp.33-38.

出川通（2004）『技術経営の考え方：MOTと開発ベンチャーの現場から』光文社.

長崎忠雄（2017）「AWS Summit Tokyo2017 Keynote」, AWS Summit Tokyo2017基調講演資料（2017年5月31日開催）.

西澤昭夫（2017）「大学発ベンチャー企業における利益相反マネジメント」『整形・災

害外科』Vol.60 No.2 2017, pp.201-205.

根来龍之・小野桂之介（2001）『経営戦略と企業革新』朝倉書店.

根来龍之（2005）「ビジネスモデル研究の新地平」『デジタル時代の経営戦略』メディアセレクト.

藤川佳則（2010a）「サービス・マネジメントのフロンティア，（第1回）サービス・ドミナント・ロジックの台頭」『一橋ビジネスレビュー』2010 summer, pp.144-155.

藤川佳則（2010b）「サービス・マネジメントのフロンティア，（第2回）『モノかサービス』から『モノもサービスも』へ」『一橋ビジネスレビュー』2010 Autumn, pp.160-170.

藤川佳則（2010c）「サービス・マネジメントのフロンティア，（第3回）価値共創者としての顧客－資源ベースの顧客観に向けて」『一橋ビジネスレビュー』2010 Winter, pp.154-160.

藤川佳則（2011a）「サービス・マネジメントのフロンティア，（第4回）顧客視点の価値共創－事後創発的ダイナミックモデル」『一橋ビジネスレビュー』2011 summer, pp.184-192.

藤川佳則（2011b）「サービス・マネジメントのフロンティア，（第5回）価値共創の実務的示唆－日本企業の機会と課題」『一橋ビジネスレビュー』2011 Autumn, pp.152-161.

藤川佳則（2011c）「サービス・マネジメントのフロンティア，（第6回）サービス研究の最前線から」『一橋ビジネスレビュー』2011 Winter, pp.178-189.

富士キメラ総研（2010）『2010 クラウドコンピューティングサービスの全貌』株式会社 富士キメラ総研.

富士キメラ総研（2011）『進化するクラウドコンピューティングの将来展望 2011』株式会社 富士キメラ総研.

富士キメラ総研（2012）『2012クラウドコンピューティングサービスの現状と将来展望』株式会社 富士キメラ総研.

富士キメラ総研（2013）『2013クラウドコンピューティングサービスの現状と将来展望』株式会社 富士キメラ総研.

富士キメラ総研（2016）『2016クラウドコンピューティングの現状と将来展望』株式会社 富士キメラ総研.

水野由香里 (2015)『小規模組織の特性を活かす イノベーションのマネジメント』碩学舎.

安田雪 (2001)『実践ネットワーク分析 関係を解く理論と技法』新曜社.

安田雪 (1996)『日米市場のネットワーク分析：構造社会学からの挑戦』木鐸社.

吉野晃生 (2016)「Industrial Internet Consortiumの最新状況と日本への対応」，情報通信審議会 情報通信技術分科会 技術戦略委員会 先端技術WG（第4回）（2016年4月7日開催）総務省.

若林直樹 (2006)『日本企業のネットワークと信頼：企業間関係の新しい経済社会学的分析』有斐閣.

# 索　引

■ 英数字 ■

AI ……………………………………… 190
Architectural Innovation ……………… 43
BPR …………………………………… 193
BTO …………………………………… 167
CCC …………………………………… 193
CI ………………………………… 140, 145
ECサービス …………………… 6, 53, 55
IoT ………………………… 8, 67, 168, 190
IT技術者 …………………………… 8, 53
M&A …………………………………… 166
NPO ……………………………………… 15
PC ……………………………… 141, 165
RFID …………………………………… 168
RPA …………………………………… 193
SNS ……………………………………… 11

■ あ 行 ■

アウトソーシング ……………………… 10
アライアンス …………………………… 71
イノベーション ………………………… 2
　──の横断的区分 ………………… 2, 96
　──の過程 …………………… 39, 175
　──の社会化
　　…… 11, 12, 24, 44, 58, 64, 79, 195, 203,
　　206, 207, 209
　──の主体者 ……………………… 117
　──の創出 ………………… 3, 23, 55
　──の定義 …………………………… 1, 2
　──の普及

　　………… 3, 15, 18, 85, 112, 125, 213
　──の普及曲線 ……………… 100, 118
　──の変革力マップ
　　…… 1, 38, 39, 44, 52, 123, 132, 149,
　　184, 195, 203, 213
　──の民主化 …………………… 11, 23
　──の類型 ………………… 2, 38, 44, 125
イノベーション・マネジメント
　…… 39, 127, 131, 135, 146, 175, 192, 194,
　204, 214, 217
イノベータ理論 ……………… 85, 86, 87
売上高対営業利益率 ………………… 174
売上高対研究開発費率
　………………………… 150, 174, 190, 215
エコシステム
　……………… 11, 14, 16, 18, 29, 35, 70, 79
S字曲線 ……………………………… 101
オープン・イノベーション …… 148, 150
オープンソース・ソフトウェア ……… 20

■ か 行 ■

海外事業の失敗 ……………………… 167
買い手 ………………………………… 35
革命的イノベーション
　……………… 42, 140, 142, 171, 197, 199, 203
仮想的なユーザー・コミュニティ …… 11
価値の共創 …………………………… 29
カニバリゼーション
　……………………… 128, 192, 200, 202, 216
関係性 ………………………………… 31
企業ユーザー ……… 23, 29, 53, 55, 61, 67

企業ユーザーによる
　イノベーション普及過程 ………… 107
技術のつくり手 …………………… 37
基礎研究領域 …………… 204, 209
規模の確保 ………………………… 10
キャズム理論 ………………… 85, 89
業績拡大期 …………… 135, 136, 175
業績縮小期 ………… 13, 16, 146, 175
共創 …… 31, 56, 74, 77, 93, 195, 204, 206
共創関係
　……… 36, 47, 58, 63, 71, 76, 77, 124, 218
競争関係の変質 ……… 77, 80, 123, 127
共創プラットフォーム
　… 29, 33, 36, 60, 63, 64, 71, 79, 114, 124,
　195, 218
競争優位
　……… 36, 41, 58, 156, 159, 169, 202, 216
競争優位性の喪失 …………………… 169
業務効率化 ………………………… 10
グッズ・ドミナント・ロジック … 30, 31
組み込まれた価値 ………………… 30
クラウドコンピューティング ……… 6
クラウドサービス ………… 5, 152, 190
クラウドソーシング ……………… 93
クリティカル・マス …………… 88, 115
経営と情報技術の一体化 …………… 4
研究開発 ………………… 138, 149
研究開発投資 ………… 155, 159, 204
研究開発費
　……… 142, 150, 169, 174, 183, 194, 215
研究開発費支出動向 ……………… 191
現場革新活動 ………… 139, 172, 199
交換プロセス ……………………… 31
後期多数派 ………………………… 88
工事進行基準 ……………………… 171
構造改革 …………………… 168, 169

個人ユーザー …………… 23, 26, 53, 73
個人ユーザーによる
　イノベーション普及過程 ………… 114
コストセンター …………………… 9
コストの効率化 …………………… 10
個別受注生産方式 ………………… 167
コンソーシアム …………………… 70

■ さ 行 ■

サイド間ネットワーク効果 ………… 34
サイド内ネットワーク効果 ………… 34
採用率 ……………………………… 102
サードパーティ …………………… 144
サービス …………………………… 31
サービス・エコシステム ………… 33
サービス主体のプラットフォーム … 36
サービス中心 ……………………… 31
サービス・ドミナント・ロジック
　………………… 30, 32, 33, 52, 212
サービスのつくり手 ……………… 37
サプライチェーン・イノベーション
　……………………………… 1, 187
差別化 …………………………… 204
産業構造イノベーション
　…… 42, 60, 66, 72, 77, 80, 124, 141, 143,
　196, 198, 203
参入障壁 …………………………… 41
事業継続計画 …………………… 5, 111
事業コンセプト …………………… 161
事業部制 ………………………… 138
資源動員の創造的正当化 ……… 86, 93
試験利用者 ………………………… 93
市場支配 ……………… 3, 5, 156, 214
市場創出イノベーション
　…… 41, 57, 64, 70, 75, 78, 124, 161, 171,
　173, 195, 199, 206

市場の大多数 …………………………… 93
システムインテグレーション
　　　……………………… 5, 135, 147, 153
事前かつ集団的な意思決定
　　　…………………… 20, 93, 106, 111, 119
持続的イノベーション
　　　………………… 96, 97, 99, 118, 186
社会システム ……………………………… 86
集団性 …………………… 12, 13, 15, 79
集団的顧客予約 …………………………… 94
受注前審査 ……………………………… 174
純粋な市場仲介者 ………………………… 35
情報化投資 …………………………… 127, 132
情報技術 …………………………………… 4
　　——の活用領域 ……………………… 4
　　——の進展 ………………………… 4, 28
情報の粘着性 ……………………………… 24
初期採用者 ………………………………… 87
初期多数派 ………………………………… 88
所有者 ……………………………………… 35
新結合 ……………………………………… 1
生産革新活動 ………………… 168, 171, 199
生産性の向上 …………………………… 164
製品・サービスの変革 ………… 12, 24, 208
製品主体のプラットフォーム ………… 36
世界標準 ……………………………… 10, 166
セルフパブリッシング …………………… 54, 73
戦略的意図 ……………………………… 112
戦略的イノベーション・マネジメント
　　　……………………… 183, 200, 211, 217
戦略的提携 ……………………………… 166
組織イノベーション ………………… 1, 187

■ た 行 ■

ダイレクト・モデル …………………… 147
単一のプラットフォーム ………………… 35

探索 …………………………… 179, 216
仲介者 ……………………………………… 34
長期ビジョン …………………………… 137, 145
通常型イノベーション
　　　…… 40, 55, 61, 67, 73, 77, 124, 128, 139,
　　　142, 159, 160, 172, 195, 196, 199, 204
つくり手 …………………………………… 35
ツーサイド・プラットフォーム ……… 34
提供者 ……………………………………… 35
テクノロジー・ライフサイクル曲線
　　　………………………………………… 90
デザイン・コンセプト ………………… 42
テスト・マーケティング ……………… 154
デファクト・スタンダード …………… 145
電子交換機 …………………………… 139, 160
電子書籍市場 ………………………… 54, 73, 114
当事者 ……………………………… 32, 37
当事者間での共創 ………………………… 30
当注当売 ………………………………… 171
独自性の喪失 …………………………… 166
トヨタ生産方式 ……………………… 139, 168
取引 ………………………………………… 30

■ な 行 ■

2重のS字曲線 ………… 97, 102, 125, 214
ネットワーク外部性
　　　………………… 13, 20, 29, 47, 79, 207
ネットワーク効果
　　　………………… 3, 34, 76, 187, 195, 203
ネットワーク理論 ……………………… 92

■ は 行 ■

ハイテク・マーケティング・モデル
　　　………………………………………… 89
パイプライン型事業 ……………………… 35
ハイブリッド著作者 ……………………… 76

破壊的イノベーション
　……………… 96, 97, 99, 118, 186
バザール方式 ……………………… 20
バックオフィス領域 ……………… 4
パートナープログラム …… 151, 153, 158
バリューチェーン ………………… 35
販売店 …………………………… 135
販売店コミュニティ ………… 138, 149
ビジネスプロセス ………………… 10
ビジネスユニット制 …………… 138
ビジョン ……………… 16, 59, 65, 67, 71
　——の担い手 …………………… 37
ビッグデータ ……………………… 7
ビッグバン型破壊 ………………… 93
ピボット …………………………… 94
不規則なS字曲線 …………… 101, 116
不採算案件の抑止 ……………… 194
プラットフォーム …………… 33, 77
プラットフォーム型事業 ………… 35
プロセス・イノベーション …… 1, 193
プロセス・イノベーション重視型の過程
　… 171, 174, 175, 177, 183, 184, 188, 199, 200, 212, 215
プロダクト・イノベーション …… 1, 189
プロダクト・イノベーション重視型の過程
　… 144, 175, 177, 183, 196, 203, 211, 215
ブロックチェーン ……………… 217
フロントオフィス領域 …………… 4
法人向けクラウドサービス市場
　………………………… 6, 53, 107

■ ま 行 ■

マーケティング・イノベーション
　……………………………… 1, 185
マネジメント ……………………… 19

マルチサイド・プラットフォーム …… 35
無形資産 ………………………… 31

■ や 行 ■

有形資産 ………………………… 30
ユーザー ………………………… 11
　——との差別化 ……………… 203
　——による市場支配 ………… 126
　——の独立
　　……… 46, 57, 62, 71, 75, 78, 124, 126
ユーザー・イノベーション
　… 3, 11, 13, 23, 24, 26, 27, 38, 46, 55, 58, 61, 67, 73, 100, 114, 132, 186, 212
　——の過程
　　…………… 77, 124, 195, 200, 203, 204
　——の創出 …………………… 123
　——の創出過程 ……………… 51
ユーザー価値 …………… 3, 20, 29, 46, 77
　——の共創 …………… 31, 52, 212
ユーザー・コミュニティ
　…… 11, 16, 18, 20, 27, 29, 33, 47, 62, 64, 79, 92, 109, 124, 144, 187, 195, 207, 208
　——の構成要素 ……………… 14
　——の定義 …………………… 13
　——の類型 …………………… 15
ユーザー主導型のイノベーションの普及曲線 …………………… 102, 119
ユーザー主導型の持続的イノベーション
　……………………………… 101, 114
ユーザー主導型の破壊的イノベーション
　……………………………… 101, 119

■ ら 行 ■

ラガード …………………………… 88
利益相反
　……… 47, 56, 78, 192, 202, 205, 206, 208

| | |
|---|---|
| リーダーシップ ……………………… 16 | 両睨みのマネジメント |
| リードユーザー ……… 25, 145, 187, 206 | ………………… 179, 181, 183, 211, 216 |
| リードユーザー法 ………………… 25, 94 | リーン・スタートアップ ………… 86, 93 |
| リーマンショック ……………… 155, 193 | ルールの管理者 …………………………… 37 |
| 両利きの経営 ……………………… 179 | |
| 量子コンピュータ ………………… 217 | |

【著者紹介】

**田中 克昌**（たなか かつまさ）

文教大学経営学部経営学科准教授。
東洋大学大学院経営学研究科ビジネス・会計ファイナンス専攻博士後期課程修了。
博士（経営学）。
大手電機メーカーの経営企画職・管理職として勤務，並行して，東洋大学大学院において修士（経営学）及び博士（経営学）の学位を取得。2018年4月日本経済大学経営学部准教授を経て，2021年4月より現職。
中小企業診断士，2030SDGs公認ファシリテーター
日本マネジメント学会理事，経営行動研究学会理事，日本経営学会学会誌編集委員
専門は，経営戦略論，イノベーション論，中小企業経営論。
主著：「SDGsとイノベーション -ブラックスワン禍における経済性と社会性の両立-」『経営教育研究』（Vol.26, pp.67-77, 2023年），「製造業IoTにおけるイノベーションの不成立要因に関する一考察」『経営行動研究年報』（第32号, pp.55-59, 2023年），「ユーザー関与によるオープン・イノベーション」『経営教育研究』（Vol.25, No.1, pp.21-31, 2022年）。

## 戦略的イノベーション・マネジメント

2019年3月1日　第1版第1刷発行
2024年4月30日　第1版第4刷発行

著　者　田　中　克　昌
発行者　山　本　　　継
発行所　㈱中央経済社
発売元　㈱中央経済グループ
　　　　　パブリッシング

〒101-0051　東京都千代田区神田神保町1-35
電話　03 (3293) 3371 (編集代表)
　　　03 (3293) 3381 (営業代表)
https://www.chuokeizai.co.jp
印刷／東光製版印刷㈱
製本／誠　製　本㈱

©2019
Printed in Japan

＊頁の「欠落」や「順序違い」などがありましたらお取り替えいたしますので発売元までご送付ください。（送料小社負担）
ISBN978-4-502-29161-6　C3034

JCOPY〈出版者著作権管理機構委託出版物〉本書を無断で複写複製（コピー）することは，著作権法上の例外を除き，禁じられています。本書をコピーされる場合は事前に出版者著作権管理機構（JCOPY）の許諾を受けてください。
JCOPY〈https://www.jcopy.or.jp　eメール：info@jcopy.or.jp〉

# ベーシック＋プラス
## Basic Plus

Let's START!

学びにプラス！
成長にプラス！
ベーシック＋で
はじめよう！

いま新しい時代を切り開く基礎力と応用力を兼ね備えた人材が求められています。
このシリーズは，各学問分野の基本的な知識や標準的な考え方を学ぶことにプラスして，一人ひとりが主体的に思考し，行動できるような「学び」をサポートしています。

ベーシック＋専用HP

教員向けサポートも充実！

中央経済社